Helmut Ortner
Der Hinrichter

HELMUT ORTNER

Der Hinrichter

Roland Freisler

Mörder im Dienste Hitlers

Neuausgabe der 1993
bei Paul Zsolnay Verlag Gesellschaft m.b.H, Wien,
erschienenen Ausgabe

Reprografischer Nachdruck der Ausgabe bei Steidl,
Göttingen 1995

Neuauflage 2012
© zu Klampen Verlag, Röse 21, D-31832 Springe
info@zuklampen.de | www.zuklampen.de
Druck: Bookfactory - Der Verlagspartner GmbH, Bad Münder
Covergestaltung: BlazekGrafik, Frankfurt,
unter Verwendung eines Fotos
aus dem Bildarchiv Preußischer Kulturbesitz

ISBN 978-3-86674-164-5

Bibliografische Information der Deutschen Nationalbibliothek
Die Deutsche Nationalbibliothek verzeichnet diese Publikation in der
Deutschen Nationalbibliografie; detaillierte bibliografische
Daten sind im Internet über ‹http://dnb.d-nb.de› abrufbar.

Inhalt

Vorwort
Seite 11

*

Prolog
Ein Todesurteil – oder:
Die zweite Karriere des Roland Freisler
Seite 15

*

Erstes Kapitel
Der Festakt
Seite 29

*

Zweites Kapitel
Der Rechtsanwalt aus Kassel
Seite 43

*

Drittes Kapitel
Ein Volk, ein Reich, ein Führer – und eine Justiz
Seite 59

*

Viertes Kapitel
Der Staatssekretär und Publizist
Seite 77

*

Fünftes Kapitel
Gegen Verräter und Volksschädlinge
Seite 97

*

Sechstes Kapitel
Der politische Soldat
Seite 123

*

Siebtes Kapitel
Im Namen des Volkes
Seite 149

*

Achtes Kapitel
Der 20. Juli
Seite 207

*

Neuntes Kapitel
Das Ende
Seite 231

*

Zehntes Kapitel
Keine Stunde Null
Seite 255

*

Epilog
Die zweite Last mit der Vergangenheit
Seite 283

*

Lebenslauf Roland Freisler
Seite 293

*

Anhang

Quellenverzeichnis und Anmerkungen
Seite 297

*

Dokumente
Seite 308

*

Abkürzungen
Seite 310

*

Literatur
Seite 311

*

Urteile des Volksgerichtshofs
Seite 314

*

Die VGH-Juristen
Seite 317

*

Namenregister
Seite 327

*

Dank
Seite 331

»Der deutsche Täter war kein besonderer Deutscher.
Was wir über seine Gesinnung auszuführen haben,
bezieht sich nicht auf ihn allein, sondern auf
Deutschland als Ganzes.«
Raul Hilberg

»Nein, das vergangene Geschehen ist keineswegs abwesend in der Gegenwart, nur weil es vergangen ist.«
Alfred Grosser

Vorwort

Ob es sinnvoll sei, heute noch über die nationalsozialistische Vergangenheit zu schreiben, wurde ich in den letzten zwei Jahren während der Arbeiten an diesem Buch immer wieder gefragt. Von Leuten, die der Meinung sind, diese Vergangenheit sei nunmehr – nach bald fünfzig Jahren – tatsächlich »vergangen«. Von Bekannten, die argumentieren, auch eine so belastende Geschichte wie die unsere »dürfe« einmal zu Ende sein. Ich wies darauf hin, daß die meisten Deutschen – und es handelt sich hierbei keineswegs um die ältere Generation – noch immer nicht wahrhaben wollen, was ihre Väter und Großväter zwischen 1933 und 1945 angerichtet und zugelassen haben. Und ich versuchte an Beispielen zu zeigen, welche kollektiven und individuellen Anstrengungen unternommen wurden, um der belasteten Geschichte zu entkommen. Dafür erntete ich häufig Zweifel, Unverständnis, nicht selten Protest.

Nicht alle seien Nazis gewesen, nicht alle hätten Schuld auf sich geladen, nicht allein die Deutschen Greueltaten begangen. Für mich klang das nach Rechtfertigung. Nach Schuldverdrängung.

Sicher: Am Tag Null nach Hitler gab es auch hierzulande Menschen, die Scham und Trauer empfanden über das, was in den Jahren zuvor geschehen war. Doch Tatsache ist, daß es schon damals weit mehr Menschen gab, die, gerade der Katastrophe entkommen, das Erlebte und Geschehene verdrängten, statt es im Bewußtsein der Verantwortung als eigene Geschichte anzunehmen. Ein Volk auf der Flucht vor der eigenen Vergangenheit. Damals – und heute?

Will die Nachkriegsgeneration, der ich angehöre, jene Generation also, die, um den deutschen Bundeskanzler zu zitieren, mit »der Gnade der späten Geburt« gesegnet ist, nun endlich einen Schlußstrich unter eine nicht allzulang zurückliegende belastete Vergangenheit ziehen? Ist sie, die politisch und moralisch schuldlose Generation, nun endgültig entlassen aus der Auseinandersetzung mit dem Hitler-Regime und seinem Erbe? Oder: Beginnt nicht die Verantwortung dieser Generation bei der Frage, wie sie zur Schuld ihrer Großeltern und Eltern steht? Ob sie sich erinnern will?

In diesem Buch geht es um Schuld und Sühne, um Versagen und Feigheit. Um Mut, Aufrichtigkeit und Widerstand. Um Täter und Opfer. Um Verdrängung und Verleugnung – um das Erinnern.

Im Mittelpunkt dieses Buches steht – exemplarisch – eine besonders menschenverachtende NS-Institution, die es ohne die willfährige Unterstützung und Mitwirkung von Juristen nicht gegeben hätte – der Volksgerichtshof. Zwar ist darüber in den letzten Jahren geschichtswissenschaftlich, juristisch, politisch und publizistisch umfangreich gearbeitet worden – was gleichermaßen auf den Komplex »Justiz im Dritten Reich« insgesamt zutrifft. So ist es heute für den interessierten Leser möglich, den fatalen Weg zu verfolgen, den die Justiz im Dritten Reich vom euphorischen Anfang bis zum zerstörerischen Ende gegangen ist. Doch trotz umfangreicher Geschichtsschreibung über Entstehung, Struktur, Funktion und Alltag des Volksgerichtshofs gibt es bislang nur wenig Literatur über Leben und Wirken Roland Freislers. Mit seinem Namen war die wohl grausamste Ära des Terror-Tribunals verknüpft. Freisler, 1942 bis 1945 VGH-Präsident, doch bereits 1934 unermüdlicher Vordenker für ein nationalsozialistisches Recht – seine Karriere, sein Einfluß, sein Tod werden in diesem Buch nachgezeichnet. Wie wird aus einem jungen Gymnasiasten aus kleinbürgerlich-konservativem Milieu ein gnadenloser Todesrichter? Wie entwickelte sich seine fanatische Gedankenwelt, woran orientierten sich seine rigorosen Rechtsauffassungen?

Freilich: Aus einer rein persönlichen Biographie ergeben sich kaum neue, überraschende Einsichten. Geschichte darf sich nicht auf Personen allein reduzieren, auf Prominenz und Privatheit. Gerade die Person Freislers wurde in der Vergangenheit zum dämonischen Unmenschen der deutschen NS-Justiz schlechthin stilisiert, häufig mit der Absicht, dadurch die Untaten von Tausenden seiner braunen Richterkollegen zu relativieren. Tatsache ist: Freisler war kein Dämon in roter Robe, Nein, er war nur ein besonders konsequenter Vollstrecker nationalsozialistischer Rechtsauffassung.

Aus diesem Grunde habe ich es vorgezogen, von der Person Freislers zu den Strukturen des NS-Rechts vorzudringen beziehungsweise zu beschreiben, wie beides miteinander korrespondierte. Die Lebensgeschichte Roland Freislers wird im Kontext seiner Zeit geschildert – illustriert durch eine Vielzahl von Dokumenten –, zumal sich ja seine Rolle keineswegs nur auf die des Präsidenten des Volksgerichtshofs beschränkte. Freisler als Rechtsanwalt, Staatsbeamter, Publizist und nationalsozialistischer Richter, der, ohne jeglichen Opportunismus, das Gesetz nicht einmal beugte, sondern allenfalls im Sinne des Nazi-Regimes interpretierte und gnadenlos anwendete. Wer als Angeklagter vor ihm stand, hatte – vor allem in den letzten Kriegsjahren – den Tod zu erwarten. Dieses Buch handelt deshalb auch von den Opfern, ihren Lebensgeschichten, ihren Schicksalen. Ein umfangreiches Kapitel dokumentiert ihre Todesurteile. Urteile als stumme Zeugen einer gnadenlosen Justiz.

Bei den Recherchen für dieses Buch habe ich mit vielen Zeitzeugen gesprochen. Menschen, die vor dem Volksgerichtshof standen, zum Tode verurteilt waren und allein deshalb überlebten, weil das Kriegsende der Vollstreckung zuvorkam. Menschen, die als Richter Nazi-Gesetze anwendeten, erbarmungslose Urteile sprachen, nicht selten mit tödlichen Konsequenzen für die Verurteilten. Einige von ihnen – das war mein Eindruck – können mit dieser schweren Hypothek trotzdem gut leben. Sie fühlen sich als »schuldlos Beladene«, deren Glaube an das Vaterland »von der Politik« mißbraucht wurde. Kaum einer von ihnen bekannte sich zu seiner persönlichen Verantwortung. Von Scham keine Spur.

Im Gegenteil: Sie fühlten sich nicht selten sogar selbst als Opfer einer »schicksalhaften Zeit«. In den Gesprächen, die ich mit ehemaligen NS-Richtern und Anklägern führte, wurden kaum Zweifel am eigenen Handeln erkennbar. Eine nur schwer erträgliche Selbstgefälligkeit.

Als der baden-württembergische Ministerpräsident Hans Filbinger wegen seiner Todesurteile als Marine-Kriegsrichter vor Jahren in die Schlagzeilen kam, was schließlich – freilich eher unfreiwillig und in der Nachkriegszeit nicht unbedingt typisch – zu dessen Rücktritt führte, prägte der Dramatiker Rolf Hochhuth den Begriff des »furchtbaren Juristen«. Diese »furchtbaren Juristen« beharren auch heute noch auf der Rechtmäßigkeit ihrer Urteile. Die beschämende Rechtfertigung, »was damals Recht war, kann heute nicht Unrecht sein«, hatten vor Filbinger schon viele NS-Richter gebraucht.

Es ist die nach 1945 so häufig strapazierte Entschuldigung, sie seien zum Paragraphengehorsam verpflichtet gewesen. Tatsache ist: Deutsche Richter haben zwischen 1933 und 1945 mit opportunistischer – bisweilen fanatischer – Kaltblütigkeit die Weimarer Verfassung zu einem Fetzen Papier gemacht und formal geltendes Recht mit organisierter Brutalität bedenkenlos angewandt. Keiner war dazu gezwungen worden. Nein, sie handelten aus eigenem Entschluß. Sie waren die juristischen Handlanger und Vollstrecker des NS-Staates. Einige von ihnen leben noch unter uns. In hohem Alter, gut versorgt mit ebenso hohen Pensionen aus der Staatskasse. Die meisten noch immer davon überzeugt, damals nur ihre Pflicht getan zu haben.

Roland Freisler war keineswegs ein Dämon, der aus der Hölle aufstieg, sondern er kam aus der Mitte des deutschen Volkes. Seine Karriere war eine »deutsche Karriere«. Er war ein erbarmungsloser Vertreter einer erbarmungslosen Justiz. Ein konsequenter Komplize eines mörderischen Systems. Ein exemplarischer Mörder in Robe – und die Deutschen haben seine Taten, sein Wirken, seine Karriere möglich gemacht.

Ein Buch gegen das Vergessen soll es sein. Denn: Nicht das Vergessen, sondern die Erinnerung macht uns frei.

Helmut Ortner

Prolog

Ein Todesurteil – oder: Die zweite Karriere des Roland Freisler

Freitag, 17. November 1944. Ein geschlossener Kastenwagen bringt die einundzwanzigjährige Margot von Schade gegen zehn Uhr morgens vom Berliner Untersuchungsgefängnis Moabit hinüber in die Bellevuestraße – zum Volksgerichtshof. Schweigend sitzt sie zwei Frauen gegenüber: der dreiundzwanzig Jahre alten Barbara Sensfuß und der vierzigjährigen Käthe Törber. Für alle lautet die Anklage auf »Wehrkraftzersetzung«. In wenigen Stunden beginnt die Gerichtsverhandlung. Was hat man mit ihnen vor? Was erwartet sie?

Am Vormittag erst hatte man ihr und den beiden anderen Frauen mitgeteilt, daß an diesem Tag der Prozeß stattfinde. Jetzt, auf der Fahrt durch Berliner Straßen, die sie nur skizzenhaft über den Rücken des Fahrers hinweg durch die Frontscheibe wahrnimmt, fühlt sie sich elend. Und allein. Sie denkt an ihre Familie: die Mutter, den Stiefvater, die Schwester. Wo sind sie jetzt? Sie hat Angst.

Eine Stunde später: ein großer Saal, die Wände kalkweiß. Vor dem Richtertisch drei Stühle – die Stühle für die Angeklagten. Daneben, links und rechts aufgereiht, uniformierte Wachbeamte. Sie wirken einschüchternd: »Hier gibt es kein Entrinnen« spricht aus ihren Gesichtern. An der Stirnseite des Saales, unübersehbar – von der Decke bis zum Boden –, eine blutrote Hakenkreuzfahne. Davor, auf einem schmalen Sockel, die Bronzebüste Hitlers. Margot von Schade starrt wie hypnotisiert auf das riesige rote Tuch. Es wirkt bedrohlich auf sie. Sie blickt kurz in die Zuschauerbänke. Eine anonyme Masse. Braune und schwarze Uniformen. Sie nimmt dumpfes Stimmengemurmel wahr. Alles bleibt schemenhaft, unwirklich.

»Aufstehen!« – Der militärische Kommandoton eines der Wachbeamten durchdringt den Gerichtssaal. Schlagartig herrscht Ruhe. Die Tür an der Seite des Richtertischs geht auf. Das Gericht tritt ein. Rote Roben, rote Baretts, graue und schwarze Uniformen – die Beisitzer. Vorneweg der Vorsitzende: Roland Freisler. Sie schaut ihm direkt ins Gesicht. Ihre Blicke treffen sich für einen Augenblick. Er blickt kurz auf seine Armbanduhr. Die Verhandlung beginnt...

Margot von Schade verfolgt das Tribunal wie in Trance. Später, sie weiß nicht mehr, wieviel Zeit mittlerweile verstrichen ist, schreckt sie hoch: »Angeklagte Schade! Aufstehen!« Freislers schneidende Stimme ist unüberhörbar. Punkt für Punkt liest er die Anklagepunkte vor. Nein, er liest nicht – es erhebt sich ein einziges Gebrüll. Nach dem »gemeinen und hinterhältigen Attentat vom 20. Juli auf unseren Führer«, führt er voller Pathos und mit großem theatralischen Gestus aus, habe sich die Angeklagte öffentlich zersetzend geäußert. Nachdem die Sondermeldung über »die wundersame Errettung des Führers« über den Rundfunk verbreitet worden sei, habe die Angeklagte abfällig geäußert: »Pech gehabt...« Nicht genug. Die »verbrecherischen Offiziere, die den Anschlag ausführten«, seien, so habe die Angeklagte öffentlich behauptet, »nicht feige gewesen, sondern hätten im Gegenteil Mut gezeigt«.

Ein Raunen des Entsetzens geht durch die Zuschauerreihen. Es wächst an, als Freisler mit vor Empörung bebender Stimme ein Wort aus der Anklageschrift zitiert, das jedem strammen Nationalsozialisten geradezu als Ausbund der Verkommenheit erscheinen muß: »Scheißgefreiter« habe dieses verkommene Mädchen den Führer tituliert – »unglaublich«!

Freisler gerät außer sich. Sein fanatischer Blick ist auf Margot von Schade gerichtet. Sie blickt zu Boden. Wie soll sie gegen diesen geifernden Monolog ankommen, wie sich Gehör verschaffen? Wie verteidigen? Schafft sie es einmal, die Worttiraden Freislers zu durchbrechen, wird sie nach wenigen Sätzen barsch zurechtgewiesen. Gibt es denn hier im Saal niemanden, der ihr hilft? Wo ist denn ihre Verteidigerin? Margot von Schade fühlt sich ohnmächtig. Ausgeliefert. Allein gelassen.

Schon vorhin, beim Auftritt der beiden Mitangeklagten, die hier aber als Belastungszeuginnen gegen sie auftraten, hatte sie so viel sagen wollen. Erzählen, wie es wirklich war. Schildern, was tatsächlich geschah, damals nach dieser Rundfunkmeldung am 20. Juli. Doch Freisler hatte ihr das Wort entzogen.

Da sitzen nur wenige Schritte von ihr die beiden Frauen, die einst ihre Vertrauten waren und die nun alle Schuld auf sie abwälzen. Sie wollen ihre Haut retten, nichts sonst. Margot von Schade spürt: Bei diesem Tribunal ist jede Denunziation willkommen. Ein Lehrstück für alle Zuschauer im Saal, damit sie sehen und erleben können, wie es jemandem ergeht, der sich außerhalb der »Volksgemeinschaft« stellt. Wie im Zeitalter der Hexenverfolgung, denkt sie. Und ich bin hier die Hexe. Freigegeben zum Verbrennen...

Irgendwann, sie ist längst müde geworden und kann diesem makabren Schauspiel nicht mehr folgen, vernimmt sie die monotone Stimme ihrer Verteidigerin. Ihr Schlußplädoyer klingt routiniert, gleichgültig. Aber ist es überhaupt »ihre« Verteidigerin? Nein, ihr Vertrauen hat diese Frau nicht. Wie auch? Gerade einmal – und nur wenige Minuten lang – haben sie vor diesem Prozeß miteinander in der Haftanstalt gesprochen. Diese Anwältin weiß nichts von ihr, will nichts von ihr wissen. Für sie ein »Fall« wie viele andere, eine »Aktennummer«. Sonst nichts. Als Pflichtverteidigerin ist sie vom Gericht engagiert worden. Und sie tut hier ihre Pflicht, wie man es von ihr erwartet.

Jetzt, da das kalte Tribunal dem Ende zugeht, spürt Margot von Schade, wie sehr sie in Gefahr ist. In den vergangenen Stunden mußte sie erleben, wie ihre beiden Mitangeklagten vom Gericht als »verführte«, aber »im Kern« doch redliche Volksgenossinnen behandelt worden waren; wie deren Verteidiger entlastende Argumente vortrugen, ja sogar Freisler verständnisvolle Worte für das Verhalten der beiden fand.

Ganz anders bei ihr. Von Beginn an schlug ihr die gereizte Ablehnung Freislers entgegen. Warum nur? Weil sie adeliger Herkunft ist? Ist nach dem 20. Juli jeder Mensch, der in seinem Namen ein »von« trägt, bereits ein Mitverschwörer Stauffenbergs? Trifft sie die ganze Härte Freislers, weil sie in ihren Antworten jene reumütige Einsicht vermissen läßt, die er von ihr erwartet?

Gedanken wie diese gehen ihr durch den Kopf. Hat nicht Freisler vorhin mit zynischer Attitüde gesagt: »Das ist die Familie, die Umgebung, der die Angeklagte entstammt...« Hat er nicht mit gespielter Entrüstung gegeifert: »Sage mir, mit wem du verkehrst – und ich sage dir, wer du bist...«? Alles ist belastend gegen sie verwendet worden, selbst der Brief, den ihre Schwester Gisela ihr in die Zelle geschickt hat und der selbstverständlich von den Beamten abgefangen und sogleich zum Belastungsmaterial genommen worden ist. In dem Brief hat Gisela von einer geselligen Runde berichtet – getanzt hätten sie, getrunken... Freisler sieht darin nur einmal mehr den Beweis der dekadenten familiären Herkunft. Diese junge Margot von Schade, diese aufmüpfige Göre, die sich sogar erdreistet hat, den Führer »in schamlosester Weise öffentlich zu beleidigen«, die durch ihre zersetzenden Äußerungen das Mißlingen des Attentats sogar bedauerte – an dieser niederträchtigen Person muß ein abschreckendes Exempel statuiert werden...

Das Gericht zieht sich zur Beratung zurück. Ist nicht alles schon längst entschieden? Bedrückt und erregt zugleich, sitzt Margot von Schade auf ihrem Stuhl. Die Zeit scheint stehenzubleiben. Sie fühlt sich wie in einem Vakuum.

Irgendwann, Margot von Schade hat jegliches Zeitgefühl verloren, betreten Richter und Beisitzer wieder den Saal. Die Urteilsverkündung. Freislers schneidende Stimme ist unüberhörbar:

»Angeklagte Sensfuß – Aufstehen!
Freispruch!
Angeklagte Törber – Aufstehen!
Freispruch!«

Hoffnung keimt in ihr auf. Wenn die beiden Mitangeklagten freigesprochen werden, kann eigentlich auch ich mit einer Gefängnisstrafe davonkommen...

»Angeklagte von Schade – Aufstehen!«

Ihre Augen schauen nach vorne: Rote Robe, rote Fahne... die Büste des Führers...

»Wegen Wehrkraftzersetzung, Feindbegünstigung, defätistischer Äußerung und Landesverrat verurteile ich Sie ... zum Tode!«

Todesurteil? Für mich? Das kann nicht sein ... Ich bin keine Kriminelle, keine Mörderin ... Todesurteil? Während Freisler die Begründung des Urteils verliest, bemüht sie sich, die ungeheure Tragweite des Richterspruchs in ihrem Bewußtsein zu verarbeiten. Todesstrafe? Soll es plötzlich zu Ende sein? Wegen ein paar leichtfertiger Sprüche in geselliger Runde? Die beiden anderen waren doch auch dabei, haben gelacht, Späße gemacht. Warum werden sie freigesprochen? Warum soll ich getötet werden?

Todesstrafe für so etwas – unmöglich!

Sie sucht das Gesicht ihres Stiefvaters. Sie weiß, daß er unter den Zuschauern ist. Ist es wahr? Stimmt es? Soll ich, muß ich sterben? Soll dieser 17. November wirklich mein Schicksalstag sein? Wartet nur noch das Fallbeil auf mich?

Margot von Schade, die heute Margot Diestel heißt, hat überlebt. Das vorzeitige Ende des »Tausendjährigen Reichs« hat ihr das Leben gerettet. Zur Hinrichtung war es infolge des russischen Vormarsches nicht mehr gekommen. Sie hatte die Luftangriffe in ihrer Gefängniszelle überstanden, die qualvolle Verlegung von Berlin in das Gefängnis im sächsischen Stolpen. Und hier sollte ein mutiger Wachbeamter in den letzten Kriegstagen den Befehl verweigern, die Insassen vor dem Eintreffen des herannahenden Feindes zu erschießen. Statt dessen stellte er – die russischen Truppen standen bereits unmittelbar vor der Stadt – Entlassungsscheine aus: »Margot von Schade wird mit dem heutigen Tag entlassen.« Stempel, Unterschrift, Datum. Es war der 3. Mai 1945.

Vier Tage später unterzeichnete Generaloberst Jodl in der westfranzösischen Stadt Reims die deutsche Kapitulation. Der Krieg war zu Ende.

Vierundzwanzig Jahre danach begann Margot von Schade – eine der wenigen Davongekommenen – ihre Lebensgeschichte aufzuschreiben. Ihre Jugend, die Denunziation, die Verhaftung, das Todesurteil vor dem Volksgerichtshof, der zermürbende Leidensweg durch die Gefängnisse, die ständige Todesangst – davon wollte sie eigentlich nur ihren Enkelkindern erzählen. Sie sollten erfahren, was sich zutrug in Deutschland. Fast zufällig war daraus ein bewegendes zeitgeschichtliches Dokument geworden. Die Erinnerungen an die braunen Schreckensjahre – von ihrem Mann, Arnold Diestel, aufgezeichnet – fanden einen Verlag. Das Buch soll der nachwachsenden Generation die Augen öffnen.

Denn: »Was einmal geschah, darf nie mehr passieren.«

Margot Diestel sieht sich rückblickend nicht als Widerstandskämpferin, nein, das nicht. Aber sie hat schon in jungen Jahren erkannt, was die Herrschaft der Nationalsozialisten in Deutschland und der Welt anrichtete: »Als einundzwanzigjähriges Mädchen in der noch friedlichen Stadt Demmin, manche Dinge wissend, viele ahnend, angefüllt mit Ekel gegen dieses verbrecherische System und versehen mit einem frechen Mundwerk. So als lebten wir im tiefsten Frieden, als gäbe es keine Denunziation, keine Gestapo und keine Konzentrationslager – so rieb ich jedem meine Meinung unter die Nase«, erinnert sie sich. Ihre Unbekümmertheit sollte sie beinahe das Leben kosten – im Namen des deutschen Volkes. Die Urteilsbegründung hat sie in ihrem Buch abgedruckt. Dokumente einer Terrorjustiz:

Im Namen des Deutschen Volkes!

In der Strafsache gegen

die Bereiterin Margot von Schade aus Demmin, geboren am 27. März 1923 in Burg Zievrich (Krs. Bergheim a. d. Erft), wegen Wehrkraftzersetzung
hat der Volksgerichtshof, 1. Senat, auf die am 30. Oktober 1944 eingegangene Anklage des Herrn Oberreichsanwalts in der Hauptverhandlung vom 17. November 1944, an welcher teilgenommen haben

          als Richter:
Präsident des Volksgerichtshofs Dr. Freisler,
   Vorsitzender

Landgerichtsdirektor Dr. Schlemann,
SA-Brigadeführer Hauer,
NSKK-Obergruppenführer Regierungsdirektor Offermann,
Stellvertretender Gauleiter Simon,
als Vertreter des Oberreichsanwalts:
Landgerichtsrat von Zeschau

für Recht erkannt:
Margot von Schade hat die Meuchelmörder vom 20. Juli verherrlicht, das Mißlingen des Mordanschlages auf unseren Führer bedauert, unseren Führer aufs niedrigste verächtlich zu machen gesucht und in schamloser Selbsterniedrigung mit einem Russen sich »politisch« unterhalten.
Für immer ehrlos wird sie damit mit dem Tode bestraft.

Gründe:

Sie gibt zu, daß sie sich zum Attentat geäußert habe: »Pech gehabt!«,
Pech gehabt nämlich, daß der Mordanschlag nicht glückte!!!...
Das allein streicht sie aus unserer Mitte aus. Denn wir wollen nichts, gar nichts gemein haben mit jemandem, der mit den Verrätern an Volk, Führer und Reich, die uns durch ihren Verrat unmittelbar in Schande und Tod geschickt hätten, wenn sie Erfolg gehabt hätten, sich solidarisch erklärt.
Margot von Schade hat aber, und das mag als Vervollständigung des Bildes ihrer Verworfenheit festgestellt werden, diese ihre gemeinen Äußerungen auf der Grundlage einer durch und durch verräterischen, ehrlosen Grundeinstellung getan...
... Kein Wunder, daß sie, wie sie selbst zugibt, als sie und ihre Kameradinnen zum Gemeinschaftsempfang der Führeransprache gingen, das mit den Worten mitteilte: »Herr Hitler spricht!« Der Zorn und die Scham muß doch jedem darüber hochkommen, daß ein deutsches Mädchen sich im Jahre 1944 so ausdrückt...
... Wer in so schamloser Selbsterniedrigung als Deutsche derartige Gespräche mit einem Bolschewisten führt, wer

derartigen gemeinsten Verrat unserer Geschichte verherrlicht, wer so unseren Führer verächtlich zu machen sucht – der beschmutzt dadurch unser ganzes Volk. Wir wollen mit jemandem, der mit der Treue seine Ehre, seine ganze Persönlichkeit derart atomisiert, für immer zerstört hat, aus Gründen der Sauberkeit nichts mehr zu tun haben. Wer so um sich Zersetzung verbreitet (§ 5 KSSVO), wer sich so zum Handlanger unserer Kriegsfeinde bei dessen Bemühungen, in unserer Mitte Zersetzungsfermente zu entdecken, macht (§ 91 b StGB), der muß aber auch mit dem Tode büßen, weil wir die Festigkeit der Haltung unserer Heimat, überhaupt unseres um sein Leben schwer ringenden Volkes unter allen Umständen schützen müssen...

Weil Margot von Schade verurteilt ist, muß sie auch die Kosten tragen.
gez: Dr. Freisler   Dr. Schlemann

Sechsundvierzig Jahre später. Steinhorst in der Nähe von Hamburg. Ich sitze der Frau gegenüber, die damals in Berlin von Freisler zum Tode verurteilt worden war.

Wie sind heute ihre Gefühle beim Lesen ihres eigenen Todesurteils? Spürt sie Wut, hat sie Rachegefühle? »Nein«, antwortet sie kopfschüttelnd, »nur Lähmung und Enttäuschung. Fast alle Richter des Volksgerichtshofs kamen ja nach dem Krieg wieder in Amt und Würden. Keiner wurde zur Verantwortung gezogen oder verurteilt, und das ist deprimierend.«

Das Schicksal hat es gut gemeint mit diesem lebenslustigen Mädchen von einst und der aufrechten Frau von heute. Sie hat später, aber nicht zu spät, wenigstens auf ganz private Weise Wiedergutmachung erfahren. Mit staatlicher Wiedergutmachung hat sie in diesem Land nicht rechnen können. Sie war Opfer, nicht Täter. Und staatliche Fürsorglichkeit wurde hierzulande mehr den letzteren zuteil.

Monate zuvor. Schon einmal »Spurensuche«. Ein sehr ruhiges, vornehmes Wohnviertel in München, dicht am Nymphenburger Kanal. Ein moderner Wohnblock, elf Wohnungen. Im Erdgeschoß links an der Wohnungstür ein schlichtes Pappschild: Russegger. Niemand der Nachbarn weiß, daß die alte Dame Marion Freisler ist, die Witwe des ehemaligen Volksgerichtshofs-Präsidenten Roland Freisler. »Eine sehr zurückgezogen lebende Frau: Sie spricht kaum mit jemandem«, gibt mir eine Hausbewohnerin Auskunft. Auch mit mir spricht Frau Russegger nicht. In einem Brief hatte ich sie Wochen zuvor um ein Gespräch gebeten; wie denkt sie heute über das erbarmungslose Wirken ihres Mannes, wie hat sie ihren beiden Söhnen den Vater erklärt? Das wollte ich sie fragen – und vieles mehr. Mein Brief blieb unbeantwortet. Ich entschloß mich, nach München zu fahren. Ein letzter, freilich erfolgloser Versuch.

Bei meinen Recherchen war ich auf Presseberichte aus dem Jahr 1958 gestoßen. Eine Berliner Spruchkammer – die letzte in Deutschland – hatte damals eine Sühnegeldstrafe von 100 000 Mark über den Nachlaß Freislers verhängt. Diese Summe entsprach dem Wert zweier Grundstücke in Berlin, die seit Kriegsende unter Treuhandverwaltung standen und die Freislers Witwe als ihr Eigentum beanspruchte. Jahrelang hatte sie um die Rückgabe der Häuser mit der Begründung gekämpft, sie seien von ihrer Mitgift gekauft worden. Die Berliner Spruchkammer kam dagegen zu dem Schluß, daß es sich um Erwerbungen aus Freislers Einkünften zugunsten seiner Frau gehandelt habe. Die Kammer stützte sich dabei auf die Tatsache, daß sich die über Jahre erstreckenden Ratenzahlungen für die Grundstücke mit den Terminen der Gehaltszahlungen für Freisler und den Etappen seiner Karriere zusammenfielen. Nachforschungen hatten überdies ergeben, daß Frau Freisler von Hause aus mittellos war.

Nach viereinhalbstündiger Verhandlung, zu der Freislers Witwe mit der Begründung, »sie könne keine Anstrengungen vertragen«, nicht erschienen war, wies die Kammer die Berufung der damals in Frankfurt lebenden Witwe Freislers, alias Frau Russegger, ab. Die Geldstrafe, die in gleicher Höhe bereits am 29. Januar 1958 von der Berliner Kammer verhängt worden war, entsprach den Werten der zwei Grundstücke, und so wurden diese nun statt des verhängten Sühnegelds eingezogen.

Fast dreißig Jahre später, im Februar 1985, kam die Witwe, genauer ihr »Rentenfall«, erneut in die Schlagzeilen. Diesmal ohne eigenes Zutun. Damals hatte der bayerische SPD-Landtagsabgeordnete Günther Wirth publik gemacht, daß Frau Russegger nach dem Kriege nicht nur die übliche Witwengrundrente aus dem Dienstverhältnis ihres kurz vor Kriegsende bei einem Bombenangriff in Berlin umgekommenen Ehemannes bezog, sondern darüber hinaus – seit 1974 – eine sogenannte Schadensausgleichsrente, gewährt vom Versorgungsamt in München mit der Begründung, es müsse unterstellt werden, daß Freisler – hätte er den Krieg überlebt – »als Rechtsanwalt oder Beamter des höheren Dienstes tätig geworden wäre«.

Aufsehen erregte damals vor allem die aberwitzige Argumentation. Die bayerischen Sozialbeamten konnten – »aus rechtsstaatlichen Gründen« – nicht die Auffassung vertreten, daß Freisler im Überlebensfall »zum Tode oder zumindest zu lebenslangem Freiheitsentzug verurteilt worden wäre«. Vielmehr erschien ihnen »ebenso wahrscheinlich«, daß der höchste Nazi-Richter »in seinem erlernten oder einem anderen Beruf weitergearbeitet hätte, zumal eine Amnestie oder ein zeitlich begrenztes Berufsverbot ebenso in Betracht zu ziehen« gewesen wären.

Wer einen solchen Bescheid »erfinden, ausformulieren und absegnen« könne, so kommentierte damals die *Süddeutsche Zeitung,* der müsse »das Gemüt eines Metzgerhundes haben«. In beinahe allen großen deutschen Zeitungen löste der »Münchner Rentenfall« heftige Reaktionen aus. »Wie kann überhaupt jemand Kriegsopfer sein, der den Krieg gewollt, gefördert und verlängert hat?« fragte erzürnt Franz-Josef Müller, ein Münchner Sozialdemokrat, der 1943 im Alter von achtzehn Jahren als Mitglied der Widerstandsgruppe »Weiße Rose« selbst vor Freisler stand und von ihm zu fünf Jahren Gefängnis verurteilt worden war.

Vierzig Jahre, nachdem Freisler mit dem Dritten Reich zugrunde ging, polarisierte der Fall um die Freislersche Rentenzahlung exemplarisch die Meinungen über den Umgang mit der NS-Vergangenheit. In einem Leserbrief in der *Süddeutschen Zeitung* hieß es, es sei beschämend, »daß es Leute gibt, die nichts anderes zu tun haben, als vierzig Jahre nach Kriegsende in alten Rentenbescheiden zu wühlen«. Mit seiner Meinung stand der Mann keinesfalls allein.

Robert M.W. Kempner, nach dem Krieg amerikanischer Anklagevertreter in den Nürnberger Prozessen, meldete sich in derselben Zeitung ebenfalls zu Wort: »Die Witwe erhält außer der Kriegsopferversorgung und der Schadensausgleichsrente noch eine Witwenrente aus der Sozialversicherung«, schrieb er und brachte in seinem ausführlichen Leserbrief weitere brisante Details an die Öffentlichkeit: »Freisler«, so fuhr er fort, »hat jedoch niemals Sozialversicherungsbeiträge gezahlt, denn er erhielt ja sein hohes Richtergehalt. Eine Witwenpension konnte sie offensichtlich nicht erhalten, da eine solche nicht gewährt wird, wenn ein Beamter sich unmenschlich verhalten hat. Dies ergibt sich aus den Bestimmungen über Artikel 131 des Grundgesetzes. In solchen Fällen aber wird eine Versorgung nur dann gewährt, wenn der Arbeitgeber, also der Staat, für den Betroffenen nachzahlt. Für Freisler müssen, da die Witwe Sozialversicherung erhält, also erhebliche Summen vom Staat nachgezahlt worden sein.« Am Ende seines Leserbriefes kritisierte Kempner die Tatsache, daß Freisler in der Rentenfrage seiner Witwe als Gerichtspräsident eingestuft wurde, und schrieb, seiner Meinung nach hätte dieser »nur als Totengräber der deutschen Justiz, also mit dem normalen Gehalt eines auf Friedhöfen beschäftigten Totengräbers eingestuft werden müssen«.

Durch die heftigen öffentlichen Reaktionen aufgeschreckt, wies der damalige bayerische Arbeits- und Sozialminister Franz Neubauer (CSU) seine Beamten an, die Rentenentscheidung zu korrigieren. Eine Rücknahme des zweifelhaften Bescheids sei jedoch »aus rechtlichen Gründen nicht mehr möglich«, teilte er später auf einer Pressekonferenz mit. Dafür, so ordnete der Minister an, solle die Kriegsopferrente so lange von Erhöhungen ausgeschlossen werden, bis der umstrittene Schadensausgleich aufgezehrt sei.

Trotz Schlagzeilen, Leserbriefen und heftiger Debatten – so ungewöhnlich war die Affäre um die Rentenzahlungen an die Witwe Freislers keineswegs.

Daß sich Hinterbliebene von NS-Größen nach dem Krieg Versorgungsansprüche und Entschädigungen beschafften, mochte vielen grotesk, ja geradezu zynisch vorkommen, doch die Regularien des Bundesversorgungsgesetzes hatten auch für diese Angehörigen eine bürokratische Nische. Davon profitierten schon in den fünfziger Jahren Lina Heydrich, die Witwe des SS-Obergruppenführers und »Entlösungs«-Strategen Reinhard Heydrich, die Töchter von Hermann Göring und Heinrich Himmler und die Witwe des Franken-Gauleiters Julius Streicher, die ihren Mann für dessen frühere selbständige Tätigkeit als Herausgeber des NS-Hetzblattes *Der Stürmer* rentennachversichern ließ – und 46 000 DM herausholte. Dr. Ernst Lautz, Oberreichsanwalt am Volksgerichtshof und verantwortlich für unzählige Todesurteile, erhielt nach dem Krieg zu seiner Pension eine Nachzahlung von 125 000 DM, dem Staatssekretär in Hitlers Justizministerium, Dr. Curt Rothenberger, in Nürnberg zu sieben Jahren Haft verurteilt, wurden neben seiner ansehnlichen Pension von monatlich über 2000 DM gar 190 726 DM nachgezahlt.

Neuartig am Fall Freisler aber war, daß dabei nicht nur die grundsätzlichen Kriegsopferrechte und früheren »Verdienste« geltend gemacht wurden, sondern ein bis zum Rentenalter künstlich verlängertes Berufsleben eines Nazi-Verbrechers. Die Argumentation mochte absurd sein – und dennoch: Vieles, beinahe alles sprach für die Richtigkeit der Auffassung der Münchner Beamten. Zwar gehörte Freisler unzweifelhaft zu den herausragenden Massenmördern des NS-Systems. In der Zeit seiner Präsidentschaft – von 1942 bis 1945 – und zum Teil unter seinem persönlichen Vorsitz verkündete der Volksgerichtshof durchschnittlich zehn Todesurteile pro Tag. Freilich: Nur wenn Freisler nach Kriegsende den Alliierten in die Hände gefallen und unter die Hauptverbrecher in Nürnberg geraten wäre, hätte die Chance für ein gerechtes Urteil über ihn bestanden.

Doch selbst im Nürnberger Juristenprozeß wurden die Angeklagten lediglich zu überschaubaren Freiheitsstrafen verurteilt, die dank einer großzügigen Begnadigungspraxis keiner der Verurteilten voll absitzen mußte. Von der bundesdeutschen Justiz war sühnende Gerechtigkeit gegenüber den früheren Richterkollegen ohnehin nicht zu erhoffen. Bereits in den fünfziger Jahren hatte der Bundesgerichtshof mit einer zweifelhaften Rechtsprechung einen Schlußstrich unter die Vergangenheit gezogen, indem er allen NS-Richtern ein doppeltes »Rechtsbeugungs-Privileg« zuerkannte: Ein Richter darf danach wegen Mordes oder anderer schwerer Verbrechen nur verurteilt werden, wenn er zugleich der Rechtsbeugung für schuldig befunden wird. Dafür war bei den NS-Juristen der Nachweis des »direkten Vorsatzes« erforderlich – und dieser war kaum zu erbringen. Der Täter mußte bewußt oder gewollt gegen die damals geltende Rechtsordnung verstoßen haben. Eine absurde Begründung. Fast alle Richter im Dritten Reich, besonders aber die Roben-Mörder des Volksgerichtshofs, befanden sich in völliger Übereinstimmung mit den Terror-Gesetzen des NS-Staates. Im Falle Freislers wäre der Nachweis solcher Rechtsbeugungsabsicht noch viel schwieriger gewesen als bei irgendeinem seiner braunen Richterkollegen, die das Kriegsende überlebt und in aller Regel im Adenauer-Staat ihre Justizkarriere fortgesetzt hatten.

Eine Statistik der Berliner Justizbehörde über noch lebende Mitglieder des Volksgerichtshofs spricht eine deutliche Sprache. Unter den bei der Erhebung im Jahre 1984 noch lebenden Juristen waren nach dem Krieg: zwei Amtsrichter, ein Amtsgerichtsdirektor, zwei Landgerichtsräte, vier Landgerichtsdirektoren, vier Oberlandesgerichtsräte, sechs Staatsanwälte, drei Oberstaatsanwälte und sogar zwei Senatspräsidenten. Die Ausnahme blieb es, daß einer der VGH-Juristen nach dem Krieg nicht in den Staatsdienst übernommen wurde. Warum also sollte nicht auch Freisler vor der Strafverfolgung sicher gewesen sein und eine zweite Karriere gemacht haben können? Insofern entbehrte die Argumentation der Münchner Sozialbürokraten nicht einer bestimmten Logik. Freisler – eine deutsche Karriere.

Margot Diestel, eines seiner wenigen überlebenden Opfer, hat für ihr erlittenes Martyrium 920 DM erhalten – als einmaliges Schmerzensgeld. Der Witwe ihres Todesrichters aber gewährte der Staat eine ordentlich dotierte Rente. Nicht die Tatsache der Gewährung ist skandalös, sondern die Begründung. Noch bedrückender: Freisler hätte, wie unzählige seiner braunen Richterkollegen auch, der neuen Republik als Staatsbeamter gedient, hätte weiterhin als »Rechtswahrer« Karriere gemacht.

Zur zweiten Karriere ist es nicht gekommen. Wie aber verlief die erste? Wie wurde aus dem ehrgeizigen Gymnasiasten und jungen Fahnenjunker Roland Freisler der nationalsozialistische Jurist und fanatische Blutrichter Freisler? Wie kam er an die Spitze einer der am meisten gefürchteten Terror-Institutionen der Nationalsozialisten – des Volksgerichtshofs? Wer war dieser Roland Freisler...?

Erstes Kapitel
Der Festakt

Am Vormittag des 14. Juli 1934 versammelte sich in der Berliner Prinz-Albrecht-Straße 5 eine auserwählte Gesellschaft von Justiz- und Naziprominenz. Dort, im Gebäude des inzwischen aufgelösten preußischen Landtages, war für die effektvolle Inszenierung des ersten Auftritts des gerade geschaffenen Volksgerichtshofs alles bestens vorbereitet worden. An der Stirnseite des Saales fielen zwei riesige Hakenkreuzfahnen von der Empore bis zum Boden hinab. Dazwischen reihten sich NS-Standartenträger in glänzenden Stiefeln und mit ernsten Gesichtern nebeneinander. Vor dem Rednerpult hatte man Bäumchen und Blumenkästen drapiert. Sie verliehen der Kulisse eine strenge Frische.

Die Stuhlreihen davor füllten den ganzen Saal. Dort saßen die prominenten Gäste in Anzug und Uniform. Auf den Ehrenplätzen Reichsführer SS Heinrich Himmler, neben ihm der seit zwei Jahren amtierende Reichsjustizminister Franz Gürtner sowie Reichsjustizkommissar Hans Frank. Aus Leipzig, dem Amtssitz des Reichsgerichts, waren dessen Präsident Erwin Bumke und Oberreichsanwalt Karl Werner angereist. Dahinter die Repräsentanten der SA und der SS, von Wehrmacht und Justizverwaltungen. In den letzten Reihen schließlich saßen 32 Richter und nebenamtliche Beisitzer des neuen Volksgerichtshofs, die darauf warteten, an ihrem neuen Arbeitsplatz öffentlich ihren Diensteid zu leisten.

Eigentlich hatte der Festakt bereits zwölf Tage früher stattfinden sollen, doch da waren die Nazi-Führer unabkömmlich gewesen. Sie dirigierten gerade die Mordaktionen gegen die »Verschwörer« des Röhmputsches. SA-Stabschef Ernst Röhm hatte bereits kurz nach der nationalsozialistischen Machtergreifung von 1933 selbstbewußt den Anspruch auf Kontrolle der innenpolitischen Entwicklung im Lande erhoben. Eine von ihm angestrebte »zweite Revolution« sollte dem Millionenheer der SA-Braunhemden durch Eindringen in staatliche Bereiche mehr Macht und Einfluß verschaffen. Hitler sah darin eine Gefährdung der inneren Homogenität der NS-Organisationen und nannte Röhm einen »entwurzelten Revolutionär«. Er und die NSDAP-Spitze entschieden sich für die Liquidierung Röhms und seiner Gefolgsleute. In einer Nacht-und-Nebel-Aktion wurden Röhm sowie eine Reihe weiterer hoher SA-Führer, darunter Gregor Strasser, ermordet. Selbst Politiker und Militärs, die in keinem unmittelbaren Kontakt zu Röhm standen, fielen den rigorosen Säuberungsaktionen zwischen dem 30. Juni und dem 2. Juli zum Opfer. Ohne jegliches Verfahren, häufig sogar ohne Vernehmung, waren die SA-Mitglieder und SA-Sympathisanten von Hitlers Mordtruppen umgebracht worden. So auch sein Vorgänger als Reichskanzler, General Kurt von Schleicher, und dessen Ehefrau. Das Blutbad gegen Mitkämpfer von einst, derer man sich mit dieser kühl geplanten Aktion entledigte, hatte mehr als zweihundert Tote gefordert. Für eine Eröffnung des Volksgerichtshofs war da keine Zeit geblieben. Erst jetzt, nach Abschluß des Massakers, fand man Gelegenheit zum Feiern.

Reichsjustizminister Gürtner kam, bevor die Mitglieder des neuen Volksgerichtshofs ihren Eid ablegten, in seiner Eröffnungsrede noch einmal auf die Vorgänge des 30. Juni zu sprechen. Der »Putsch« galt ihm als eindringliches Beispiel dafür, wie bedrohlich die Gefahr der »Gewalt« gegen das Reich und wie notwendig deshalb ein wirksames Gesetz sei. Gürtner sprach mit theatralischem Gestus und salbungsvollen Worten. Wer im Saal vor lauter Ergriffenheit nicht mehr fähig war, der Rede des Justizministers zu folgen, konnte einen Tag später im Parteiblatt *Völkischer Beobachter* seine Ausführungen im Wortlaut nachlesen:

»In dieser feierlichen Sitzung, zu der ich Sie hierher geladen habe, tritt der Volksgerichtshof für das Deutsche Reich zusammen. Durch das Vertrauen des Reichskanzlers sind Sie, meine Herren,

zu Richtern des Volksgerichtshofs berufen worden. Sie sollen heute als erste Handlung das eidliche Gelöbnis der treuen Erfüllung Ihrer Pflichten ablegen. Kein Volk, wie gesund es auch sei, kein Staat, wie fest er auch sei, darf einen Augenblick die Wachsamkeit außer acht lassen, um nicht einem Angriff wie am 30. Juni zum Opfer zu fallen. Nicht immer erfolgt der Angriff durch augenblicklich drohende Gewalt, die nur mit unmittelbarer Gewalt niedergeschlagen werden kann. Sehr häufig geschieht der Hoch- und Landesverrat mit lang ausholenden, weit verzweigten Vorbereitungen, die vielfach nicht leicht zu erkennen sind und viele Menschen – schuldige, ja auch völlig schuldlose – in ihren Bereich ziehen.

Das Schwert des Gesetzes und die Waage der Gerechtigkeit ist in Ihre Hand gegeben. Beides zusammen ist der Inbegriff des Richteramtes, dessen Größe und Verantwortung gerade im deutschen Volk von jeher ehrfurchtsvoll empfunden und mit der Gewissensverpflichtung der Unabhängigkeit bekleidet worden ist.

Ich weiß, meine Herren, daß Sie alle von dem heiligen Ernst dieses hohen Amtes durchdrungen sind. Walten Sie Ihres Amtes als unabhängige Richter, verpflichtet allein dem Gesetz, verantwortlich vor Gott und Ihrem Gewissen.

In dieser Erwartung bitte ich Sie jetzt, die treue Erfüllung Ihrer Pflichten durch einen feierlichen Schwur zu geloben:

Ich schwöre es, so wahr mir Gott helfe!

Sie schwören bei Gott dem Allmächtigen und Allwissenden, daß Sie Volk und Vaterland Treue halten, Verfassung und Gesetze beachten und Ihre Amtspflichten gewissenhaft erfüllen, und daß Sie Ihre Pflichten eines Richters des Volksgerichtshofs getreulich erfüllen und Ihre Stimme nach bestem Wissen und Gewissen abgeben werden.«

Eine Rede voller Pathos, die von den Zuhörern im Saal mit langanhaltendem Beifall quittiert wurde. Auch sie waren vom »heiligen Ernst« der Stunde ergriffen, auf ihren Gesichtern lag Stolz. Waren sie nicht gerade Zeugen der Geburtsstunde eines neuen, einzigartigen Gerichtshofs geworden? Ein Gericht, dem per Gesetz vom 24. April alle Straftaten übertragen worden waren, für die zuvor allein das Reichsgericht zuständig gewesen war: Hochverrat, Landesverrat, Angriffe auf den

Reichspräsidenten, besonders schwere Wehrmittelbeschädigung sowie Mord oder Mordversuch an Mitgliedern der Reichsregierung oder einer Landesregierung. Ein Gericht wie dieses – darin waren sich die Festgäste einig – war ein Gebot der Stunde. Gerade jetzt, in Zeiten des nationalen Aufbruchs, mochte die ausländische Presse, die behauptete, hier solle ein Standgericht geschaffen werden, noch so geifern und hetzen. Für Reichsjustizminister Gürtner entstammten die empörten Stellungnahmen aus dem Ausland »entweder einer bedauernswerten Unkenntnis der für den Volksgerichtshof geltenden Verfahrensbestimmungen und einem Mangel an Verständnis für deutsches Rechtsempfinden oder aber der böswilligen Absicht, jede Regung des neuen Deutschland in ihr Gegenteil zu verkehren«.

Tatsache war – und auch Gürtner wußte dies: Der neue Volksgerichtshof galt rechtlich als Sondergericht. Als vorläufigen Präsidenten führte Gürtner während der Feierstunde den dienstältesten der drei Senatspräsidenten, Dr. Fritz Rehn, in sein Amt ein. Rehn empfahl sich besonders für den Präsidentenstuhl. Er war ein Mann der ersten Stunde. Als Leiter des Berliner Sondergerichts hatte er bereits hinreichend Erfahrung mit der NS-Justizpraxis sammeln können und dabei bewiesen, daß sich die Nationalsozialisten auf ihn verlassen konnten. Bereits am 21. März 1933 waren von den neuen Machthabern die ersten Ausnahmegerichte geschaffen worden, wo sich Angeklagte nicht vor örtlich und sachlich zuständigen Richtern, sondern vor ausgewählten NS-Rechtswahrern zu verantworten hatten. Die »Verordnung der Reichsregierung über die Bildung von Sondergerichten« machte mit den Angeklagten kurzen Prozeß: Die Ladungsfrist betrug drei Tage und konnte auf vierundzwanzig Stunden herabgesetzt werden. Auch andere Säulen eines rechtsstaatlichen Ermittlungsverfahrens und Prozesses setzte die Verordnung außer Kraft: »Eine mündliche Verhandlung über den Haftbefehl findet nicht statt«, hieß es eindeutig. Justizwillkür, Fehlurteilen, übertriebenen und grausamen Strafen, ja selbst Justizmorden waren damit Tür und Tor geöffnet. Rehn hatte seine Aufgabe zur vollen Zufriedenheit der neuen Machthaber erledigt. Jetzt wurde er – aus statusrechtlichen Gründen allerdings nur kommissarisch – mit dem Präsidentenstuhl des obersten Ausnahmegerichts belohnt. Für den diensteifrigen Juristen ein enormer Aufstieg.

Rehn zur Seite standen die aus München und Düsseldorf nach Berlin gewechselten Senatsvorsitzenden Wilhelm Bruner – der schon wenige Monate später, nach Rehns frühem Tod am 18. September 1934, als geschäftsführender VGH-Präsident bis 1936 amtieren sollte – und Eduard Springmann. Neun weitere Berufsrichter kamen hinzu. Vier der »ehrenamtlichen« Beisitzer, zu denen sich noch fünf hohe Militärs gesellten, waren aus dem Reichswehrministerium. Die restlichen elf Mitglieder repräsentierten die verschiedenen NS-Organisationen. Keiner sollte und keiner wollte beim Beginn des neuen Gerichts abseits stehen.

Die *Deutsche Allgemeine Zeitung* hatte ihre Leser schon am Tag vor dem Festakt über die Auswahl der Richter und deren Anforderungen informiert. Lobend war vom Autor resümiert worden:

»Bei der Auswahl der richterlichen Mitglieder ist besonders darauf Bedacht genommen worden, daß diese Persönlichkeiten mit großem Wissen und Können auf strafrechtlichem Gebiet, mit politischem Weitblick und großer Lebenserfahrung begabt sind.«

Insgesamt umfaßte die personelle Erstbesetzung achtzig Mitarbeiter. Damit stand der Volksgerichtshof freilich noch immer deutlich unter dem Reichsgericht. Auch die Organisation war keineswegs so, wie es sich die VGH-Verfechter gewünscht hatten. Zwar war das neue Gericht vom Reichsgericht getrennt, doch die Anklagevertretung übernahm zunächst weiterhin eine Außenstelle der in Leipzig ansässigen Reichsanwaltschaft. Der dortige Leiter war Reichsanwalt Paul Jorns, ein Jurist, der schon in der Weimarer Republik Landesverratsdelikte bearbeitet und als Untersuchungsführer im Fall um den Mord an Rosa Luxemburg und Karl Liebknecht bereits 1919 eine für die Justiz zufriedenstellende Arbeit geleistet hatte. Ihm assistierten die Oberstaatsanwälte Wilhelm Eichler und Heinrich Parrisius, der Mann, der ein Jahr zuvor gemeinsam mit Oberreichsanwalt Karl Werner die Voruntersuchungen gegen die Reichstagsbrandstifter durchgeführt und auch die Anklage im Reichstagsbrandprozeß mit vertreten hatte.

Sie alle waren gestandene Juristen, die sich der »deutschen Sache« verpflichtet fühlten. Die NS-Machthaber erwarteten eine konsequente und harte Rechtsprechung. Und diese Männer waren der Garant dafür. Was unter der »neuen deutschen Rechtspflege« und vom Volksgerichtshof zu erwarten war, verriet der *Völkische Beobachter* in seiner Ausgabe vom 15. Juli 1934. Ein Kommentator beschwor mit markigen Worten das Ende des »Strafrechtsliberalismus« und klärte seine Leser auf:

»Seit Deutschland eine politische Einheit geworden, die Erscheinungen eines alten und kranken Zeitalters Schlag auf Schlag beseitigt hat, ist das politische Verbrechen, die politische Straftat in ein anderes Licht gerückt. Es bedurfte keiner Umwandlung des strafrechtlichen Denkens an sich, um die Notwendigkeit eines besonderen Gerichtshofes für Hoch- und Landesverrat zu beweisen – neue Verhältnisse schaffen neue Bedürfnisse: die politische Einheit des deutschen Volkes, mit dem Blute hunderter und tausender erkauft, verlangte nach ihrer Sicherung. Sie hat diese nach innen, gegen den Verräter, den Saboteur, gegen die negierenden Elemente gefunden im Volksgerichtshof.«

Und er fuhr fort:

»Wer sich heute gegen die politische Einheit des nationalsozialistischen Staates wendet, kommt zur Aburteilung durch diesen Gerichtshof. Der Reichstagsbrandstifterprozeß unseligen Gedenkens, dieses monatelange Dahinschleppen einer politisch klaren Strafmaterie vor politisch ungeschulten Richtern, mit den sich deshalb zum Zweck der ›objektiven Beurteilung‹ immer erneut notwendig erweisenden Sachverständigenaussagen, Zeugenvernehmungen und seinem trotzdem ergangenen Fehlurteil hat dieses Erfordernis der Beziehung politisch geschulter Fachrichter besonders deutlich zutage treten lassen.

Der heute erstmals zusammengetretene Volksgerichtshof stellt also geschichtlich gesehen, zumal er als dauernde Einrichtung gedacht ist, in der deutschen Justiz etwas vollkommen Neues dar.

Es wird die Zeit der politisch, aber auch kriminalistischen Instinktlosigkeit der deutschen Justizbehörden, die vor Objektivität und Verfassungstreue die Dinge um sie herum weder sehen konnten noch wollten, und die kein Ruhmesblatt in der Geschichte der deutschen Rechtspflege bedeutet, abschließen.«

Wie der Kommentator des nationalsozialistischen Kampfblattes dachten keineswegs nur stramme Parteigänger. Auch Juristen von national-konservativer Gesinnung, noch immer im Glauben an ihre »richterliche Unabhängigkeit«, konnten sich damit identifizieren. Ging es nicht um ein neues Deutschland? Um die Abwehr von Gefahr für Volk, Vaterland und Führer? Hatte nicht die Brandstiftung am Reichstagsgebäude nachhaltig gezeigt, daß die kommunistische Gefahr keineswegs gebannt war? Und hatte nicht der monatelange und langwierige Prozeß gegen die Brandstifter die Notwendigkeit eines Gerichts unterstrichen, das imstande war, entschlossener und konsequenter gegen jegliche Volksfeinde und deren Drahtzieher vorzugehen?

Tatsächlich waren die nationalsozialistischen Machthaber mehr als verärgert über Ablauf und Ergebnis des Reichstagsprozesses gewesen. Ein Prozeß, in dem vier der fünf Angeklagten den Gerichtssaal als freie Männer verlassen hatten. Männer, die für die Nationalsozialisten nichts als kommunistische Umstürzler waren. Eine Niederlage nicht nur für die Justiz. Ein Skandal ...

Damals, in den späten Abendstunden des 27. Februar 1933, war das Gebäude des deutschen Reichstags in Flammen aufgegangen. Für die Nationalsozialisten – gerade wenige Tage an der Macht – ein Beweis dafür, daß die Kommunisten keineswegs bereit waren, sich mit den neuen politischen Machtverhältnissen abzufinden. Die Brandstiftung, davon waren sie überzeugt, sei nur ein Fanal. Folgte jetzt womöglich ein bewaffneter kommunistischer Aufstand?

Noch in der Nacht war zwischen verbrannten Ruinen ein holländischer Wanderbursche verhaftet worden. Sein Name: Marinus van der Lubbe. Sollte dieser Kerl der alleinige Brandstifter sein? Ein Einzelgänger, ganz ohne Komplizen und

Hintermänner? Die Nationalsozialisten waren sich sicher: Da steckten die Kommunisten dahinter...

Bereits am 30. Januar, dem Tag ihrer Machtübernahme, hatten Wirtschaftsminister Alfred Hugenberg, aber auch Innenminister Wilhelm Frick und Hermann Göring für ein Verbot der Kommunistischen Partei der – KPD – plädiert. Doch Hitler selbst hatte – vorerst – abgelehnt. Er befürchtete schwere innenpolitische Auseinandersetzungen und Streiks, die er gerade zu dieser Zeit am wenigsten brauchen konnte.

Jetzt, nach dem Reichstagsbrand, sah er sich jedoch gezwungen zu handeln. Schon einen Tag nach dem Brand, am 28. Februar 1933, hatte Hitler zwei Notverordnungen unterzeichnet: die »Verordnung des Reichspräsidenten zum Schutze von Volk und Staat« sowie eine »Verordnung des Reichspräsidenten gegen Verrat am deutschen Volke und hochverräterische Umtriebe«. Als folgenschwerste Maßnahmen wurden darin die Schutzhaft eingeführt und die Grundrechte der Weimarer Verfassung außer Kraft gesetzt. Kurze Zeit danach wurden bereits Tausende verhaftet – meist Funktionäre der KPD, aber auch Sozialdemokraten und Gewerkschaftler. Hitler verfügte damit über Gesetze, die es ihm ermöglichten, nun endgültig mit seinen Gegnern abzurechnen.

Während dieser Zeit liefen die Ermittlungen im »Fall Reichstagsbrand« weiterhin auf Hochtouren. Die NS-Machthaber nutzten den psychologisch so günstigen Augenblick für ihre propagandistischen Zwecke. Allerorten wurde eine kommunistische Gefahr beschworen. Ein Einzeltäter wie van der Lubbe reichte dabei nicht für die Propagandapläne. Die Hintermänner und Drahtzieher des Brandanschlags – die »Agenten des Weltkommunismus« – mußten gefunden und überführt werden.

Und die rastlosen Ermittler wurden fündig: Ernst Torgler, Vorsitzender der KPD-Fraktion im Reichstag, wurde verhaftet, nachdem er sich – in Verdacht geraten, weil er als einer der letzten vor dem Brand das Gebäude verlassen hatte – nach Bekanntwerden des Verdachts umgehend bei der Polizei gemeldet hatte, um seine Unschuld zu beweisen. Außerdem waren drei bulgarische Emigranten namens Georgi Dimitroff, Blagoi

Popeff und Wassilij Taneff festgenommen worden, die sich laut Zeugenaussagen ebenfalls am Brandort aufgehalten hatten.

Gegen sie, wie gegen Torgler und van der Lubbe, erhob Oberreichsanwalt Werner am 24. April 1933, nach der Beendigung der Voruntersuchung, Anklage wegen Hochverrats und Brandstiftung. Zuvor, am 29. März 1933, hatten die Nationalsozialisten im Eilverfahren ein weiteres Gesetz verabschiedet: das »Gesetz über Verhängung und Vollzug der Todesstrafe«, das nun die Todesstrafe, die bereits in der »Verordnung des Reichspräsidenten zum Schutze von Volk und Staat« angedroht worden war, rückwirkend für alle zwischen dem 31. Januar 1933 und dem 28. Februar 1933 begangenen Kapitalverbrechen festsetzte. Auf diese Weise konnte auch für die Reichstagsbrandangeklagten die Todesstrafe gefordert werden.

Der Prozeß gegen die fünf Angeklagten begann am 21. September 1933 vor dem Reichsgericht. Nur einer von ihnen, Ernst Torgler, hatte einen Verteidiger gewählt, den Berliner Rechtsanwalt Alfons Sack, dem Sympathien zur NSDAP nachgesagt wurden. Die anderen Angeklagten mußten Pflichtverteidigern vertrauen. Die Hauptverhandlung zog sich monatelang hin. Neue Erkenntnisse über mögliche kommunistische Auftraggeber brachte die Beweisaufnahme nicht. Auch eine von der Polizei noch kurz vor Prozeßbeginn ausgesetzte Belohnung von 20 000 Reichsmark blieb erfolglos.

Statt dessen vermehrte sich in der Öffentlichkeit jetzt, da die in Spannung versetzten Volksgenossen über die Ergebnisse des Prozesses enttäuscht waren, der Verdacht, die Nationalsozialisten hätten den Reichstag möglicherweise zu propagandistischen Zwecken selbst angezündet.

Nach langer Prozeßdauer wurde kurz vor Weihnachten, am 23. Dezember 1933, endlich das Urteil verkündet: Es lautete für van der Lubbe auf Todesstrafe und »dauernden Ehrverlust wegen Hochverrats in Tateinheit mit aufrührerischer Brandstiftung und versuchter einfacher Brandstiftung«. Die anderen vier Angeklagten aber wurden überraschend freigesprochen.

In der mündlichen Urteilsbegründung war van der Lubbes Todesurteil damit begründet worden, daß der Reichstagsbrand eine politische Tat gewesen sei. Im Frühjahr – so die Urteilsbegründung – habe das deutsche Volk vor der Gefahr seiner Auslieferung an den Weltkommunismus und damit vor dem Abgrund gestanden. Die Brandstiftung sei ein Werk der Kommunisten, und van der Lubbe habe im Dienste dieser hochverräterischen Pläne gestanden. Auch auf verleumdende Behauptungen, der Reichstag sei von den Nationalsozialisten selbst angezündet worden, ging der Strafsenat in seiner Urteilsbegründung ein. Diese Legende, in der »vaterlandslose Leute die Nationalsozialisten töricht und böswillig als die eigentlichen Täter hinstellten«, sei restlos widerlegt, führte der Vorsitzende mit schneidender Stimme aus.

Dennoch: Die Nationalsozialisten, die sich von dem Prozeß, den sie mit so lärmender Propaganda begleitet hatten, einen Erfolg versprachen, waren über das Urteil ungehalten und verärgert.

In der Zeitschrift *Deutsches Recht*, dem Zentralorgan des »Bundes Nationalsozialistischer Deutscher Juristen«, wurde der Richterspruch als »glattes Fehlurteil« beschimpft. Auch Hitler nannte das Urteil später während eines Tischgesprächs »lächerlich« und bezeichnete die Richter als »vertrottelt«. Höchste Zeit also, über einen speziellen Gerichtshof nachzudenken. In einer Kabinettssitzung am 23. März 1934, an der neben Hitler auch Göring, Röhm und Justizminister Gürtner teilnahmen, einigte man sich darauf, daß die Aburteilung von Hoch- und Landesverratssachen einem besonderen Gerichtshof übertragen werden sollte. Schon einen Monat später, am 24. April 1934, wurde der Volksgerichtshof offiziell gegründet. Der stellvertretende Hauptschriftführer Wilhelm Weiß kommentierte später im Parteiblatt *Völkischer Beobachter* diese historische Stunde:

». . . aus guten Gründen hat daher der nationalsozialistische Staat nach der Machtübernahme für die Aburteilung der schwersten Straftaten, die es auf dem politischen Gebiete gibt, einen besonderen Gerichtshof gebildet. Wer die Spruchpraxis der deutschen Gerichte vor der Machtübernahme auf diesem Gebiet kennt, kann am besten die Notwendigkeit des Volksgerichtshofs ermessen. Man wende nicht ein, daß Hoch- und Landesverrat ja auch schon vor

dem 30. Januar 1933 zur Zuständigkeit des höchsten deutschen Gerichtes, des Reichsgerichtes in Leipzig, gehörten. Die Verfahren, die vor diesem Gericht anhängig waren und durchgeführt wurden, konnten gar nicht zu einem in nationalpolitischer Hinsicht befriedigenden Ergebnis führen; denn auch das Reichsgericht war in seiner Arbeit und in seiner Tendenz abhängig von der allgemeinen politischen und geistigen Grundhaltung, die im demokratischen Staat von Weimar herrschte. Ein Landesverratsverfahren in Leipzig war in der Regel eine Affäre, die sofort zu parlamentarischen Auseinandersetzungen im Reichstag führte, und nebenher eine schamlose Hetze der Journaille gegen alle auslöste, die den bescheidenen Versuch wagten, das Reich wenigstens vor den allergemeinsten Verrätern zu schützen...

... In diesem Sinne ist der Volksgerichtshof für das Deutsche Reich eine organische Schöpfung des nationalsozialistischen Staates. Denn er ist Ausdrucksform nationalsozialistischer Grundauffassungen auf dem Gebiet der Rechtsprechung.«

Hitler zeigte sich zufrieden. Hier war endlich ein Tribunal geschaffen worden, das er schon 1924 in »Mein Kampf« entworfen hatte. Dort hieß es kategorisch, »daß einst ein deutscher Nationalgerichtshof etliche Zehntausend der Organisierenden und damit Verantwortlichen des Novemberverrats und alles dessen, was dazugehört, abzuurteilen und zu vernichten hat«.

Und sechs Jahre später – der NSDAP war mit einer Erhöhung ihrer Parlamentssitze von 12 auf 107 bei den Reichstagswahlen gerade der nationale Durchbruch gelungen –, am 25. September 1930, hatte Hitler, der vor dem Leipziger Reichsgericht als Zeuge in einem Hochverratsprozeß gegen drei junge Offiziere auftrat, wiederum unmißverständlich über seine Vorstellungen eines Staatsgerichtshofs gesprochen. Als der Richter nach einer ihm zugeschriebenen Bemerkung, »es würden, sobald die Nationalsozialisten die Macht übernommen hätten, Köpfe rollen...«, fragte, hatte Hitler erwidert: »Ich darf Ihnen... versichern: Wenn unsere Bewegung in ihrem legalen Kampf siegt, wird ein deutscher Staatsgerichtshof kommen, und der November 1918 wird seine Sühne finden, und es werden auch Köpfe rollen.« Danach hatte der Richter gefragt, wie er sich die Errichtung des Dritten Reichs vorstelle. Hitlers Antwort: »Die nationalsozialistische Bewegung wird in diesem Staate mit den verfassungsmäßigen Mitteln das Ziel zu erreichen suchen. Die Verfassung schreibt uns nur die Methode vor, nicht aber das Ziel...«

So hatte Hitler vor dem höchsten deutschen Gericht seine Absichten klar formuliert: Er wollte mit verfassungsmäßigen Mitteln an die Macht gelangen, danach den Staat und seine Organe im Sinne seiner nationalsozialistischen Weltanschauung grundlegend verändern.

Die Verabschiedung des Ermächtigungsgesetzes am 23. März 1933 schaffte dazu die Voraussetzungen. Ganz legal – mit der Mehrheit der Stimmen aller Reichstagsabgeordneten. Die Errichtung eines Volksgerichtshofs war also nur ein Glied in der Kette nationalsozialistischer Politik.

Niemand war also von Hitler getäuscht worden. Auch die Justiz nicht. Die Pläne für einen Volksgerichtshof waren schon lange vorhanden. Jetzt, im April 1934, waren sie Wirklichkeit geworden. Damit stand ein Tribunal zur Verfügung, das Schluß machte mit der Nachsichtigkeit gegenüber »Verrätern und Volksfeinden«. Hitler zeigte sich zufrieden. Ein Volk, ein Reich, eine Justiz – ein Führer...

Vier Tage vor der Schaffung des Volksgerichtshofs war er fünfundvierzig Jahre alt geworden, und überall im Reich war der Geburtstag des Führers gebührend gefeiert worden. Besonders in der Hauptstadt Berlin:

»Die Liebe und Verehrung, die das deutsche Volk seinem Führer entgegenbringt, zeigt sich heute am 45. Geburtstag des Volkskanzlers in ganz besonderem Maße. Die ganze Reichshauptstadt ist in ein Flaggenmeer verwandelt. Kein Haus, an dem nicht die Flaggen der nationalsozialistischen Revolution auf die Bedeutung dieses Tages hinweisen. Alle Dienstgebäude des Reiches, des Staates und der Stadtverwaltung, alle Wohnhäuser und Fabriken sind beflaggt. Besonders eindrucksvoll sind die Dekorationen vieler Geschäfte in der Berliner Innenstadt. In den Schaufenstern sind Bilder und Skulpturen des Führers aufgestellt, umrahmt von Blumen und frischem Grün...«

Die kollektive Jubelfeier, über die der Reporter der *Düsseldorfer Nachrichten* in der Abendausgabe vom 20. April 1934 so begeistert berichten durfte, war nicht allein in Berlin, sondern im ganzen Reich feierlich inszeniert worden. Dafür sorgten schon die Parteiorganisationen, die sich mittlerweile in jedem Gau, in jedem Dorf etabliert hatten. Sie waren die Speerspitzen des neuen nationalen Aufbruches. Über Mangel an Zulauf und Sympathie aus dem Volke konnte sich die Partei wahrlich nicht beklagen.

Auch an diesem Samstag vormittag des 14. Juli 1934 lag die euphorische Stimmung des nationalen Aufbruchs über der Festveranstaltung. Als der offizielle Teil beendet war, gingen die Gäste hinaus ins weiträumige Foyer. Man schüttelte sich die Hände, äußerte sich lobend über die gelungene, dem Anlaß entsprechend würdig begangene Feier, versicherte sich des gegenseitigen Respekts. Alle einte das Gefühl, Zeuge eines wichtigen, ja vielleicht historischen Datums der deutschen Justiz gewesen zu sein.

Unter den Festgästen fiel ein großer, schlanker Mann mit schmalem Gesicht auf, der von Parteiprominenz und Justizfunktionären als Gesprächspartner besonders gefragt schien: Roland Freisler, Staatssekretär im Justizministerium. Er war es, der sich mit großem persönlichem Einsatz um die Schaffung dieses Volksgerichtshofs bemüht hatte. In zahllosen Vorträgen und Artikeln hatte er ausdauernd auf die Notwendigkeit hingewiesen, eine neue nationalsozialistische Rechtsprechung mit klar definierten Zuständigkeiten und Verantwortlichkeiten zu schaffen. Das deutsche Recht sei grundsätzlich zu reformieren – hatte der selbstbewußt auftretende Staatssekretär immer wieder gefordert. Für ihn, selbst Nationalsozialist der ersten Stunde, war es ein bedeutender Tag. Die deutsche Justiz hatte nun einen Volksgerichtshof – ein Tribunal gegen die Feinde von Volk, Partei, Reich und Führer. Jetzt konnte die Justiz jene Gesetze anwenden, die zuvor von den NS-Machthabern erlassen worden waren.

Jetzt kam die Stunde der Vollstrecker – der Vollstrecker wie Roland Freisler.

Zweites Kapitel
Der Rechtsanwalt aus Kassel

Der 30. Oktober 1893 war für die Eheleute Julius und Charlotte Freisler ein glücklicher Tag. An diesem Tag wurde ihr Sohn geboren. Einen Namen hatten sie schon lange vor dem großen Ereignis gefunden: Sollte es ein Junge sein, dann würde er auf den Namen Roland getauft werden. Es war ein Junge. Besonders stolz war der Vater, der Diplomingenieur Julius Freisler. Erst vor wenigen Jahren war er aus dem mährischen Klantendorf ins Reich gezogen und hatte sich in Celle bei Hannover in die grazile, zurückhaltende Charlotte Auguste Schwerdtfeger verliebt – und sie alsbald geheiratet.

Insgeheim hatte er sich einen Sohn gewünscht. Julius Freisler war stolz und glücklich. War ihm der kleine Roland nicht wie aus dem Gesicht geschnitten? Kurze Zeit nach der Geburt zog die junge Familie nach Hameln, wo am 28. Dezember 1895 Charlotte Freisler ihr zweites Kind, wiederum einen Jungen, zur Welt brachte. Man gab ihm den Namen Oswald. Bereits einen Monat später bekam Julius Freisler eine berufliche Offerte, die er nicht ablehnen mochte: eine leitende Stelle im Duisburger Hafenbauamt. Auch wenn die Trennung schmerzlich war – er dachte an seinen beruflichen Aufstieg. Seine Frau blieb mit den beiden Kindern vorläufig im Niedersächsischen, bis sie ihrem Mann schließlich nach Aachen folgte, wohin es den umtriebigen Ingenieur gezogen hatte, als man ihm an der Königlichen Baugewerbeschule eine Professur angeboten hatte.

Der Ruf bescherte Julius Freisler nicht nur eine persönliche Statusverbesserung, sondern ihm und seiner Familie auch ein gesichertes Einkommen. Die beiden Jungen besuchten zunächst die Grundschule, ehe der zehnjährige Roland ab 1903 auf das Kaiser-Wilhelm-Gymnasium wechselte. Hier galt er als lernwilliger und ehrgeiziger Schüler. Dieser Ehrgeiz zeichnete ihn auch noch als fünfzehnjährigen Pennäler in Kassel aus, wohin die Familie Freisler 1908 zog. Vier Jahre später machte der Gymnasiast, der sich an politischen Diskussionen immer besonders engagiert beteiligte, als Klassenbester das Abitur.

Danach begann er an der Universität Jena sein Jurastudium. Doch als der »große vaterländische Krieg« ausbrach, verließ er die Stadt, um im August 1914 als Fahnenjunker ins 167. Infanterieregiment in Kassel einzutreten. Wie alle jungen Männer seiner Generation hielt er es für seine patriotische Pflicht, Soldat zu werden. Hier ging es um das Reich, um Deutschland. Um den Sieg. Nach kurzer Ausbildung kam der junge Rekrut zunächst in Flandern zum Einsatz, wo er schon nach kurzer Zeit verwundet und in ein Heimatlazarett verlegt wurde. Nach seiner Genesung kam er mit seinem Regiment an die Ostfront. Dort erfüllte er seine soldatischen Pflichten so eindrucksvoll, daß seine Beförderung anstand: Als Führer eines Spähtrupps wurde er zum Leutnant ernannt. Im Feld zeichnete er sich durch besondere Tapferkeit aus, weshalb die Armeeführung dem jungen Leutnant das »Eiserne Kreuz« verlieh. Doch auch diese soldatische Auszeichnung schützte ihn und seine Kameraden nicht vor Niederlage und Gefangenschaft. Den Rest des Krieges verbrachte Roland Freisler wie Tausende andere deutsche Soldaten als Gefangener in einem Offizierslager in der Nähe von Moskau.

Nach der Oktoberrevolution und dem Frieden von Brest-Litowsk hatten die Russen die Lagerverwaltung den deutschen Gefangenen übertragen und Freisler zu einem der Lagerkommissare ernannt. Sein Auftrag: die Organisation des Lagerproviants.

Seine Funktion als Lagerkommissar sollte später unterschiedlich bewertet werden. Die einen beriefen sich auf Zeitzeugen, die bestätigt haben sollen, Freisler habe sich während dieser Zeit intensiv mit den Lehren des Marxismus beschäftigt, die russische Sprache erlernt und als »Bolschewist« rasch Karriere gemacht. Andere sahen in der Tatsache, daß Freisler innerhalb der Selbstverwaltung als Kommissar hervortrat, allenfalls einen Beleg für seine Fähigkeit, neue Situationen stets auch zu seinem eigenen Vorteil zu nutzen. Freisler selbst bestritt später niemals, Lagerkommissar gewesen zu sein – aber er wehrte sich entschieden gegen eine angebliche »bolschewistische Vergangenheit«.

Im Juli 1920 kehrte Roland Freisler nach Deutschland zurück. Zunächst nach Kassel, später nach Jena, wo er sein Jurastudium wieder aufnahm. Zwar hatte er kurze Zeit darüber nachgedacht, ob er statt dessen eine Offizierslaufbahn einschlagen sollte, doch in diesen wirren Nachkriegszeiten, in denen sich jetzt Kommunisten, Sozialdemokraten, konservative Kräfte und Freikorps heftig bekämpften, fand er nirgendwo einen verläßlichen Orientierungspunkt. Am sinnvollsten erschien es ihm, sich nicht auf die Politik, sondern auf seine private Karriere zu konzentrieren. So entschied er sich für Jena – und für eine Laufbahn als Jurist.

Roland Freisler war – wie schon früher als Schüler – auch als Student eifrig und ehrgeizig. Sein Studium absolvierte er problemlos. Schon 1921 legte er seine Doktorarbeit mit dem Thema »Grundsätzliches über die Betriebsorganisation« vor, die mit »summa cum laude« benotet wurde und ein Jahr später in den »Schriften des Instituts für Wirtschaftsrecht« der Universität Jena veröffentlicht wurde.

Anschließend ging der junge »Dr. jur.« nach Berlin, wo er 1923 das große juristische Staatsexamen bestand und seine Zeit als Assessor absolvierte. Am 13. Februar 1924 kehrte er erneut nach Kassel zurück, um hier mit seinem Bruder, der zwischenzeitlich ebenfalls das juristische Staatsexamen abgelegt hatte, eine Rechtsanwaltskanzlei zu eröffnen. Die Brüder einigten sich auf eine klare Arbeitsteilung. Roland bearbeitete ausschließlich Strafsachen, Oswald konzentrierte sich auf Zivilklagen. Die Kanzlei etablierte sich rasch, über Mangel an Klienten konnten sich die beiden nicht beklagen.

Der Anwalt Roland Freisler verschaffte sich schnell Respekt. Fachlich galt er als außerordentlich kompetent, zudem von großer rhetorischer Geschicklichkeit. Er verstand es, seine Plädoyers klar und durchdacht vorzutragen; die Kunst des belanglosen Hinhaltens beherrschte er ebenso wie das energische Nachfragen. Während er in unpolitischen Prozessen als angenehmer, beinahe zurückhaltender Rechtsanwalt auftrat, präsentierte er sich in politischen Verfahren allerdings als kämpferischer Verteidiger mit eindringlicher Gestik und messerscharfen Formulierungen. Keinem Zusammenstoß mit dem Gericht ging er aus dem Weg. Für seine Mandanten war er ein guter Anwalt. Vor allem in schwierigen Revisionsverfahren bewies er seine juristischen Fähigkeiten so nachhaltig, daß man auch beim Reichsgericht in Leipzig, dessen Dritter Strafsenat für den Oberlandesgerichtsbezirk Kassel zuständig war, auf den jungen Rechtsanwalt Dr. Freisler aufmerksam wurde.

Seine zweite – politische – Karriere verfolgte er mit der gleichen Energie. Für den »Völkisch-Sozialen Block«, eine rechte Splitterpartei, zog Roland Freisler 1924 als Abgeordneter in das Kasseler Stadtparlament ein. Doch nachdem Hitler am 24. Dezember dieses Jahres vorzeitig aus der Festung Landsberg entlassen worden war und umgehend mit der Neuorganisation der NSDAP begonnen hatte, entdeckte auch Freisler seine nationalsozialistische »Heimat« und wechselte wie Tausende seiner Gesinnungsgenossen zur größeren Bruderpartei. Er erhielt die Mitgliedsnummer 9679.

Vielleicht spürte der ambitionierte Anwalt, daß es Hitler bald gelingen sollte, alle rechten und national gesinnten Splittergruppen im Reich zusammenzufassen und damit die politische Macht in Deutschland an sich zu reißen. Bei diesem »nationalen Aufbruch« wollte Roland Freisler dabeisein. Nicht in der anonymen Masse, sondern an vorderster Front.

Als Abgeordneter vertrat er fortan im Kasseler Stadtparlament die NSDAP. Getragen vom Elan der nationalsozialistischen Bewegung und getrieben von seinem starken persönlichen Geltungsbedürfnis, entwickelte er sich zu einem rigorosen Verfechter eines nationalsozialistischen Deutschlands. Ob im Gerichts- oder Plenarsaal – es galt, für die Ideen und Interessen seiner Partei zu kämpfen. Und für seine eigenen. Neben der florierenden Anwaltskanzlei, die er weiterhin mit seinem Bruder Oswald betrieb, verfolgte er nunmehr noch zielstrebiger als zuvor seine politischen Ambitionen.

Privat eher zurückhaltend, heiratete er am 23. März 1928 Marion Russegger – und seine Kasseler Parteigenossen feierten mit. Dabei war Freislers örtliche NS-Stellung nicht unumstritten. Als stellvertretender Gauleiter trachtete er nach dem Stuhl des Gauleiters von Hessen-Nassau Nord. Doch darauf saß mit Dr. Schultz ein enger Vertrauter von Rudolf Heß. Der zahllosen Intrigen und Angriffe Freislers überdrüssig, wandte sich Schultz über seinen Parteifreund mit einem Schreiben an die Parteispitze. Darin bestätigte er seinem Stellvertreter zwar ausdrücklich eine Ausnahmestellung als Anwalt und Redner in der Region, monierte aber gleichzeitig dessen Launenhaftigkeit, die ihn für eine Führungsposition als ungeeignet erscheinen ließ. Mit seiner Meinung stand der Provinz-Gauleiter nicht allein.

Tatsächlich war Freisler wegen seines Übereifers, seines hektischen und lärmenden Vorgehens, auch parteiintern schon häufig ins Zwielicht geraten. Es gab Parteifunktionäre, die sich außerdem an Freislers »Geschäftstüchtigkeit« störten. Sie warfen ihm eine Verknüpfung politischer und privater Interessen vor. Andererseits: Hatte er nicht in zahllosen Prozessen Parteigenossen hervorragend verteidigt und nicht selten sogar deren Freispruch erreicht? War man nicht dank seiner scharfen Rhetorik jeder Attacke des politischen Gegners im Stadtparlament gewachsen? Kämpfte dieser Mann nicht mit offenem Visier und geradezu hingebungsvoll für die Partei und die nationale Sache?

Selbst interne Kritiker konnten Freislers Stärken und Erfolge nicht abtun. Ohnehin waren sie in der Minderheit. Freisler galt im nordhessischen Raum als verdienter Parteigenosse. Er gehörte zur regionalen NS-Prominenz. Daran vermochte auch gelegentliche Kritik an seiner Person, etwa an seinen lärmenden Aktionen und Vorstößen gegen alles, was er als »deutschfeindlich« einstufte, kaum etwas zu ändern.

Da war zum Beispiel der Vorfall im Kasseler »Kleinen Theater«. Ein Theaterstück mit dem Titel »Seele über Bord« des hessischen Schriftstellers Ernst Glaeser, Autor des Generationsromans »Jahrgang 1902«, stand auf dem Programm. Im dritten Akt dieses Stücks näherte sich in einer katholischen Kirche ein als Priester verkleideter Detektiv in eindeutiger Absicht einem Mädchen. Das Mädchen wandte sich still an den Erlöser und bat um Hilfe, doch ohne Erfolg. Die Presse lobte die schauspielerischen Leistungen, kein Kritiker nahm Anstoß am Inhalt des Stücks. Dennoch: Es sprach sich herum, welch blasphemisches Theater nun auch in Kassel zu sehen war, obschon das Drama im Laufe des Stücks gänzlich andere religiöse Wege ging und an keiner Stelle auch nur im geringsten angedeutet wurde, welche Meinung denn nun der Autor des Stücks selbst vertrat.

Ein Leserbrief, der nach der Premiere in der Lokalzeitung *Kasseler Post* erschien und worin sich ein anonymer Leser mit markigen Worten über die »gotteslästernde« Vorstellung beschwerte, mobilisierte Proteste gegen das Stück. Bei der ersten Wiederholung stürmte eine Truppe nationaler Moralwächter unter Führung von Rechtsanwalt und Parteigenosse Freisler das Theater, störte die Vorstellung und mißhandelte einen Besucher, der dennoch den Mut fand, für den Dichter und das Stück Partei zu ergreifen. Die gewalttätige Störaktion blieb für die Theaterstürmer folgenlos. Nicht sie wurden angezeigt, sondern das Stück wurde verboten und der Autor statt dessen der »Gotteslästerung« angeklagt. Gegen den Schriftsteller Kurt Tucholsky, der das Stück in einem Artikel verteidigt und über den Überfall berichtet hatte, wurde ebenfalls eine Anzeige wegen »Gotteslästerung« eingereicht.

Das geschah im Jahre 1926, und es war das erste Mal, daß der NSDAP-Mann Freisler nachhaltig in der Öffentlichkeit seine Bereitschaft demonstrierte, gegen alle »undeutschen Umtriebe« anzukämpfen – auch mit Gewalt.

Vier Jahre später, am 23. Juni 1930, ging der fanatische Nationalsozialist wiederum gegen seine politischen Gegner vor – diesmal etwas geschickter. In der Kasseler Stadtverordnetenversammlung stellte er einen Mißbilligungsantrag gegen den dortigen Polizeipräsidenten. Der Hintergrund: Wenige Tage zuvor hatte Freisler in vier Kasseler Restaurants NS-Veranstaltungen organisiert. Dabei waren auch Uniformen getragen worden, die die hessische Regierung durch einen Erlaß am 11. Juni verboten hatte. Die Nationalsozialisten scherten sich nicht um dieses Verbot. Zahlreiche Parteigenossen erschienen in Braunhemden samt Hakenkreuz-Armbinde vor den Veranstaltungslokalen. Eine Provokation – so sahen es vor allem die Kommunisten. Am 18. Juni, dem Tag der NS-Veranstaltungen, hielten sie nun ihrerseits öffentliche Versammlungen ab, ebenso wie das sozialdemokratische »Reichsbanner Schwarz-Rot-Gold«, dessen Mitglieder gleichfalls unangemeldet und in voller Montur durch die Kasseler Straßen marschierten.

In dieser explosiven Situation war es nach dem Ende einer der NS-Veranstaltungen zu handfesten Auseinandersetzungen gekommen. Die Polizei, die zuvor mit einer halben Hundertschaft dafür gesorgt hatte, daß Besucher trotz Beschimpfungen und Drohungen den Versammlungssaal betreten konnten, war zwischenzeitlich auf Befehl des Polizeiführers wieder abgezogen worden. Danach war es zu wüsten Prügeleien zwischen Kommunisten und Nationalsozialisten gekommen, in deren Verlauf zahlreiche Personen verletzt wurden.

Freisler machte dafür allein die Polizei verantwortlich, die es seiner Meinung nach versäumt hatte, die Besucher vor den Kommunisten zu schützen. Deshalb stellte er im Stadtparlament einen Mißbilligungsantrag gegen den örtlichen Polizeipräsidenten. Dieser, der frühere Rechtsanwalt Dr. Hohenstein, sei Jude und deshalb – so Freisler in seiner Begründung – gar nicht in der Lage, unparteiisch zu sein, sobald es sich um Nationalsozialisten handle. Und weil er gerade in Rage war, griff er an diesem Abend auch den verantwortlichen Einsatzleiter, den sozialdemokratischen Polizeileutnant Schulz, scharf an. Allein die Polizei und nicht die sich wehrenden NSDAP-Mitglieder sei der wahre Verursacher der Vorfälle.

Sowohl der Polizeipräsident als auch sein Leutnant wollten diese Verleumdungen nicht auf sich sitzen lassen und erstatteten Anzeige gegen Freisler. Es kam zum Prozeß. Vor dem Kasseler Schöffengericht wurde Freisler zwar wegen seiner Angriffe gegen Schulz freigesprochen, wegen übler Nachrede gegenüber Dr. Hohenstein allerdings zu einer Geldstrafe von dreihundert Mark verurteilt. Eine kleine, aber dennoch schmerzliche Niederlage für Freisler. Den Gerichtssaal verließ er mit deutlicher Verärgerung. Unter Gleichgesinnten beschwor er kämpferisch die Zukunft. Er war sich sicher, daß die Zeit für ihn, für seine Partei – für die nationalsozialistische Sache – arbeitete. Und dann sollten auch solch skandalöse Urteile der Vergangenheit angehören.

Obwohl Freisler im sozialdemokratisch regierten Hessen keinen leichten Stand hatte, einem Land, in dem sich Verwaltung, Polizei und Justiz stärker als anderswo in der Republik mit Entschiedenheit gegen die zunehmenden Attacken der Nationalsozialisten stellten, ging seine juristische und politische Karriere zügig voran. Neben Hans Frank – 1928 Gründer des »Bundes Nationalsozialistischer Deutscher Juristen«, einem Mann, der 1930 Leiter der Rechtsabteilung der Reichsführung der NSDAP, nach 1933 bayerischer Jutizminister und Präsident der »Akademie des Deutschen Rechts«, später dann zunächst Reichsminister ohne Geschäftsbereich und schließlich ab 1940 Generalgouverneur in Polen werden sollte –, neben diesem Hans Frank wurde Freisler mittlerweile innerhalb der NSDAP als herausragender Jurist beurteilt. Er galt als ein Parteigenosse mit einer ausgeprägten Fähigkeit, zu eindeutigen und schnellen Entschlüssen zu kommen. Kurzum, er war ein Mann, der alle seine Ambitionen systematisch mit jener Zielstrebigkeit verfolgte, die ein skrupelloser Mensch benötigt, um vorwärtszukommen.

Doch trotz juristischer Prominenz, der Zugang zur inneren Führung der Partei blieb Freisler noch verschlossen. Weder als hervorragender Parteianwalt noch als NSDAP-Abgeordneter im preußischen Landtag, dem er seit 1932 angehörte und wo er gelegentlich in Justizdebatten durch rüde Wortattacken von sich reden machte, wurde ihm die Tür ins Machtzentrum der Partei geöffnet.

Historiker sahen später vor allem in der Tatsache, daß Freisler hinsichtlich des Antisemitismus zu diesem Zeitpunkt nicht radikal genug gewesen sei und in seinen Reden die Juden kaum erwähnte, einen Grund dafür, daß ihm der Zutritt zur NS-Prominenz vorerst versperrt blieb. Vielleicht aber lag es auch daran, daß Freislers politischer Aktionsraum von den nationalsozialistischen Hochburgen Berlin und München zu weit entfernt war.

Doch es sollte nicht mehr lange dauern, bis die neuen Machtverhältnisse den ehrgeizigen Anwalt und NSDAP-Genossen Freisler aus der Enge der Provinz nach Berlin führten, in das nationalsozialistische Machtzentrum. Dort war Adolf

Hitler am 30. Januar 1933 von dem greisen Reichspräsidenten Hindenburg zum neuen Reichskanzler ernannt worden.

»Jetzt sind wir soweit«, hatte Hitler unter dem Jubel seiner nationalsozialistischen Gefolgsleute im Hotel »Kaiserhof« ausgerufen, als er nach der Ernennung in der Berliner Wilhelmstraße 77, dem ehemaligen Sitz der Bismarckschen Amtswohnung, dort erschienen war. Alle hatten dem Führer die Hand geschüttelt: Goebbels, Heß, Röhm, Göring – die Schlange der Gratulanten schien endlos. Am Abend wurde eine gigantische Jubelfeier von den Nationalsozialisten organisiert. Von sieben Uhr abends bis weit nach Mitternacht marschierten unter Fakkelschein und Marschklängen 25 000 Hitler-Anhänger zusammen mit Stahlhelm-Einheiten durch das Brandenburger Tor. Und auch Freisler und seine Kasseler Parteigenossen feierten an diesem 30. Januar 1933. Es war ihr Tag, ihr Sieg.

Hitlers Ernennung zum Reichskanzler war keineswegs ein kluger Schachzug der Nationalsozialisten, sondern eine durchaus verfassungsmäßige Angelegenheit. Er und seine neun deutschnationalen und drei nationalsozialistischen Minister besaßen das Vertrauen des Reichstages, wofür laut Verfassung eine einfache Mehrheit notwendig war. Erst am 23. März 1933, als Hitler das Ermächtigungsgesetz durchsetzte, veränderte sich die politische Situation schlagartig. Schon kurz nach der Machtergreifung begann im ganzen Land der Prozeß der Gleichschaltung, alle Länder hatten einen »Reichsstatthalter« bekommen, und hinter ihnen sorgten die NSDAP-Gauleiter dafür, daß Verbände und Institutionen, Behörden und Vereine »gleichgeschaltet« wurden. Die Volksgenossen schienen darauf geradezu gewartet zu haben. Die Mehrheit der Deutschen jedenfalls schien sich unter dem Banner des Hakenkreuzes sichtlich wohl zu fühlen.

Am 5. März – nachdem der Reichstag am 1. Februar aufgelöst worden war – hatten Neuwahlen stattgefunden. Für die NSDAP fiel das Ergebnis enttäuschend aus. Hitler und seine Gefolgsleute waren sich sicher, die absolute Mehrheit der Stimmen zu gewinnen, doch sie erhielten nur 43,9 Prozent. Nur der Allianz mit der deutschnationalen DNVP hatten es die Nationalsozialisten zu verdanken, daß eine »Regierung der nationalen Erhebung« gebildet werden konnte – eine Regierung, die von der Mehrzahl der Deutschen verfassungsgemäß gewählt war.

So konnte Hitler weiter darangehen, seine Machtbefugnisse auszuweiten. Und vor allem konnte er mit seinen Gegnern endgültig abrechnen. Dabei half ihm das Ermächtigungsgesetz, das ihm für vier Jahre beinahe unbegrenzte Vollmachten im Kampf um die »Behebung der Not am Volk und Reich« geben sollte. Schon drei Jahre zuvor hatte Hitler vor Parteigenossen in München angekündigt, was im Falle eines Machtwechsels auf seine Gegner zukommen würde:

»Wir Nationalsozialisten haben niemals behauptet, daß wir Vertreter eines demokratischen Standpunktes seien, sondern wir haben offen erklärt, daß wir uns demokratischer Mittel nur bedienen, um die Macht zu gewinnen, und daß wir nach der Machtergreifung unseren Gegnern alle die Mittel rücksichtslos versagen werden, die man uns in Zeiten der Opposition zubilligt...«

Jetzt war es soweit. Am 23. März 1933 ließ Hitler in seiner Reichstagsrede keinerlei Zweifel daran aufkommen, welch geringen Stellenwert er dem Reichstag zubilligte:

»Es würde dem Sinne der nationalen Erhebung widersprechen und für den beabsichtigten Zweck nicht genügen, wollte die Regierung sich für ihre Maßnahmen von Fall zu Fall die Genehmigung des Reichstags erhandeln und erbitten...«

Geradezu drohend beendete er seine Rede vor den Berufsparlamentariern mit den Worten:

»Die Regierung ist aber ebenso entschlossen und bereit, die Bekundung der Ablehnung und damit die Ansage des Widerstandes entgegenzunehmen. Mögen Sie, meine Herren, nunmehr selbst entscheiden über Frieden oder Krieg!«

Das war deutlich genug. Der sozialdemokratische Abgeordnete Otto Wels wies in einer leidenschaftlichen Rede auf die Konsequenzen dieses Vorgehens hin, die ein letzter Schritt zur Auflösung der parlamentarischen Demokratie seien. Doch seinem Appell, dem bevorstehenden Ermächtigungsgesetz die Stimme zu verweigern, folgte die Mehrheit der Reichstagsmitglieder nicht.

Nur seine eigene Partei stimmte gegen das Gesetz. Selbst wenn die zuvor bereits verhafteten Kommunisten ebenfalls dagegen gestimmt hätten - Hitler wäre eine Zweidrittelmehrheit sicher gewesen. So war er mit allen Vollmachten ausgestattet worden, die er brauchte, um die Weimarer Republik zu beseitigen. 82 Prozent hatten für ihn und sein Gesetz gestimmt - und sich damit ihr eigenes Grab geschaufelt.

Wenn später - nicht selten von Nachkriegspolitikern - behauptet wurde, die Abgeordneten des Reichstags seien von den Nationalsozialisten eingeschüchtert und terrorisiert worden, so diente das allenfalls der Legendenbildung. Tatsache ist: Hitler und seine Gefolgsleute benötigten keinerlei Täuschungsmanöver. Fast alle Parteien waren ausnahmslos mit eigenen Machtgedanken beschäftigt, an der Republik hatten sie nur ein strategisches Interesse. »Weimar starb nicht wegen seiner Feinde, sondern weil es keine echten Freunde besaß, nicht einmal unter den Sozialisten«, charakterisiert der Historiker Hansjoachim Koch treffend die damalige Situation.

Der Reichstag wurde nach diesem 23. März 1933 zwar nicht abgeschafft, aber er war danach nicht viel mehr als eine von den Nationalsozialisten dominierte Versammlung, deren Funktion einzig darin bestand, gelegentlich zusammenzutreffen und den Worten der Machthaber zu lauschen, um danach gebührend - und mit deutschem Gruß - die Vorstellungen Hitlers zu beklatschen. Die Inszenierung der Macht konnte nun ungestört beginnen, der »nationale Aufbruch« ohne Rücksicht organisiert werden. Dazu brauchte es verläßliche Kräfte in allen Bereichen - Männer wie Roland Freisler.

Kurze Zeit nach Hitlers Machtübernahme hatte Freisler ein Schreiben aus Berlin erhalten: seine Berufung als Ministerialdirektor in das preußische Justizministerium. Freisler, gerade vierzig Jahre alt, hatte damit die erste wirklich bedeutsame Stufe der Karriereleiter erklettert. Doch damit nicht genug. Kaum vier Monate später, am 1. Juni 1933, wurde er bereits zum

Staatssekretär im preußischen Justizministerium unter der Leitung des Ministers Dr. Hans Kerrl ernannt.

In einem Brief an den »Herrn Rechtsanwalt Dr. Freisler hier im Hause« teilte ihm sein Justizminister am 31. Mai 1933 mit:

»Der Herr Preußische Ministerpräsident hat Sie auf meinen Antrag durch die Ihnen bereits ausgehändigte Bestallung vom 29. d. Mts. unter Berufung in das Beamtenverhältnis zum Staatssekretär im Preußischen Justizministerium ernannt. Das neue Amt wird Ihnen vom 1. Juni 1933 ab übertragen. Von diesem Zeitpunkt ab beziehen Sie unter Einreihung in die Besoldungsgruppe 3 der festen Gehälter ein jährliches Grundgehalt von 24 000 Reichsmark und die Ihnen nach dem Preußischen Besoldungsgesetz sowie sonst etwa zustehenden weiteren Bezüge...

Sie wollen Ihre Löschung in der Liste der Rechtsanwälte bei dem Land- und Amtsgericht in Kassel umgehend herbeiführen...«

Am 19. Juni unterrichtete der neue Staatssekretär den Kasseler Landgerichtspräsidenten von seiner Beförderung und bat um die Löschung aus der Anwaltsliste:

»Nachdem ich unter Berufung in das Beamtenverhältnis zum Staatssekretär im Preußischen Justizministerium ernannt bin, stehe ich auf dem Standpunkt, daß damit meine Eigenschaft als Rechtsanwalt von selbst erloschen ist. Ich nehme deshalb an, daß meine Löschung von Amts wegen in der Liste der Rechtsanwälte beim Land- und Amtsgericht Kassel bereits durchgeführt ist. Für den Fall, daß diese meine Annahme unrichtig sein sollte, bitte ich um meine Löschung in der Liste...

Heil Hitler!«

Trotz seiner neuen Karriere in Berlin behielt Freisler weiterhin seinen Wohnsitz in Kassel. Auch als kämpferischer NSDAP-Mann trat er dort noch in Erscheinung. Nur kurze Zeit vor seiner Beförderung zum Staatssekretär hatte er mit lokalen Parteigenossen das Kasseler Rathaus gestürmt und war anschließend – ermuntert durch diesen Erfolg – zum Oberlandesgericht gezo-

Aktenzeichen des RJM.: I p

Blatt

1. Vor- und Zuname: (akademischer Grad) — Dr. Freisler Roland

2. Geburtstag und -ort: (Land) — 30.10.1893 Celle

3. Deutschblütige Abstammung: (wodurch nachgewiesen?)

4. Glaubensbekenntnis:

5. Beruf des Vaters:

6. Vermögensverhältnisse des Beamten:

7. Frühere Zugehörigkeit (mit genauer Zeitangabe)
   a) zu politischen Parteien:
   b) zu politischen Verbänden:
   c) zu Freimaurerlogen: (mit Angabe des Grades)
   d) zu politischen oder konfessionellen Beamtenvereinen:

8. Zugehörigkeit (mit genauer Zeitangabe)
   a) zur NSDAP.: (Mitgliedsnummer, Amt?)
   b) zu einer Gliederung: (Dienstrang und Führerstelle?)
   c) zu einem angeschlossenen Verband: (Amt?)
   d) zum Luftschutzbund, VDA., Kolonialverband oder ähnlichen Verbänden:

Heftrand

Auszug aus Freislers Personalakte

gen, um das Gebäude ebenfalls in nationalsozialistischen Besitz zu nehmen. Dem Oberlandesgerichtspräsidenten Dr. Anz gelang es jedoch, Freisler und seine Freunde davon zu überzeugen, daß ein Sturm auf das Gericht durch einen hohen preußischen Justizbeamten wohl doch seinem Rang unangemessen sei. Ihm gelang es, Freisler ins Gewissen zu reden und ihn zu überzeugen, von »pöbelhaften Handlungen Abstand zu nehmen«. Der Appell zeigte nur begrenzte Wirkung. Wenig später ließ Freisler unter dem frenetischen Beifall seiner Gefolgsleute die Hakenkreuzfahne über dem Haupteingang des Gerichtsgebäudes hissen.

Monate danach lud Freisler – mittlerweile zum Staatssekretär aufgestiegen – Dr. Anz zur Kaffeestunde nach Berlin ein, wohin er mittlerweile auch seinen Wohnsitz verlegt hatte. Das »mannhafte Verhalten« des Kasseler Oberlandesgerichtspräsidenten, der sich ihm und seinen Männern damals so energisch entgegengestellt hatte, wußte er nun lobend zu erwähnen. Freisler setzte sogar seinen neugewonnenen Einfluß ein, um Anz zum Berliner Kammergerichtspräsidenten zu befördern. Doch die Macht Freislers war noch zu gering, um die Einwände der Parteiführung zu beseitigen, die keinen Mann an der Spitze des Berliner Kammergerichts akzeptieren wollte, der nicht der NSDAP angehörte.

Freisler war ein Mann mit Widersprüchen. Einerseits war er von nationalsozialistischen Grundsätzen unerschütterlich durchdrungen, andererseits schloß das keineswegs aus, daß er bei anderen eine unparteiliche Haltung respektierte, allerdings nur, wenn sie sich nicht als oppositionell erwies. Ein Mann, der im persönlichen Umgang liebenswürdig sein konnte, aber augenblicklichen Stimmungen unterworfen war. Er galt als launisch, unberechenbar, häufig von schneidender Arroganz.

Mit dem Antritt des ehrgeizigen Staatssekretärs hielt auch ein neuer Umgangston Einzug in die preußischen Justizbehörden. So rief Freisler schon in den ersten Tagen nach seiner Amtsübernahme den Berliner Landgerichtspräsidenten Dr. Kirschstein an und fragte ihn im Verhörton: »Herr Landgerichtspräsident, wie stehen Sie zu den Grundsätzen des Nationalsozialismus?« Als dieser erwiderte: »Ich habe in meinem

Leben stets liberale und demokratische Grundsätze vertreten«, antwortete Freisler scharf: »Dann darf ich annehmen, Herr Präsident, daß Sie keinen Wert auf eine Zusammenarbeit mit uns legen.« Kirschstein: »Da haben Sie recht, ich lege keinen Wert auf irgendeine Zusammenarbeit mit dem NS-Regime.« Nach diesen Äußerungen bat Freisler den Landgerichtspräsidenten, sich zukünftig irgendwelcher Diensthandlungen zu enthalten. Das bedeutete das berufliche Ende für Dr. Kirschstein. Es dauerte nicht lange, bis der widerspenstige Landgerichtspräsident – ob unter Druck, wurde nicht bekannt – in den Ruhestand versetzt wurde.

Freislers Umgang mit Untergebenen war eindeutig: Wer seine nationalsozialistische Weltanschauung teilte, durfte mit Wohlwollen und Anerkennung rechnen, wer sich indessen als Andersdenkender oder sogar Oppositioneller erwies, den trafen Freislers Ablehnung und Verachtung.

Die meisten Juristen waren nicht so couragiert wie der Berliner Landgerichtspräsident Dr. Kirschstein. Jetzt, nach 1933, wechselten sie rasch und gehorsam unter das Dach des NS-Staates und halfen tatkräftig beim Aufbau und der Umsetzung einer neuen nationalsozialistischen Justiz.

Die steile Karriere des zu diesem Zeitpunkt vierzigjährigen Dr. Roland Freisler war bis zum Jahr 1933 keineswegs außergewöhnlich verlaufen. Sie entsprach seinem Ehrgeiz, seinem Machtinstinkt, seiner Skrupellosigkeit – auch seiner juristischen Kompetenz. Doch vor allem verdankte er seinen Aufstieg den neuen politischen Verhältnissen. Freislers weitere Karriere – das sollte sich zeigen – würde untrennbar verknüpft sein mit dem NS-Regime und dem moralischen Niedergang der Justiz in den folgenden Jahren – einer Justiz, die geradezu frohgemut in das Lager des Hitler-Regimes wechseln sollte.

Wie konnte das geschehen? Wie konnte sich jene kalte Funktionalität und kaum verständliche Unmenschlichkeit durchsetzen? Wie kam es zur einträchtigen Allianz zwischen den Planern in den NS-Machtzentralen und den willfährigen Vollstreckern in den Justizverwaltungen und Gerichtssälen? Ist das Bild von der »geknebelten«, ja, »leidenden« Justiz, die in ein böses System geraten und diesem schließlich ausgeliefert gewesen war, richtig?

Schon kurz nach der Machtübernahme hatte der Senatspräsident am Reichsgericht und Vorsitzende des »Deutschen Richterbundes«, Karl Linz, den Führer beruhigt, er könne im Namen aller deutschen Richter versichern, »daß sie geschlossen und mit allen Kräften an der Erreichung der Ziele mitarbeiten wollen, die sich die Regierung gesetzt hat...«

Die Richter sollten Wort halten.

Drittes Kapitel

Ein Volk, ein Reich, ein Führer
– und eine Justiz

»Gutes für die Justiz läßt sich kaum erwarten, eher deuten alle Anzeichen auf neue Angriffe und neue Kämpfe um den Bestand des Rechts und eine unabhängige Rechtspflege hin«, hatte zur Jahreswende 1933 der Vorsitzende des Richterbundes, Senatspräsident Karl Linz, in seiner monatlichen Kolumne für die *Deutsche Richterzeitung* die Zunftkollegen gewarnt.

Doch solcherlei Bedenken waren rasch verflogen. Schon am 19. März 1933 begrüßte das Präsidium des »Deutschen Richterbundes« in einer Erklärung »den Willen der neuen Regierung, der ungeheuren Not ... des deutschen Volkes ein Ende zu machen«, und bot jegliche Unterstützung beim »nationalen Aufbauwerk« an. In der *Deutschen Richterzeitung* konnte die Richterschaft die Stellungnahme ihres obersten Gremiums zum Wiederaufstieg Deutschlands nachlesen:

»Wir sind überzeugt, daß es dem Zusammenarbeiten aller aufbauwilligen Kräfte gelingen wird, die Gesundung unseres gesamten öffentlichen Lebens und damit den Wiederaufstieg Deutschlands herbeizuführen.

Deutsches Recht gelte in deutschen Landen! Der deutsche Richter war von jeher national und verantwortungsbewußt. Stets war er vom sozialen Empfinden erfüllt, er hat nur nach Gesetz und Gewissen Recht gesprochen. Das muß so bleiben!

Möge das große Werk des Staatsaufbaus dem deutschen Volk alsbald das Gefühl unbedingter Zusammengehörigkeit geben.«

Die Erklärung endete mit der Versicherung, daß der Deutsche Richterbund der neuen Regierung »volles Vertrauen« entgegenbringe.

Da mochten auch andere berufsständische Verbände im Chor der nationalen Treueschwüre nicht fehlen. Schon einen Tag nach der Erklärung des Richterbundes meldete sich der »Preußische Richterverein« zu Wort:

»*In dem Aufbruch des deutschen Volkes sehen die preußischen Richter und Staatsanwälte den richtigen Weg, der ungeheuren Not und Verelendung unseres Volkes ein Ende zu machen... Die preußischen Richter und Staatsanwälte nehmen die nationale Erneuerung Deutschlands zum Anlaß für das Bekenntnis, auf dem Gebiete der Rechtspflege am Neubau des deutschen Rechtes und der deutschen Volksgemeinschaft mitzuarbeiten. Auch für sie gilt es, die Ehre und die Würde des durch die nationale Revolution geschaffenen neuen Staates zu unterbauen und zu stützen.*«

In den nächsten Tagen veröffentlichten auch der »Deutsche Notarverein« und der »Deutsche Anwaltsverein« jeweils Erklärungen, in denen sie »das Erstarken nationalen Denkens und Wollens« freudig begrüßten und der NS-Regierung zusicherten, ihre ganze Kraft einzusetzen, »um der Gesundung von Volk und Reich zu dienen«.

Daß die neuen Machthaber bereits damit begonnen hatten, das Recht allein ihren politischen Zwecken und rassistischen Überzeugungen unterzuordnen, nahmen die juristischen Zunftsprecher offensichtlich in Kauf. Dabei waren schon einen Tag nach dem Reichstagsbrand, am 28. Februar 1933, durch eine »Verordnung zum Schutz von Volk und Staat« wesentliche Grundrechte geradezu in einem Handstreich außer Kraft gesetzt worden, wodurch die ersten Voraussetzungen zur Verfolgung politischer Gegner geschaffen worden waren.

Zusätzlich hatte die neue Regierung eine »Verordnung gegen Verrat am deutschen Volk und hochverräterische Umtriebe« verabschiedet, die die Grenzen zwischen Kritik und Verrat an der Regierung verwischte. So galt etwa schon die Behauptung, die Nazis selbst könnten es gewesen sein, die aus Propagandagründen den Reichstag in Brand gesteckt hatten, als Verrat.

Und am 24. März schließlich hatte Hitler vom Reichstag die Zustimmung zu seinem »Ermächtigungsgesetz« erhalten, womit er ohne das Parlament verfassungsändernde Gesetze erlassen konnte. Widerstand gab es – wie bereits kurz skizziert – nur von den Sozialdemokraten; die KPD-Abgeordneten waren bereits entfernt worden.

Und die Richterschaft? Für die Mehrheit war das Ende der Weimarer Republik keine beunruhigende, sondern eher eine befreiende Angelegenheit. Ihre Grundeinstellung hatte sich in den hektischen Jahren der Republik keineswegs verändert. Mehr als je zuvor schlug ihr Herz rechtsnational, war ihre Gesinnung antirepublikanisch, antiparlamentarisch – und antisemitisch. Für die politischen Heilsversprechen, wie sie die Nationalsozialisten offerierten, war die deutsche Richterschaft also höchst empfänglich. Die Machtübernahme durch die »nationale Konzentration« aus Nationalsozialisten und Rechtskonservativen bewerteten sie als normalen Regierungswechsel – völlig legal und höchst notwendig. Auch wenn die Ernennung Hitlers zum Reichskanzler bei einigen leichte Irritationen auslöste, war die Mehrheit der Richterschaft doch optimistisch und setzte große Hoffnungen in ihn.

In ihren Verbandszeitschriften fand sich keine Zeile über die Aushöhlung der Verfassung. Im Gegenteil: Hitlers rechtspolitische Verlautbarungen fielen innerhalb der Richterschaft auf fruchtbaren Boden. Mochten die Freiheitsrechte des einzelnen auch eklatant eingeschränkt worden sein, den Richtern war vor allem eines wichtig: ihre Vorstellung von »richterlicher Freiheit«, die – so die Meinung vieler – in der Weimarer Republik so wenig respektiert worden war. Hitler aber – so nahmen sie an – würde nicht an ihrer Unabhängigkeit rütteln.

Dabei war ihnen in ihrer devoten Begeisterung entgangen, daß Hitler in seiner Reichstagsrede lediglich von Unabsetzbarkeit, nicht aber von Unabhängigkeit gesprochen hatte und damit die Forderung verknüpfte, nicht mehr die Rechte des einzelnen, sondern die des Volkes müßten fortan im Mittelpunkt der Rechtsprechung stehen. Auszüge aus der Rede Hitlers vor dem Reichstag vom 23. März 1933:

»Unser Rechtswesen muß in erster Linie der Erhaltung dieser Volksgemeinschaft dienen. Der Unabsetzbarkeit der Richter auf der

einen Seite muß die Elastizität der Urteilsfindung zum Zweck der Erhaltung der Gesellschaft entsprechen. Nicht das Individuum kann der Mittelpunkt der gesetzlichen Sorge sein, sondern das Volk!...

Landes- und Volksverrat sollen künftig mit barbarischer Rücksichtslosigkeit ausgebrannt werden!...

Der Boden der Existenz der Justiz kann kein anderer sein, als der Boden der Existenz der Nation. Möge diese daher auch stets die Schwere der Entscheidungen derer berücksichtigen, die unter dem harten Zwang der Wirklichkeit das Leben der Nation verantwortlich zu gestalten haben!«

Die Juristen sahen in Hitlers Ausführungen keinen Anlaß zur Kritik. So faßte das Reichsgericht in einer Plenarsitzung am 29. März eine Entschließung, die dem Reichsjustizministerium mit der Bitte um Weitergabe an den Reichskanzler überreicht wurde und in der die Mitglieder des Reichsgerichts ausdrücklich dafür dankten, daß der Reichskanzler Eingriffe in die Rechtspflege verhindert habe. Darin hieß es:

»Das Reichsgericht begrüßt es dankbar, daß der Reichskanzler in der Regierungserklärung vom 23. März 1933 die richterliche Unabsetzbarkeit als Grundlage des Rechtswesens anerkennt. Nur das Bewußtsein seiner Unabhängigkeit kann dem Richter die innere Freiheit geben, deren er zur Führung seines hohen Amtes bedarf. In solcher Freiheit, nur dem Gesetz unterworfen, durch seine Urteilsfindung der Erhaltung der Volksgemeinschaft zu dienen, ist die wahre Aufgabe des Richters. Der Mahnung des Herrn Reichskanzlers, daß der Boden der Existenz der Justiz kein anderer sein könne als der Boden der Existenz der Nation, und daß die Justiz daher auch stets die Schwere der Entscheidungen derer berücksichtigen müsse, die unter dem harten Zwange der Wirklichkeit das Leben der Nation verantwortlich zu gestalten haben, darf kein deutscher Richter sich verschließen.«

Immerhin: Hier handelte es sich nicht um das Bekenntnis eines nationalsozialistischen Provinzrichters, sondern um einen Beschluß der Mitglieder des obersten deutschen Gerichts. Während die neuen Machthaber längst damit begonnen hatten, die Grundlagen eines unabhängigen Rechtswesens Schritt für Schritt abzuschaffen, redeten die Reichsgerichtsjuristen von der »inneren Freiheit« und der »Unabhängigkeit« des deutschen Rechts, über die Hitler kein Wort verloren hatte. Selbst Hitlers Drohung, gegen die Gegner der »nationalen Revolution« nun »mit barbarischer Rücksichtslosigkeit vorzugehen«, vermochte sie nicht zu beunruhigen.

Vielmehr gab es Stimmen, die das scharfe Vorgehen gegen Volksfeinde jeglicher Couleur begeistert begrüßten. »Sachlichkeit und Objektivität, Unparteilichkeit und Unabhängigkeit« könnten – so hieß es in der *Deutschen Richterzeitung* – zugunsten der »deutschen Sache« für eine bestimmte Zeit außer acht gelassen werden. Berufsständischer Opportunismus oder politische Blindheit?

Im »Zeitspiegel« der *Deutschen Richterzeitung* wiederholte ihr Vorsitzender Karl Linz die Forderungen, die der »Bund Nationalsozialistischer Deutscher Juristen« am 24. März 1933 in Leipzig beschlossen hatte und worin jeder, der es wissen wollte, erfahren konnte, wie mit »unabsetzbaren Richtern« in Zukunft verfahren werden sollte:

»Alle deutschen Gerichte einschließlich des Reichsgerichts sind von Richtern und Beamten fremder Rassen zu säubern... Schon jetzt ist allen fremdrassigen Anwälten, die als eingeschriebene Mitglieder marxistischen Parteien, also der SPD und der KPD angehört haben, die Zulassung sofort zu entziehen. Das gleiche gilt natürlich auch für die marxistisch gesinnten Richter...«

Daß es sich dabei nicht um unverbindliche Forderungen handelte, zeigte sich schon kurze Zeit später. Noch bevor am 7. April 1933 das »Gesetz zur Wiederherstellung des Berufsbeamtentums« in Kraft trat, hatten die Justizminister der Länder schon am 1. April 1933 mit einem »antijüdischen Abwehrboykott« im vorwegnehmenden Gehorsam alle jüdischen Richter, Staats- und Amtsanwälte beurlaubt. Protest aus der Richterschaft war kaum zu hören.

Richter, denen »nichtarische Abstammung« nachzuweisen war, ebenfalls jene, die sich in der Vergangenheit für republikanische Parteien oder Berufsverbände engagiert hatten – sie alle konnten ohne nähere Begründung aus »dienstlichen Notwendigkeiten« versetzt oder in den vorzeitigen Ruhestand geschickt werden. »Blitzartig« – ein Lieblingswort der Nationalsozialisten – war die Justiz gesäubert worden. Jetzt war sie »judenfrei«.

In den Großstädten, wo fast zehn Prozent der Richterschaft jüdisch waren, hatte das spürbare Folgen. Es sollte nur der Beginn der Säuberungen sein, deren Höhepunkt nach der Verabschiedung der »Nürnberger Gesetze« erst noch bevorstand.

Doch von dem massiven Vorgehen gegen ihre Kollegen zeigte sich die Richterschaft schon jetzt überwiegend unbeeindruckt. Der Richterbund-Vorsitzende Linz beruhigte nach einer Audienz bei Hitler die letzten – freilich nur wenigen – kritischen Stimmen innerhalb der Zunft und appellierte an deren Einsicht; sie sollten doch ebenfalls »mit allen Kräften an der Erreichung der Ziele« mitarbeiten; wozu nun einmal »gewisse Maßnahmen notwendig seien«. In der Mai-Ausgabe der *Deutschen Richterzeitung* gab Linz den Richterbundmitgliedern folgenden Bericht über seine Unterredung mit dem Führer:

»Der Vorsitzende sprach zunächst den Dank des DRB für die Bewilligung der Audienz und die Erklärung des Reichskanzlers im Reichstage zur Unabsetzbarkeit der Richter aus und knüpfte daran die Bitte, die Unabhängigkeit der Rechtspflege zu schützen. Er führte etwa folgendes aus: Er könne im Namen sämtlicher deutscher Richter versichern, daß sie geschlossen und mit allen Kräften an der Erreichung der Ziele mitarbeiten würden, die sich die Regierung gesetzt habe. Einmal aus der Überzeugung heraus, daß hinter der jetzigen Regierung der Bolschewismus lauere, dann aber aus dem in jeden Richters Brust verankerten Pflichtbewußtsein, seine ganze Kraft für das Wohl und die Erhaltung des Staates aufzuwenden...

Der Herr Reichskanzler war mit diesen Ausführungen offenbar einverstanden und erklärte, daß er die Unabhängigkeit der Richter aufrechterhalten werde, wenn auch gewisse Maßnahmen notwendig seien...«

Linz schloß seinen Bericht mit der beruhigenden Versicherung an seine Richterkollegen:

»... Wir dürfen also damit rechnen, daß die in dem Gesetz über das Beamtentum niedergelegten Bestimmungen so bald als möglich wieder in Wegfall kommen.«

Noch im Dezember 1932 hatte er im gleichen Blatt darüber geklagt, es geschehe manches, »was dem Ansehen der Gerichte und Richter nicht förderlich« sei. Jetzt waren jedoch alle Bedenken vergessen. Linz hatte sich in wenigen Monaten zu einem devoten Erfüllungsgehilfen der NS-Regierung entwickelt. Und er war keineswegs ein Einzelfall. Die Mehrheit der deutschen Richter stand hinter der nationalsozialistischen Regierung, ein Standpunkt, den die organisierte Richterschaft seit 1919 nicht mehr eingenommen hatte.

»Gewisse Maßnahmen« wurden ohne Protest in Kauf genommen. Schließlich ging es hier um die »nationale Revolution«. Außerdem – brachte eine Reinigung der Richterschaft nicht auch Vorteile? So ging es den »Weimarer Parteibuch-Beamten« endlich einmal an den Kragen, und das Verbot des aufmüpfigen »Republikanischen Richterbundes« wurde ebenfalls mit allseitiger Genugtuung innerhalb der »neuen« Richterschaft aufgenommen.

Zwar brachte das neue Berufsbeamtengesetz nicht sofort den durchschlagenden Erfolg, den sich die NS-Regierung davon versprochen hatte, aber es führte immerhin dazu, daß die Mehrzahl der Oberlandesgerichtspräsidenten, aber auch der Landgerichtspräsidenten schon ein Jahr nach dem Machtwechsel von »zuverlässigen nationalen Kräften« besetzt war.

Die Gleichschaltung der Justiz ging ebenfalls zügig voran. Auch wenn das Präsidium des »Deutschen Richterbundes« anfangs noch taktierend versuchte, die Eigenständigkeit des Verbandes zu wahren, so forderte doch der weitaus größere Teil der angeschlossenen Landesverbände seine Mitglieder dazu auf, »sich in die gemeinsame Kampffront Adolf Hitlers einzugliedern« und sich dem »Bund Nationalsozialistischer Deutscher Juristen« anzuschließen.

Bereits im Frühsommer 1933 begann die NS-Regierung damit, die richterlichen Berufsverbände aufzulösen. Und das mit durchschlagendem Erfolg. In einem Telegramm vom 23. Mai an den »Reichsjuristenführer« Hans Frank erklärte nun auch der Vorstand des Richterbundes »für sich und die ihm angeschlossenen Landesvereine seinen kooperativen Eintritt in den ›Nationalsozialistischen Juristenbund‹ unter der Führung des Herrn Reichskanzlers Adolf Hitler«.

Am 30. Mai 1933 war die Gleichschaltung aller Richtervereine vollzogen. Bald gab es nur noch eine »Deutsche Rechtsfront« unter der Führung des »Bundes Nationalsozialistischer Deutscher Juristen«. Die deutschen Richter verlangten so rasch nach den neuen Mitgliedsbüchern – von etwa 1600 im Januar 1933 schwoll die Mitgliederzahl auf 30 000 am Jahresende an –, daß zwischenzeitlich aus Arbeitsüberlastung gar eine vorläufige Mitgliedersperre erlassen werden mußte.

Eine erste große Gelegenheit, ihr Bekenntnis zur neuen Ordnung öffentlich zu demonstrieren, bot sich während des Deutschen Juristentages Anfang Oktober 1933 in Leipzig. Unter dem Motto: »Durch Nationalismus dem deutschen Volk das deutsche Recht« waren über zwanzigtausend Juristen aus dem gesamten Reich angereist. Seinen Höhepunkt fand der Juristentag in seiner Kundgebung vor dem Reichsgericht. Reichsjuristenführer Frank begrüßte die Kollegen mit »Deutsche Juristen! Heil Heil!« und sprach anschließend zum Thema »Ideengut der Nationalsozialistischen Revolution und deutsche Rechtsgestaltung«. Am Ende forderte er die Richter zum »heiligen Schwur« auf. Mit markigen Worten beschwor er die untrennbare Allianz mit dem Führer:

»Deutsche Juristen, ich fordere Sie auf, mit mir einzustimmen: Wir schwören beim ewigen Herrgott, wir schwören bei dem Geiste unserer Toten, wir schwören bei all jenen, die das Opfer einer volksfremden Justiz einmal geworden sind, wir schwören bei der Seele des deutschen Volkes, daß wir unserem Führer auf dem Weg als deutsche Juristen folgen wollen bis an das Ende unserer Tage.«

Mit tosendem »Sieg-Heil! Sieg-Heil! Sieg-Heil!« endete die beschwörende Massenveranstaltung. Unter der Titelzeile »Der

Rütli-Schwur vor dem Höchsten Gerichtshof« konnten alle, die nicht in Leipzig dabei sein konnten, die historische Szene auf dem Titelblatt des Oktoberheftes der *Deutschen Richterzeitung* nacherleben: im Vordergrund des Bildes Juristen, die ihren rechten Arm in die Höhe recken, dahinter die Freitreppe des Reichsgerichts mit der versammelten NS-Prominenz, umrahmt von Hakenkreuzfahnen. Ein Volk, ein Reich, eine Partei, ein Führer – und eine Justiz.

Trotz Berufsbeamtengesetz, trotz Aushöhlung der Grundrechte der Weimarer Reichsverfassung, trotz Irritationen durch den Terror der SA, deren fanatische Truppen jegliche Bemühungen der Justizbehörden, Ermittlungen gegen ihr hemmungsloses Treiben einzuleiten, durch massive Einschüchterungen und Drohungen verhindert hatten, trotz Auflösung der Richtervereine – die Richterschaft stand beinahe geschlossen hinter der NS-Regierung. Die geforderte Gleichschaltung war längst einer freiwilligen Selbstgleichschaltung gewichen. Der richterliche Eid wurde nun in Deutschland mit erhobenem rechtem Arm geschworen. Die Richter standen hinter Hitler.

Und es war wiederum der Richterbund-Vorsitzende Linz, der in den Entwicklungen der letzten Monate nur Positives sehen konnte. So lobte er in der *Deutschen Richterzeitung,* die jetzt, nach der Auflösung des Deutschen Richterbundes, als Blatt der »Fachgruppe Richter und Staatsanwälte im BNSDJ« veröffentlicht wurde, das neuartige »Zusammengehörigkeitsgefühl« der Mitglieder. Die deutschen Richter stünden jetzt sogar besser da als zuvor – jetzt, da in Reichsjustizkommissar Frank der Richterschaft ein Führer erwachsen sei, der »gerade für die Richter ein Herz« habe. »Im BNSDJ sind wir gut geborgen«, versicherte er seinen Kollegen und schloß seinen Jubelbeitrag mit dem nun schon obligaten Treueschwur:

»Wir wollen für alle Zukunft hinaufblicken zu dem Führer des Volkes. Ihm geloben wir Treue bis zum Ende. Wir stehen mit allem, was wir haben, mit allen Kräften zu seiner Verfügung. Unser allverehrter Herr Reichskanzler Adolf Hitler Sieg Heil! Sieg Heil! Sieg Heil!«

Deutscher Juristentag in Leipzig 1933: »Der Rütli-Schwur vor dem Höchsten Gerichtshof«

Aber nicht nur die Richterschaft, die alle ihre sozialen, politischen und berufsständischen Kränkungen aus der Weimarer Zeit in der autoritären Restauration von Staat und Recht unter dem Banner des Hakenkreuzes zu überwinden hoffte, lief binnen kürzester Zeit freiwillig in die Arme der Nationalsozialisten, auch die Rechtswissenschaft entdeckte ihre »eigentliche Berufung« und stellte Forschung und Lehre in den Dienst des »nationalen Aufbruchs«. Haarsträubende rechtstheoretische Konstruktionen halfen mit, die Rechtsprechung und Rechtspflege systematisch im Sinne der Nationalsozialisten umzuformen.

Deutsche Juraprofessoren mühten sich wetteifernd in Büchern, Aufsätzen, Vorlesungen und Vorträgen darum, Wortschöpfungen wie »Führertum«, »völkische Ordnung« und »rassische Artgleichheit« aufzugreifen und darin für die Rechtslehre neue Herausforderungen zu entdecken. Für die Errungenschaften liberaler Rechtsstaatlichkeit – Gleichheit vor dem Gesetz, Rechtsgarantien des Individuums, Beschränkungen staatlicher Macht – hatten die mehrheitlich antirepublikanisch und antidemokratisch eingestellten Professoren ohnehin nie viel übrig gehabt. Jetzt vermischte sich ihr autoritäres Bewußtsein mit einer autoritären Staatsideologie.

Nun gingen die Professoren daran, den Begriff »Rechtsstaat« neu zu definieren, ganz im Sinne der NS-Machthaber. »Der Staat, den wir geschaffen haben, verdient den Titel Rechtsstaat«, hatte Hermann Göring schon einmal in seiner Rede zur »Verreichlichung der Justiz« gegenüber der Richterschaft selbstbewußt erklärt und darin ausgeführt, »daß sein Recht und seine Gesetze in der Gemeinschaft des Volkes begründet sind«.

Carl Schmitt, Professor für öffentliches Recht und führender Kopf des nationalsozialistischen Flügels der »Rechtwahrerschaft«, ein Mann, der schon frühzeitig der Überzeugung war, daß »das gesamte deutsche Recht ausschließlich vom Geist des Nationalsozialismus beherrscht sein soll«, riet, um jegliche liberalen Assoziationen mit dem »liberalistischen Rechtsstaat« zu vermeiden – zu Wortkombinationen wie »deutscher Rechtsstaat«, »nationalsozialistischer Rechtsstaat« oder sogar zu »der deutsche Rechtsstaat Adolf Hitlers«. In seinen zahlreichen Veröffentlichungen bemühte sich Schmitt wortreich darum, das »völkische Element« in die nationalsozialistische Rechtsauffassung einzuarbeiten und der Richterschaft »arteigenes Rechtsdenken« zu vermitteln. Im Jahre 1934 formulierte er:

»Wir wissen nicht gefühlsmäßig, sondern auf Grund strengster wissenschaftlicher Einsicht, daß alles Recht das Recht eines bestimmten Volkes ist. Es ist eine erkenntnistheoretische Wahrheit, daß nur derjenige imstande ist, Tatsachen richtig zu sehen, Aussagen richtig zu hören, Worte richtig zu verstehen und Eindrücke von Menschen und Dingen richtig zu bewerten, der in einer serienmäßigen, artbestimmten Weise an einer rechtsschöpferischen Gemeinschaft teilhat und existentiell ihr zugehört. Bis in die tiefsten, unbewußten Regungen des Gemütes, aber auch bis in die kleinste Gehirnfaser hinein steht der Mensch in der Wirklichkeit dieser Volks- und Rassenzugehörigkeit. Objektiv ist nicht jeder, der es sein möchte und der mit subjektiv gutem Gewissen glaubt, er habe sich genug angestrengt, um objektiv zu sein. Ein Artfremder mag sich noch so kritisch gebärden und sich noch so scharfsinnig bemühen, mag Bücher lesen und Bücher schreiben, er denkt und versteht anders, weil er anders geartet ist, und bleibt in jedem entscheidenden Gedankengang in den existentiellen Bedingungen seiner Art...

Wir suchen eine Bindung, die zuverlässiger, lebendiger und tiefer ist als die trügerische Bindung an die verdrehbaren Buchstaben von tausend Gesetzesparagraphen. Wo anders könnte sie liegen, als in uns selbst und unserer eigenen Art? Auch hier, angesichts des untrennbaren Zusammenhangs von Gesetzesbindung, Beamtentum und richterlicher Unabhängigkeit münden alle Fragen und Antworten in dem Erfordernis einer Artgleichheit, ohne die ein totaler Führerstaat nicht einen Tag bestehen kann.«

Carl Schmitts Ausführungen wurden von der Richterschaft verstanden: richterliche Unabhängigkeit und dennoch absolute Abhängigkeit von der politischen Führung. Und sie wurden akzeptiert. Der Führer als oberster Richter. Noch einmal Schmitt:

»Der Führer schützt das Recht vor dem schlimmsten Mißbrauch, wenn er im Augenblick der Gefahr kraft seines Führertums als oberster Gerichtsherr unmittelbar Recht schafft... Der wahre Führer ist immer auch Richter. Aus dem Führertum fließt das Richtertum. Wer beides voneinander trennen oder gar entgegensetzen will, macht den Richter entweder zum Gegenführer oder zum Werkzeug eines Gegenführers und sucht den Staat mit Hilfe der Justiz aus den Angeln zu heben... In Wahrheit war die Tat des Führers echte Gerichtsbarkeit. Sie untersteht nicht der Justiz, sondern war selbst höchste Justiz...«

Carl Schmitt und zahllose andere nationalgesinnte Rechtswissenschaftler begründeten, rechtfertigten, ja perfektionierten den Rechtsterror der Nationalsozialisten. »Was wir brauchen«, versicherte 1934 Otto Koellreuther, wie Schmitt ebenfalls Professor des Rechts, in der Schrift »Der Deutsche Führerstaat« seinen Lehramtskollegen, »das ist allein der politische, nationalsozialistische Mensch. Ihn im Geiste des Führers zu erziehen und damit Bausteine zum Fundament des deutschen Führerstaates beizutragen, scheint mir heute die wichtigste Aufgabe aller deutschen Hochschullehrer im Rahmen ihrer Arbeit zu sein. Heil Hitler!«

Die anpassungswilligen Professoren übertrafen sich mit immer neuen Terminologien, beispielsweise bei der Abgrenzung gegenüber dem Begriff »bürgerlicher Rechtsstaat«. Recht sprechen sollte ihrer Meinung nach nur noch »ein Mann, der mit dem Volk verwurzelt ist und darum allein beurteilen kann, was dem Volk nützt und was ihm schadet«, wie Göring einmal sein Richterideal beschrieb.

»Schwächliche Rücksichten auf den einzelnen werden im Gegensatz zum liberalistischen Staat nicht mehr genommen. Gegen den Rechtsbrecher, den Staatsfeind und Feind der Volksgemeinschaft gibt es in Strafmaß und Strafvollzug nur eins: kraftvolle Strenge und erforderlichenfalls völlige Vernichtung. Wir haben es endlich gelernt, daß die Kopfform und sonstigen rassischen Merkmale des Menschen weder ein Zufall noch gleichgültig sind, sondern Ausdruck und Grundlage seines innersten Fühlens und Wollens...«

Solche flammenden Ausführungen, wie die eines jungen Fakultätsassistenten an der Universität Breslau, waren keineswegs fanatische Irrwege eines einzelnen, sie waren exemplarisch. Und bei akademischen Bekenntnissen und Begriffen allein sollte es nicht bleiben. Die Diskussion des »neuen« Rechtsstaatsgedankens hatte auch praktische Folgen.

Sämtliche Grundsätze eines humanen Strafrechts wurden – nicht zuletzt durch die rechtstheoretischen Legitimationen der Wissenschaft – schrittweise außer Kraft gesetzt und abgeschafft. Nicht mehr der Rechtsschutz des einzelnen vor dem Staat, sondern der des Staates vor dem einzelnen stand nun im Vordergrund. »Im entscheidenden Fall«, so merkte einmal mehr der Staatsdenker Carl Schmitt an, »bedeutet die Normativierung nur eine Bindung des Führers zum Vorteil des Ungehorsams.« Im Klartext: Einen Schutz des Individuums und Rechtssicherheit gab es nicht mehr. Im Mittelpunkt stand nun der »Schutz der Volksgemeinschaft«.

Dieses »Schutzrecht« galt keineswegs nur gegenüber »asozialen Kriminellen«, sondern vor allem gegenüber den politischen Gegnern des Systems. Ob der Volksgenosse noch tragbar, ob »kraftvolle Strenge« oder aber »völlige Vernichtung« angebracht sei, darüber machte sich nun eine amtliche Strafrechtskommission unter dem Vorsitz von Justizminister Gürtner Gedanken. Neben dem »Schutzrecht« war für die NS-Rechtswissenschaftler vor allem auch die »völkische Treuepflicht« von Bedeutung:

»Das nationalsozialistische Strafrecht muß auf der völkischen Treuepflicht aufgebaut sein: Die Treuepflicht ist für nationalsozialistisches und deutsches Denken höchste völkische und daher sittliche Pflicht. Für deutsches Denken besteht Einklang zwischen sittlicher Wertung, Pflichtgefühl und Rechtsempfinden... Aufgabe des nationalsozialistischen Staates ist es, den Treuebrecher, der durch den Treuebruch aus der Gemeinschaft ausgeschieden ist, durch gerechte sühnende Bestrafung zu treffen. Gerechte Bestrafung dient der Festigung, dem Schutz und der Sicherung der Volksgemeinschaft, dient aber auch der Erziehung und Besserung des Verbrechers und noch nicht verlorenen Volksgenossen«, hieß es in Leitsätzen zum »neuen« Strafrecht.

Jedes Vergehen, selbst der einfache Diebstahl, galt demnach als »Treuebruch« gegenüber Führer und Volk. Viele Strafrechtswissenschaftler verstiegen sich in immer neue, weit über die Grenzen der Jurisprudenz hinausgehende Überlegungen zum Verhältnis von Volk, Staat und Führer.

Kaum ein Vortrag, kaum ein Aufsatz, der nicht von Begriffen wie »Treue«, »Ehre« und »Pflicht« durchzogen war. Kaum ein Rechtsgebiet, gleich ob Mietrecht oder Gewerberecht, das nicht von den Rechtsprofessoren mit NS-Gedanken befruchtet wurde.

Wer gegen Gesetze verstieß, stellte sich außerhalb der »Volksgemeinschaft«, beging »Verrat« - er war ein Volksfeind. In den Gerichtsverfahren wurde keine Zeit damit verschwendet, zu fragen, ob und warum der Beschuldigte gegen ein Gesetz verstoßen hatte, sondern allein, ob der Täter noch zur Gemeinschaft gehöre oder nicht. Nicht die Tat, sondern die »Täterpersönlichkeit« gab den Ausschlag dafür, ob es sich lohnte, den Täter wieder in die Volksgemeinschaft einzugliedern, oder ob er »ausgemerzt« werden sollte. Auch hier hatten die Rechtswissenschaftler in Allianz mit Kollegen der medizinischen Fakultäten bereits das notwendige Instrumentarium geliefert: eine geradezu heimtückische »Tätertyplehre«. Überall, wo Gesetze und Verordnungen formuliert wurden – vom »Gesetz gegen gefährliche Gewohnheitsverbrecher« über den »Schutz gegen jugendliche Schwerverbrecher« bis hin zur »Volksschädlingsverordnung« oder Neuformulierung des Mordparagraphen –, im Mittelpunkt stand jeweils die »Täterpersönlichkeit«. Die Grundthese: »Kriminell wird man nicht - kriminell ist man.«

Der Beitrag der Rechtswissenschaft zur Entwicklung und Etablierung einer menschenverachtenden NS-Justiz war also umfassend. Und die deutsche Professorenschaft leistete ihn engagiert, begeistert und freiwillig. Sie lieferte die theoretische Grundlage für die Barbarisierung des Rechts.

Kritische Stimmen gab es nur vereinzelt. Ebenso wie die Richterschaft hatten sich auch die Wissenschaftler schon kurz nach der Machtübernahme ohne großes Grämen von ihren jüdischen und sozialdemokratischen Kollegen getrennt. Das Berufsbeamtengesetz hatte dafür gesorgt, daß von 378 Rechtswissenschaftlern allein im April 1933 beinahe ein Drittel entlassen worden war, überwiegend aus rassischen Gründen. Die Plätze der »Nichtarier« nahmen nationalgesinnte Privatgelehrte ein. Somit war auch sichergestellt, daß der juristische Nachwuchs ganz im Sinne der »nationalen Sache« in das neue vaterländische Rechtsempfinden eingewiesen wurde.

Neben der Richterschaft und den Universitäten war auch die Anwaltschaft bereits kurz nach der Machtergreifung ganz im Sinne der NS-Machthaber von »politisch Mißliebigen und Nichtariern« gesäubert worden. Gerade der Anwaltsberuf war schon immer eine starke jüdische Domäne gewesen. So gab es vor 1933 insgesamt 19 500 zugelassene Anwälte in Deutschland, davon 4394 jüdischer Abstammung, also rund 22 Prozent. In Großstädten wie Frankfurt und Berlin lag dieser Anteil weitaus höher. Auch im Berufsverband der Anwälte, dem »Deutschen Anwaltsverein«, saßen zahlreiche jüdische Advokaten im Vorstand. Dies änderte sich unter den Nationalsozialisten grundsätzlich.

Schon mit Hilfe des Gesetzes zur »Wiederherstellung des Berufsbeamtentums« hatte man 1500 Rechtsanwälten die Zulassung entzogen. Die meisten von ihnen waren Juden. Die gleichgeschalteten Anwaltskammern verkündeten neue Standesrichtlinien. So wurde – beispielsweise in Berlin – die Gründung oder das Betreiben einer gemeinsamen Sozietät von Anwälten »arischer« und »nichtarischer« Abstammung kurzerhand für standeswidrig erklärt, Volksgenossen, die sich von einem »nichtarischen« Anwalt vertreten ließen, wurden öffentlich angeprangert. Die *Hessische Volkswacht* beispielsweise veröffentlichte am 28. August 1933 eine Liste mit den Namen von Prozeßführenden, »die sich nicht schämten, jüdische Rechtsanwälte in Anspruch zu nehmen«.

Im Frühjahr 1933 hatte der »Bund Nationalsozialistischer Deutscher Juristen« erklärt, er werde »nie von der Forderung ablassen, daß alle Juden restlos aus jeder Form des Rechtslebens heraus müssen«. Schon zu dieser Zeit regte sich keinerlei Widerspruch unter den deutschen Rechtsanwälten.

Alle zogen am nationalsozialistischen Strang. Die regionalen Anwaltsvereine forderten ihre »nichtarischen« Mitglieder auf, doch ihren Austritt zu erklären. Auch die *Juristische Wo-*

Deutsche Justiz
Rechtspflege und Rechtspolitik

Begründet: Reichs- und Staatsminister Staatsrat Hanns Kerrl, ehemals Preußischer Justizminister

Amtliches Blatt der deutschen Rechtspflege

Justiz-Ministerial-Blatt / Wochenschrift
Herausgeber: Dr. Franz Gürtner, Reichsminister der Justiz
Gesamtbearbeitung: Ministerialrat Dr. Karl Krug im Reichsjustizministerium

101. Jahrgang   Berlin, den 8. September 1939   Ausgabe A Nr. 36

Der Führer hat das deutsche Volk zur Verteidigung seiner Lebensrechte aufgerufen.

In entschlossener Einmütigkeit hat sich das ganze Volk um den Führer geschart, um mit ihm Ehre und Freiheit Großdeutschlands zu wahren.

In diesem Kampf werden auch die deutschen Rechtswahrer, jeder auf seinem Platz, ihre Pflicht unter Hintansetzung aller Rücksichten auf sich selbst bis zum letzten erfüllen!

Unsere Kameraden an der Front werden uns Vorbild sein!

        Sieg Heil unserem Führer!

Berlin, den 3. September 1939

                              Dr. Gürtner
                              Reichsminister der Justiz

8. September 1939: »In entschlossener Einmütigkeit«

chenschrift verwies in neuen Richtlinien der Schriftleitung darauf, daß nur noch Beiträge veröffentlicht würden, »die von Ariern sind«.

In der Front der »Deutschen Rechtswahrer« war kein Platz mehr für Juden und Republikaner.

Auch die Anwälte sahen sich nun nicht mehr als »freie Advokaten«, sondern vielmehr als »Diener am Recht«. Sie fühlten sich – ihre Vergangenheit ignorierend – plötzlich ebenfalls einem besonderen Treueverhältnis zum Staat verpflichtet. Justizminister Gürtner konstatierte denn auch zufrieden: »Der Rechtsanwalt ist als Strafverteidiger näher an den Staat und an die Gemeinschaft herangerückt... er ist eingegliedert in die Gemeinschaft der Rechtswahrer und hat seine frühere Stellung des einseitigen Interessenvertreters des Angeklagten verloren.«

Zwar kokettierten immer noch einige Anwälte mit ihrem »freien« anwaltlichen Status, der nun als »Ausübung einer staatlichen Funktion« definiert wurde, doch die Wirklichkeit stellte sich längst anders dar. Wer beispielsweise glaubte, den »deutschen Gruß« im Gerichtssaal unterlassen zu können, den rügte das anwaltliche Ehrengericht. Freilich: Allzu häufig mußte das Standesgericht keine Verweise aussprechen, die Mehrheit der Anwälte fühlte sich längst wohl unter dem Dach nationalsozialistischer Justiz. Der »deutsche Gruß« war ihnen mittlerweile so wichtig wie das Tragen der Robe.

Carl Schmitts Forderung, das gesamte deutsche Recht müsse ausschließlich und allein »vom Geist des Nationalsozialismus beherrscht sein«, war also ohne nennenswerten Widerstand Realität geworden. Richter, Staatsanwälte, Rechtsprofessoren und Anwaltschaft marschierten nun Arm in Arm – die deutsche »Rechtswahrer-Front« stand. Gleichschaltung von oben – Selbstgleichschaltung von unten.

Ein Volk, ein Führer, eine Justiz. Eine Kampffront gegen alle, die anders dachten, anders fühlten, anders lebten – sich dem nationalsozialistischen Weltbild nicht unterordnen wollten oder konnten. Wer nicht für die »nationale Revolution« war, der galt als »Verräter«, als »Volksfeind«.

Für diese Volksfeinde und Verräter hatte man den Volksgerichtshof, und einer war angetreten, an der vordersten Justizfront zu kämpfen: Roland Freisler.

Viertes Kapitel
Der Staatssekretär und Publizist

Der Staatssekretär Roland Freisler galt im preußischen Justizministerium als ein außerordentlich fähiger und fleißiger Mann. Sein Vorgesetzter, Justizminister Kerrl, schätzte nicht nur dessen tadellose nationale Gesinnung, sondern vor allem die Tatsache, daß sein Staatssekretär ein besonderes Gespür dafür hatte, frühzeitig die Zeichen der Zeit zu erkennen. Als es darum ging, das gesamte deutsche Strafrecht zu reformieren, übertrug er ihm deshalb gern die Federführung. Versuche, das Strafgesetzbuch von 1871 zu erneuern, hatte es in der Vergangenheit immer wieder gegeben. Doch es war bei Fragmenten geblieben. Jetzt, nach der Machtergreifung der Nationalsozialisten, sollten am Beginn eines neuen Deutschlands die Prinzipien des NS-Staates auch im Strafgesetzbuch verankert werden.

Bereits im September 1933 legte das preußische Justizministerium eine Denkschrift unter dem Titel »Nationalsozialistisches Strafrecht« vor, an der Freisler federführend beteiligt war. Kerrl versuchte damit, unterstützt von seinem Staatssekretär, eigene, ihm wichtig erscheinende Grundsätze für ein nationalsozialistisches Strafrecht in die Diskussion einzubringen, wußte er doch, daß sowohl im Reichsjustizministerium unter Reichsjustizminister Gürtner als auch an der von Hans Frank neu gegründeten »Akademie für deutsches Recht« in München Rechtsexperten eifrig an Entwürfen für ein neues Strafrecht arbeiteten. In diesem Wettbewerb um neue Rechtsgrundlagen ging es Kerrl nicht allein um den Beweis seiner politischen Standfestigkeit, sondern auch um seine Reputation. Freisler hatte ähnliche Ambitionen, was beide verband.

Der mehrheitlichen Zustimmung der Richterschaft konnten sich ohnehin alle drei Reformkommissionen sicher sein, denn eine Justizreform war gerade in letzter Zeit von hohen Juristen immer lauter gefordert worden, »galt es doch«, wie es der Hamburger Oberlandesgerichtspräsident Rothenberger stellvertretend für viele andere formulierte, »das Mißtrauen der Partei gegen die Justiz durch eine nationalsozialistische Rechtsprechung zu beseitigen und unberechtigte Angriffe gegen die Justiz durch die Betonung der Notwendigkeit einer geordneten Rechtspflege zu verhindern«.

In seiner Denkschrift vertrat Freisler die Ansicht, der totalitäre Staat habe allein der »Volksgemeinschaft« zu dienen, im Gegensatz zur liberalen Alternative, die einzig dem Individuum diene. »Nicht das Individuum kann Mittelpunkt der gesetzlichen Sorge sein, sondern das Volk«, hatte schon Hitler in seiner Rede am 23. März 1933 gesagt, und dies war auch Freislers Maxime. Die Hauptfunktionen des Strafrechts bestanden für ihn in der »Vernichtung der friedensstörenden Kräfte« und in der »Sühne für schuldhaftes Unrecht«. Es gehe darum, so Freisler, das neue System zu stabilisieren, seine äußere Sicherheit zu stärken und die innere zu erhalten. Den wichtigsten Zweck eines Richterspruchs sah er im »Schutz der Volksgemeinschaft gegen solche Elemente, die sich den Gesetzen nicht fügen«.

Seine Ausführungen liefen auf den Vorschlag hinaus, jeden Täter als Staatsfeind anzusehen und zu behandeln. Unabhängig davon, ob seine Tat krimineller oder politischer Natur sei. Der Staat befinde sich in einem Kampf gegen die Kriminalität, gegen »Untermenschen«, stellte Freisler fest. Es gab in Freislers Schrift kaum mehr etwas, mit dem sich die Gerichte nicht beschäftigen sollten. So schlug er neue Straftatbestände vor, etwa den »Schutz von Rasse und Volkstum« oder »die Verletzung der Rassenlehre«. Sein Ziel war eine Erweiterung des Strafrechts durch nationalsozialistische Prinzipien.

Als schlimmstes Verbrechen galt ihm der Verrat. Hier war sein Denken – wie das so vieler Deutscher – vom Trauma der Niederlage von 1918 geprägt.

Sein Vokabular war das des Kampfes, des Krieges. Carl Schmitts Thesen vom totalen Staat, vor allem dessen »Freund-Feind-Bild« waren der zentrale Ausgangspunkt seiner Überlegungen. Eine differenzierte Beurteilung von »Kriminellen« lehnte Freisler entschieden ab. Ein Verbrecher war ein Verbrecher, letztlich also ein Staatsfeind. Das Strafrecht, so führte er aus, sei das Recht des Kampfes gegen diese Staatsfeinde. Alle verfügbaren Waffen seien mit ganzer Kraft gegen den Verbrecher einzusetzen, an dessen unterster Stufe der »politische« Verbrecher stehe. Es komme nicht darauf an, diese Kriminellen und Staatsfeinde zu verurteilen, sondern man müsse sie eliminieren.

Freislers Denkschrift – in 15 000 Exemplaren unter deutschen Juristen verteilt – wollte »keine Entscheidung über die jahrzehntelange großgezogenen Schul- und Theoriestreitigkeiten innerhalb der Strafrechtswissenschaft geben«, sondern – »hinabsteigend in die Tiefen nationalsozialistischer Gedankenwelt – sich erheben zu den Höhen der Beherrschung der Aufgabe, die das Volk durch seinen Staat der Strafrechtspflege stellt, um so eine Grundlage für ein zu schaffendes nationalsozialistisches Strafrecht aufzuweisen«, wie er in der Februar-Ausgabe der Zeitschrift *Deutsche Justiz* in seinem Aufsatz zum Thema: »Nationalsozialistisches Strafrecht und aufbauende Kritik« in schwülstiger Sprache schrieb. In diesem Beitrag ging er auch auf eine Kritik eines Jenaer Rechtsprofessors an der Freislerschen Denkschrift ein, die dieser auf Einladung der Redaktion formuliert hatte. Freisler schrieb:

»Die Strafrechtsdenkschrift kann eine Kritik nicht nur vertragen, sondern fordert und fördert die Kritik. Sie antwortet nicht auf sezierende Kritik, die etwa mit anatomischen Mitteln, das Ganze zerschneidend, den Nachweis zu erbringen versucht, daß hier oder da etwas nicht folgerichtig, hier und da etwas uneben in den aufgestellten Streitsätzen sei. Sie antwortet auf eine solche Kritik nicht, weil solche Kritik unzulänglich und daher unbeachtlich ist.

Aber sie fördert eine Kritik, wenn sie erkennbar vom Willen zur Arbeit getragen ist. Sie fördert eine Kritik auch dann, wenn diese Kritik eine grundsätzlich ablehnende ist. Denn das nationalsozialistische Strafrecht ist stark genug, eine solche Kritik zu vertragen.

Herr Prof. Dr. Gerland in Jena ist seit vielen Jahren bekannt als Strafrechtslehrer einer nicht gerade nationalsozialistischen Richtung. An ihn hat die ›Deutsche Justiz‹ sich gewandt mit der Bitte um eine Stellungnahme zur Strafrechtsdenkschrift des preußischen Justizministers...

Herr Prof. Gerland lehnt, um beim scheinbar Äußerlichen anzufangen, den äußeren Aufbau der Denkschrift, der den besonderen Teil dem allgemeinen vorgehen läßt, ab mit einer dialektisch-logischen Begründung, daß man nämlich nicht mit Begriffen arbeiten könne, die man erst später erhalte. Er lehnt den Schutz des Volksgenossen als zu eng ab, da auch Nichtvolksgenossen unter der Friedensordnung des Zusammenlebens in Deutschland stehen. Er hält die Vereinfachung der Verbrechenstatbestände für viel zu weitgehend. Er meint, die Denkschrift arbeite, wenn sie Begriffe wie ›gesundes Volksempfinden‹ verwendet, mit zu relativen Größen. Er meint, der Übergang zum Gefährdungsstrafrecht bedeute eine Verschärfung, die die Praxis vor eine schwierige Aufgabe stelle, zumal wenn Vollendung, Versuch und Vorbereitung unter die gleiche Strafe gestellt würden. Er fürchtet, daß die Zulassung analoger Gesetzesanwendung eine verschiedene Gerichtspraxis hervorrufen werde. Er glaubt, daß das Willensstrafrecht der Volksüberzeugung nicht entspreche, und wirft der Denkschrift vor, sie widerspreche sich, wenn sie die Volksüberzeugung mit Recht als Rechtsquelle anerkenne, andererseits aber auch die Erziehung des Volkes wolle. Er meint, das zu weite richterliche Ermessen, das den Richter in besonders leichten Fällen geradezu zum Gesetzgeber mache, verschiebe die Verantwortung zwischen Gesetz und Gericht.

Eine Fülle von kritischen Anregungen also!...«

Die seitenlangen Anmerkungen des Jenaer Professors, die hier von Freisler als »aufbauende Kritik« wohlwollend gewürdigt wurden, dienten freilich mehr der eigenen Eitelkeit. Freisler versprach sich von dieser öffentlichen Debatte Anerkennung als Mitgestalter und Verfasser eines neuen nationalistischen Strafrechts, eine Würdigung seiner Leistung in Juristenkreisen. An grundlegenden Korrekturen seiner Ansichten war ihm keineswegs gelegen. In der April-Nummer der *Deutschen Justiz* meldete er sich noch einmal mit einer umfassenden Entgegnung zu Wort. Punkt für Punkt verteidigte er die Ausführungen der Denkschrift und entkräftete die Einwände von Prof. Gerland. Am Ende seines Aufsatzes fiel es ihm leicht, noch einige anerkennende Worte über den Kritiker zu verlieren. Dabei konnte er sich sogar auf den Führer berufen:

»Der Führer hat wiederholt auf den Wert einer aufbauenden, mitarbeitenden Kritik hingewiesen. Ich freue mich, zum Schlusse dieser Zeilen feststellen zu können, daß die Kritik, die Professor Gerland an der Strafrechtsdenkschrift des preußischen Justizministers geübt hat, eine solche aufbauende, mitarbeitende Kritik war. Auch dort, wo sie sich der Denkschrift ablehnend gegenüberstellte. Mögen überall alle Kräfte, die im Rahmen des Nationalsozialismus an der Rechtserneuerung mitzuarbeiten sich innerlich gedrängt fühlen, in aufbauender Kritik helfen, daß das sich durchringende neue deutsche Recht seiner Aufgabe im Gesamtorganismus des Volkes gerecht werden kann.«

Und den Lesern versicherte er:

»Rastlos geht überall die Arbeit weiter, wo der von der Revolution des Rechtes erkämpfte innere Wandel nach äußerer Gestaltung drängt. Die Arbeiten des Strafrechtsausschusses des Reichsjustizministers und des Strafrechtsausschusses der Akademie für Deutsches Recht sind bereits weit fortgeschritten. Dem Wissenden und Mitarbeitenden rundet sich bereits das Bild des künftigen deutschen Strafrechtes.«

Nach der Veröffentlichung setzte er sich in einer Vielzahl von Aufsätzen, als Vortragsreisender, vor allem aber in seiner Funktion als Staatssekretär nachhaltig für die Berücksichtigung seiner Reformideen ein. Zwar brachte ihm sein Engagement zunächst nicht den durchschlagenden Erfolg, den er sich erhofft hatte, aber das »Gesetz gegen Gewohnheitsverbrecher«, das am 4. November 1933 in Kraft getreten war, bewegte sich in die Richtung, die er für notwendig hielt. Auch ein Gesetz vom 24. April 1934, das zu einer drastischen Erhöhung des Strafmaßes – häufig zum Todesurteil – für Hoch- und Landesverrat führte, entsprach seinen Vorstellungen von einem neuen Strafrecht.

Freisler wollte eine Justiz, die schnelle und harte Urteile fällt. Vor allem gegen »politische Verbrecher«, für Freisler die schlimmsten Verräter und Staatsfeinde. In einem Aufsatz der Zeitschrift der *Akademie für Deutsches Recht* formulierte er dazu seine Vorstellungen: »Binnen vierundzwanzig Stunden... muß die Anklage erhoben sein..., binnen weiteren vierundzwanzig Stunden muß das Urteil da sein, und sofort muß der Verbrecher seine Strafe weghaben... Die Zeit der mildernden Umstände als Regel muß vorbei sein...«

Freislers totalitäres Rechtsdenken mochte oberflächlich betrachtet besonders fanatisch und rigoros erscheinen; indes, mit seinen Ansichten stand er keineswegs allein. Doch wie kaum ein anderer verstand er es – und das unterschied den eifrigen Staatssekretär von den meisten seiner Kollegen –, die nationalsozialistische Ideologie und die Rolle der nationalsozialistischen Justiz miteinander zu verknüpfen.

Nach der Auflösung des preußischen Justizministeriums im Zuge der »Verreichlichung der Justiz« war Freisler am 1. April 1934 als Staatssekretär in das Reichsjustizministerium übernommen worden. Auch hier galt er rasch neben dem weitaus älteren Staatssekretär Dr. Schlegelberger als Garant absolut nationalsozialistischer Gesinnung. Freisler leitete das Referat für ein Rechtsgebiet, an dem der Partei besonders gelegen war – dem Strafrecht. Dazu kam die Organisation des Justizwesens – und Freislers große Herausforderung: der Volksgerichtshof.

Welche Funktion der Volksgerichtshof in seinen Überlegungen einnahm, belegt ein Aufsatz, den er 1935 im Märzheft der Zeitschrift der *Akademie für Deutsches Recht* veröffentlichte. Unter dem Titel »Volksgerichtshof« widmete er sich seinem zentralen Anliegen, aus dem Volksgerichtshof ein neues Reichsstrafgericht zu formen. In einem Volksgerichtshof sah er den »Kristallisationspunkt für ein allgemeines deutsches Strafgericht«, dessen Bedeutung man – so Freisler – nur richtig einschätzen und bewerten könne, wenn man sich die jetzige wie künftige Strafrechtspflege vergegenwärtige.

Obschon er damals die Erwartung gehegt haben dürfte, einmal selbst Präsident des Volksgerichtshofs zu werden, setzte er sich nachhaltig für ein deutsches Volksstrafgericht ein, das dem

Reichszivilgericht gleichwertig sein sollte. »Es wäre Wächter der Rechtseinheit, Kämpfer der Rechtsentwicklung, Hüter der Rechtssicherheit, alles zugleich, und damit in erster Linie Hüter der Volkssicherheit überhaupt«, schrieb er in seinem Aufsatz. Freisler wollte aus dem Volksgerichtshof eine allumfassende Rechtsinstitution machen. Die »Bewährung eines so volksnahen Gerichts, wie es der Volksgerichtshof ist, zum Aufbau eines im Volk fest verankerten, höchsten deutschen Volksstrafgerichts auszuwerten«, faszinierte ihn.

Noch intensiver als unter seinem früheren preußischen Justizminister Kerrl entwickelte Freisler nun auch im neuen Reichsjustizministerium unter Dr. Franz Gürtner eine so hektische Aktivität, daß er unter juristischen Zeitgenossen bald als die ausgeprägteste Persönlichkeit des Ministeriums galt. Freisler war überall, er schrieb und redete über alles. Mit einer Fülle von Veröffentlichungen und Vorträgen festigte er seinen Ruf als »rasender Roland«, wie er von NSDAP-Juristen wegen seiner nicht immer mit Wohlwollen verfolgten Aktivitäten tituliert wurde.

Zu dieser Zeit traten seine geradezu schrankenlose Ergebenheit gegenüber dem Führer und seine fanatische Verherrlichung des Nationalsozialismus immer deutlicher zutage. Wie rigoros Freisler dachte, wenn er Verrat an Volk, Regierung oder Partei vermutete, hatte er schon zuvor häufig demonstriert.

Nach der blutigen rechts- und gesetzlosen Exekution der Röhm-Putschisten und der zahllosen anderen Oppositionellen, die dem NS-Regime im Wege standen, am 30. Juni 1934, erschien in der Zeitschrift *Deutsche Justiz* ein von ihm verfaßter Aufsatz, in dem er für die Legalisierung des offensichtlichen Rechtsbruchs eintrat und »des Führers Tat« in schwülstigen Worten verteidigte:

»Ein reinigendes Gewitter ist über die deutschen Gaue dahingebraust. Fortgefegt ist die Schwüle, verschwunden das drückende Etwas. Frisch und rein und kühl ist die Luft, und frohen Mutes und mit vervielfachter Kraft und unendlich gesteigerter Siegesgewißheit setzt jeder seine Arbeit fort. Schlagartig setzte dieses reinigende Gewitter ein, und mit der Exaktheit einer Präzisions-

maschine wurde die Aufgabe der Säuberung gelöst. Lange, sorgen- und kummervoll durchwachte Nächte des Führers werden vorausgegangen sein – Wochen, in denen der aufsteigenden Überzeugung, daß solcher Verrat eine Unmöglichkeit sei –; Wochen, in denen Frivolität und Charakterlosigkeit der Verräter selbst Gewicht über Gewicht herbeitrugen, bis die Waage sich unerbittlich zu ihren Ungunsten senkte, bis der Führer die schmerzliche Gewißheit gewann: das Unmögliche war Wirklichkeit geworden – der Verrat! Und dann wurde Gericht gehalten, ein Gericht, wie es gerechter und notwendiger in der Welt noch nie gehalten wurde, ein Gericht, dessen Spruch unmittelbar aus dem klaren und tiefen Quell unserer deutschen Sittenordnung geschöpft war; ein Gericht, das also Recht im höchsten Sinne verwirklichte.«

Sätze eines pathologischen Fanatikers? Der Staatssekretär, der hier altdeutsch-bieder verbrämt NS-Mordaktionen verherrlichte, sollte in einigen Jahren selbst an zentraler Stelle »mit der Exaktheit einer Präzisionsmaschine« die Aufgabe der »Säuberung von Verrätern« übernehmen. Doch noch war es nicht soweit.

Freisler hatte nur ausgesprochen, was Tausende Juristen dachten. Als sie am 13. Dezember 1934 im Reichsgesetzblatt zur Kenntnis nehmen mußten, daß den Gerichten die Entscheidung über die Rechtsansprüche am »Röhm-Vorgang« entzogen worden sei, regte sich – wieder einmal – kaum Protest.

Im Zusammenhang mit dem »Röhm-Putsch« tat sich Freisler jedoch nicht nur als Publizist, sondern auch in seinem alten Beruf als Rechtsanwalt hervor. Der Hintergrund: Im Dezember 1934 hatte Hitler als Führer der NSDAP einen Prozeß gegen das *Kasseler Volksblatt* angestrengt. Es ging um die sogenannte »Röhm-Schrift«, die von der Zeitung gedruckt worden war und in der behauptet wurde, Hitler sei die homosexuelle Veranlagung des SA-Chefs bekannt gewesen – und sie sei von ihm geduldet worden, was nachweislich der Wahrheit entsprach. In der zivilrechtlichen Unterlassungsklage wurde das *Kasseler Volksblatt* schließlich dazu verurteilt, alle Stellen in den noch vorhandenen Exemplaren zu schwärzen, in denen auf die angesprochene Kenntnis Hitlers hingewiesen war. Begründung: Es fehlten die notwendigen Beweise. Der Erfolg – der später aufgrund vielfältiger Schikanen durch die NS-Gauleitung die Einstellung der Zeitung zur Folge hatte – war auch dem Anwalt zuzuschreiben, der Hitler vor der Kasseler Kammer vertrat: Dr. Roland Freisler. Der Urteilsspruch war nicht nur ein wohltuender eitler Sieg an alter Wirkungsstätte, er sollte dem machtbesessenen Staatssekretär, der hier noch einmal als Anwalt auftrat, auch für seine weitere Karriere hilfreich sein.

Nicht jedem war dieser Machtmensch geheuer. Freisler galt fraglos als kompetenter Staatssekretär, als Jurist mit ungewöhnlich scharfem Intellekt, der komplexe Sachverhalte klar und nüchtern darzustellen vermochte, der aber auch, wenn es um »die großen heiligen nationalsozialistischen Errungenschaften ging«, unerbittlich wurde wie ein Großinquisitor.

Ebenso galt er als überaus emotional bestimmte Persönlichkeit, als ein Mann, dessen Stimmungen vom Augenblick beherrscht wurden. Häufig verfiel er abrupt in einen unnachgiebigen NS-Fanatismus. Ein Mann, der Menschen einnehmen und in Angst versetzen konnte, vor allem jene, die sich seinen Vorstellungen und Gedanken widersetzten.

Er war in der Lage, jede Situation für seine Interessen zu nutzen – das machte ihn so undurchschaubar, ja, so gefährlich. Eine Eigenschaft, die seinem Aufstieg in der NS-Justiz keineswegs im Weg stand. Im Gegenteil.

Ein Mann wie er war überall dort zur Stelle, wo es um politische Fragen im juristischen Bereich ging. Freislers enorme Belastbarkeit und Flexibilität stiftete unter den juristischen Zeitgenossen bisweilen Verwirrung – seltener Bewunderung. Freisler galt als Autorität, man schätzte seine Fähigkeiten, seine Loyalität. Doch er war nicht sonderlich beliebt, weder innerhalb des Ministeriums noch in der Partei oder der Richterschaft.

Freisler war kein Mensch, der diese Zuneigung besonders brauchte. Er sah sich als Einzelkämpfer, als Einzelkämpfer für das große gemeinsame Ziel. Und nach seinem Verständnis leistete er – immer auch getrieben vom eigenen ausgeprägten Machtinstinkt – einen wichtigen Beitrag bei der Neugestaltung nationalsozialistischer Rechtsprechung.

Tatsächlich hatte er großen Anteil an der systematischen Ausweitung einer gnadenlosen NS-Gesetzgebung, nicht nur als Autor zahlloser Aufsätze in einschlägigen Fachpublikationen – wie der genannten Denkschrift –, sondern vor allem als Mitverfasser des zweibändigen Berichts über die »Arbeit der amtlichen Strafrechtskommission«, der 1935 unter dem Titel »Das kommende deutsche Strafrecht« erschien, herausgegeben von Reichsjustizminister Gürtner. Es war Freislers vorläufiges »Meisterwerk«. Mit ungebremstem Eifer und klarem Kalkül versuchte er auch nach Erscheinen dieser Bände ständig und ausdauernd in persönlichen Gesprächen, in Vorträgen und Referaten, vor allem aber mit einem Wust von Erlassen und Verordnungen in seiner Funktion als Staatssekretär, seinen Rechtsauffassungen auch praktische Geltung zu verschaffen.

Ein vielbeschäftigter, ruheloser Mann also. Nicht nur seinem Bedürfnis, auch im Bereich der Rechtswissenschaft anerkannt zu sein, ist es zuzuschreiben, daß er enorm viel publizierte. Nein, Freisler schrieb vor allem aus der Überzeugung heraus, dadurch seinen juristischen und politischen Einfluß stärken zu können. Drei Faktoren bestimmten dabei vor allem Freislers Denken, drei Faktoren, ohne die eine Bewertung seines zukünftigen Werdegangs – aber auch der Geschichte und Praxis des Volksgerichtshofes, für den er sich so vehement einsetzte – unverständlich bleiben muß.

Erstens: Die Rolle des Verrats. Freisler teilte die Überzeugung vieler – wenn nicht der meisten – Deutschen, das Deutsche Reich habe den Ersten Weltkrieg nur durch Verrat im Rücken der Front verloren. Es war der unerschütterliche Glaube an die »Dolchstoßlegende«. Mit der Formulierung des »Dolchstoßes in den Rücken« der angeblich so siegreichen deutschen Armee reagierten die Deutschen auf den Schock der Niederlage und die nachfolgenden »erniedrigenden Bedingungen« des Versailler Vertrags. Die Niederlage hatte schon Hindenburg am 18. November 1919 im Reichstag mit folgender Auslegung zu erklären versucht:

»Trotz der ungeheuren Ansprüche an Truppen und Führung, trotz der zahlenmäßigen Überlegenheit des Feindes konnten wir den ungleichen Kampf zu einem günstigen Ende führen, wenn die geschlossene und einheitliche Zusammenwirkung von Heer und Heimat eingetreten wäre. Darin hätten wir das Mittel zum Siege der Deutschen gesehen... Doch was geschah?
Während sich beim Feinde trotz seiner Überlegenheit an lebendem und totem Material alle Parteien, alle Schichten der Bevölkerung in dem Willen zum Siege immer fester zusammenschlossen..., machten sich bei uns, wo dieser Zusammenschluß bei unserer Unterlegenheit viel notwendiger war, Parteiinteressen breit, und diese Umstände führten sehr bald zu einer Spaltung und Lockerung des Siegeswillens... so mußte der Zusammenbruch kommen...«

Ein solcher »Dolchstoß«, so das nationale Glaubensbekenntnis der Nationalsozialisten und mit ihnen der Mehrheit der Deutschen, dürfe sich nie mehr wiederholen. Verrat und Hochverrat – das hatten die Nationalsozialisten schon vor ihrer Machtübernahme angekündigt – sollten härter bestraft werden. Freisler stimmte dieser Forderung nachhaltig zu. Für ihn ging die größte Gefahr für den Staat und seine Führung von Hochverrat und Landesverrat aus.

Bereits hier also zeichnete sich Freislers Haltung ab, die er später als Präsident des Volksgerichtshofs gegenüber zahllosen Angeklagten in so fanatischer Weise einnehmen sollte.

Zweitens: Ein Verrat war für Nationalsozialisten keineswegs eine individuelle Gesinnungstat, sondern ein Verrat an der »Volksgemeinschaft«. Das nationalsozialistische System verstand sich als höchste Ausdrucksform der Volksgemeinschaft. Es war von der Entschlossenheit geprägt, keine Situation aufkommen zu lassen, in der sich ein Teil des Volkes gegenüber einem anderen erheben könnte. Es gab keine Klassen mehr, sondern nur noch ein Volk. Wer gegen die Gesetze des Staates verstieß, stellte sich außerhalb der Volksgemeinschaft. Er wurde zum Volksfeind.

Freisler mit seiner nationalsozialistischen Weltanschauung sah in Recht und Justiz ausschließlich Instrumente für die innere und äußere Ordnung, für den Schutz des Volkes. Dem Volk hatten beide zu dienen – wenn es geboten war, mit äußerster Härte.

Den *dritten* und letzten Faktor bildete in Freislers Denken das nationalsozialistische »Führerprinzip«. Schon in »Mein Kampf« hatte Hitler die Rolle des Führers definiert, dessen Macht von der kleinsten Gemeinde bis zur Leitung des Reiches reichen sollte. Diese Macht war keinerlei Einschränkungen unterworfen. Sie war absolut. Daraus folgte, daß man nicht nur die Führerbefehle bedingungslos auszuführen hatte, sondern daß der Wille des Führers auch zum Maßstab für alle Handlungen wurde. Der Befehl, von oben erteilt und über ein Netz von Institutionen und Behörden zur Anwendung gebracht, wurde so zum ausschlaggebenden Instrument des NS-Staates. Im Mitteilungsorgan *Deutsche Verwaltungsblätter* hieß es dazu 1937:

»Die Amtsgewalt des Führers ist keine Kompetenz. Nicht der Führer macht das Amt, sondern der Führer gestaltet das Amt nach seiner Mission...
   Die Amtsgewalt des Führers kennt keine Zuständigkeitslücken...
   Die Amtsgewalt des Führers ist über aller Komptenz... Die Amtsgewalt des Führers ist total.«

Auch im Gerichtssaal sollte dieses Führerprinzip Anwendung finden. Allein der Richter war der präsidierende Führer der Verhandlung. Seine Führung war wichtiger als die Akten, die den Fall behandelten. Beisitzer und Schöffen – so Freislers Vorstellungen – hatten der Führungsrolle des Richters sogar den Vorzug vor dem Recht zu geben.
   Später sollte dieses »Führerprinzip« in die Praxis umgesetzt werden. Vor allem am Volksgerichtshof. Bei keinem anderen Gericht wurde die Rolle des Richters als Führer stärker betont als dort.
   In einem Staat, in dem das Führerprinzip alleinige Gültigkeit hatte, war uneingeschränkte Treue die logische Folge. Wer

sich gegen den Führer und die Volksgemeinschaft stellte, beging einen Treuebruch – und das war wiederum Verrat.

Dabei interessierten Freisler die Motive nicht. Ohnehin bewertete er den bloßen Willen zum Verrat als genauso gefährlich wie das eigentliche Delikt. Beides – dafür plädierte er mit besonderem Eifer – sei mit gleicher Schärfe zu bestrafen. Jemand, der unter dem Vorwand, das Reich verbessern zu wollen, eine Straftat begehe, sei – so Freisler – ein Verräter wie alle anderen Verratstäter. Hier gebe es keinerlei Unterschiede. Allein der Führer, Adolf Hitler, bestimme die Gestalt des Reiches.

Immer wieder stellte er eine umfangreiche Liste von Straftaten zusammen, vielfach Vergehen, die bislang nicht ins Strafgesetzbuch aufgenommen waren, die er vor allem nach 1938 jedoch durch eine weite Auslegung des Begriffs Verrat zu Straftaten erhob. Die geringste Kritik an der Regierung sollte bereits als Straftat gelten. Dies allein – so Freisler – garantiere das Recht, das wieder zu einer »Ethik des Volkes« zurückfände.

Die Leitgedanken, die Freisler in seiner immensen publizistischen Produktion beschäftigten, waren immer dieselben: der Führer, das Volk, die Partei, das Recht, die Justiz. Die Titel zahlreicher Aufsätze belegen dies: »Richter, Recht und Gesetz« (*Deutsche Justiz*, 1934), »Des Führers Tat ist unsere Pflicht« (*Deutsche Justiz*, 1934), »Die Aufgaben der Reichsjustiz, entwickelt aus der biologischen Rechtsauffassung« (*Deutsche Justiz*, 1935), »Vom Schutzzweck der Strafrechtspflege gegenüber den Volksschädlingen« (*Deutsche Richterzeitung*, 1938), »Reich und Recht« (*Deutsche Justiz*, 1939), bis hin zu »Der Rechtswahrer der deutschen Strafrechtspflege denkt, spricht und schreibt deutsch!« in der *Deutschen Justiz* (1941).

Und so dachte, sprach und schrieb Freisler tatsächlich. Seine Aufsätze waren frei von umständlicher Juristen-Rhetorik, sie waren von überzeugender inhaltlicher Plausibilität, aber auch durchzogen von Ausführungen im üblichen NS-Propaganda-Jargon.

Inhaltlich argumentierte Freisler aus der Perspektive eines überzeugten – nach Kriegsbeginn geradezu fanatischen – Nationalsozialisten. Ausgangspunkt und Kontext war stets sein unerschütterliches nationalsozialistisches Weltbild.

Den nationalsozialistischen Staat, in dem das Individuum keinerlei freie, subjektive Entscheidungsmöglichkeiten hatte, definierte Freisler dennoch immer wieder als Rechtsstaat.

In einem Aufsatz mit dem Titel »Der Rechtsstaat« schrieb er 1937:

»Nur die zusammengeballte völkische Kraft wird uns in die Lage versetzen, wie einst die geballte Ladung den Tank zähmte, der unsere Front bedrohte. Die organisierte Form, in der wir die geballte Ladung zum Schutze unseres Volkes zur Wirkung bringen, ist unser Begriff des Rechtsstaates.«

Der Staat als Summe des Volkes – eine Definition, die auf den ersten Blick beinahe radikal demokratisch wirkt. Freilich, drei eindeutige NS-Perversionen korrigierten das Scheinbild:

Erstens: Es gab eine klare, eindeutig rassistische Definition des Volkes. Schon in seinen Reformvorschlägen zum Strafgesetzbuch hatte Freisler 1933 ausgeführt, Blut und Boden seien die »heiligsten deutschen Werte«. Und in seinem schon genannten Aufsatz »Die Aufgaben der Reichsjustiz, entwickelt aus der biologischen Rechtsauffassung« führte er aus:

»Dem Nationalsozialismus ist die biologische Betrachtungsweise eigen. Biologisch sieht er das Volk, sein inneres und äußeres Wachsen, biologisch bedingt seine Geschichte, biologisch bedingt durch die Lebenszielsetzung des Volkes und die richtige Wahl des Weges zur Verwirklichung dieses Lebenszieles. Biologisch erscheint dem Nationalsozialisten auch das Recht. Wir haben eben einen anderen Begriff vom Wesen des Rechts, wie ihn andere hatten, die vor uns mit sich und der Welt um die Erkenntnis des Rechtes rangen...«

Das neue deutsche Recht, so Freisler, müsse auf der Idee von der »biologischen Substanz des Volkes« basieren, deren »Rasseeinheit« zu sichern sei. Und er mahnte, »der in Deutschland im Laufe der Jahrhunderte eingetretenen Rassenmischung Einhalt zu gebieten«, beispielsweise in seinem Aufsatz »Schutz von Rasse und Erbgut im werdenden deutschen Strafrecht«, den er 1936 publizierte.

Mit seinen Ausführungen reihte sich Freisler in den Kreis der radikalen Darwinismus-Propagandisten ein, die auf Hitler, Himmler und andere NS-Prominente nicht unerheblichen Einfluß ausübten. Der nationalsozialistische Rassenkult – den Freisler auch auf die künftige Reform des Rechts angewandt wissen wollte – fand rasch Eingang in die Gesetzgebung. Am 15. September 1935 trat das »Gesetz zum Schutze des deutschen Blutes und der deutschen Ehre« in Kraft. Dieses Gesetz war praktisch eine Generalklausel für alle nur denkbaren »Angriffe auf die Rasse« und damit alle möglichen Verletzungen der »Nürnberger Gesetze«. Diese menschenverachtenden Rassengesetze waren der Beginn der systematischen Verfolgung und Ermordung der Juden.

Interessant in diesem Zusammenhang ist, daß sich Freisler niemals explizit mit dem »Judenproblem« auseinandersetzte. Dennoch gehörte er zu jenen prominenten Juristen, die dem nationalsozialistischen Rassenwahn eine pseudo-rechtliche Legitimation verschafften. Schon früh war er davon überzeugt, daß der Schutz der Rasse vor allem auch eine der herausragenden Aufgaben der Justiz sei. Denn: »Die Pflicht der deutschen Nation und jedes einzelnen Bürgers ist es, Rassenhygiene zu praktizieren; deren Verletzung ist gleichbedeutend mit Verrat«, wie er 1936 schrieb.

Zurück zu Freislers Rechtsstaat-Postulat. Es gab für ihn keinerlei subjektive Wahlmöglichkeit des einzelnen, sich für oder gegen seine Zugehörigkeit zur Volksgemeinschaft zu entscheiden. Das unumstößliche Führerprinzip degradierte den einzelnen zum passiven Befehlsempfänger und schloß ihn von jeder Form aktiver Entscheidungsmöglichkeit aus.

Seine Definition eines »nationalsozialistischen Rechtsstaats« wandte sich auch gegen den »totalen Staat«, jedoch nicht, um die Rechte des einzelnen zu stärken, sondern weil er hierin die Gefahr sah, der Staat könne zum Selbstzweck werden. Der Zweck war weder der einzelne noch der »totale Staat«, sondern allein das Volk, die germanische Rasse selbst. Die staatlichen Institutionen seien – so forderte er – mit nationalsozialistischem Geist zu durchdringen, damit die Volksgemeinschaft mit dem Führer und der Partei organisch verbunden werde.

In diesem Bild von einem Rechtsstaat war kein Platz für Gewaltenteilung, die Freisler ohnehin als überholtes Vermächtnis einer Vergangenheit betrachtete, in der es Mißtrauen zwischen dem Volk und seiner politischen Führung gegeben habe. An ihre Stelle sei im nationalsozialistischen Deutschland die organische Einheit zwischen Führer und Gefolgschaft getreten und »das Vertrauen in die gesunde Einheit des Volkes und das Zutrauen zur Kraft dieses Volkes, diese einheitliche Haltung sich durch die Geschichte hindurch zu bewahren«, wie er in einem Aufsatz der *Deutschen Juristenzeitung* schrieb.

Fundamental für die Erhaltung des NS-Staates war für ihn vor allem eine starke und funktionale Justiz, deren Aufgabe es sei, Volk und Staat zu sichern. Dabei müsse das Recht entwicklungsfähig und anpassungsfähig sein, führte er in dem oben zitierten Aufsatz aus, »denn das Recht, das heute gut ist, kann morgen schlecht sein«. Das Recht, so Freisler, sei nicht länger ein normatives Absolutes, sondern ein Instrument politischer Zweckmäßigkeit.

Mit anderen Worten: Die Nationalsozialisten ordneten die Rechtsprechung den Zielen ihrer Politik völlig unter. Schritt für Schritt wurde das immer noch gültige Bürgerliche Gesetzbuch substantiell geändert und seines ursprünglichen Inhalts beraubt. Besonders das Strafrecht wurde unter dem Vorwand, die Interessen von Volk und Staat zu schützen, zu einem nationalsozialistischen Kampfrecht.

Immer in der vordersten Kampffront: Staatssekretär Dr. Freisler. Unermüdlich propagierte er die Verteidigung der »heiligsten deutschen Werte«. Ein Volksgerichtshof hatte im Verteidigungskampf gegen Volksfeinde die Führungsrolle innerhalb der gesamten deutschen Justiz zu übernehmen. Hier sollte der Führungsgedanke in besonderer Weise verwirklicht werden als exemplarisches Beispiel für alle nachgeordneten deutschen Gerichte. Der Präsident eines jeden Senats müsse – so Freisler – der Führer sein, dessen Anweisungen sei von den Berufs- und Laienrichtern ohne Gegenfragen Folge zu leisten. Nur auf diesem Wege sei eine »germanische« Verhandlungsform möglich, eine Vision, die er in einem 1935 erschienenen Aufsatz unter dem Titel »Einiges vom werdenden deutschen Blutbanngericht« entwickelte.

Der Richter allein trage die Verantwortung, seine Aufgabe sei es, das Verfahren so rasch wie möglich durchzuführen. Den Laienrichtern billigte Freisler allenfalls eine beratende Funktion zu, nicht mehr. In einem »germanischen Gerichtsverfahren« seien dennoch alle Beteiligten, vom erfahrenen Richter bis zum jungen Anwalt, »Soldaten des Gesetzes«.

Die Strafen dieses »germanischen Gerichts« sollten konsequent und hart sein. Selbstverständlich sollte dabei auch die Todesstrafe ausgesprochen werden.

Und Freisler besann sich auf angeblich »germanische« Hinrichtungsrituale. So befürwortete er in einem Aufsatz der Zeitschrift *Deutsche Justiz* unter dem zynischen Titel »Aktive Rechtspflege!« beispielsweise die Verabreichung eines tödlichen »Giftbechers« an den Straftäter.

Auch über die Prozeßordnung, die ihm nicht effizient genug erschien, machte sich Freisler Gedanken. So plädierte er dafür, Wiederaufnahmeverfahren erheblich einzuschränken, nicht nur, weil diese Verfahren unnötige Zeit beanspruchten, sondern überdies auch noch das Vertrauen des Volkes in die Justiz erschütterten. Ohnehin sei auf eine Wiederaufnahme zu verzichten, wenn das Urteil dadurch nur unwesentlich revidiert würde. Freisler nahm also Fehlurteile in Kauf. Wichtig waren allein die Effizienz und das Vertrauen der Bevölkerung in die vermeintliche Unfehlbarkeit der Justiz. Genau nach diesem Prinzip wurde später am Volksgerichtshof verfahren.

Wer wie Freisler so viel über die Rolle des Richters nachdachte, der mußte sich auch dazu berufen fühlen, sich zur Juristenausbildung zu äußern. In seinen Aufsätzen »Deutsche Rechtswahrerausbildung« und »Eignung zum Beruf des deutschen Rechtswahrers« – beide 1941 in der Zeitschrift *Deutsche Justiz* erschienen – sprach er sich dafür aus, daß nicht mehr die Justiz, sondern NSDAP-Institutionen selbst den Juristennachwuchs auswählen sollten. Unter folgenden Kriterien: Erstens sollten die Kandidaten gesund sein – angesichts der schweren Last, die auf einem Richter ruhte. Zweitens sollte eine einwandfreie rassische Abstammung vorliegen. Drittens sollte der Kandidat Führungsqualitäten unter Beweis stellen, die er etwa in der Hitlerjugend oder studentischen NS-Organisationen erworben habe.

Schließlich sollte er zeigen, daß er später in der Arbeit für die Gemeinschaft volle Befriedigung finden werde. Dies wiederum - so Freisler - werde ihm »das Gespür für die Bedürfnisse des Volkes vermitteln und für die wesentlichen Faktoren seiner Existenz«.

In seinem Aufsatz »Deutscher Osten« beschrieb er nach dem Überfall der Wehrmacht auf Polen, wie er sich ein »germanisches Recht« vorstellte und wie der zukünftige Richter mit solchen niederen Rassen wie Juden und Polen umzugehen habe. Die Anwendung des speziell geschaffenen Polenstrafrechts sollte - so Freisler - ohne jegliche Sentimentalität erfolgen. Was zähle, seien allein die Interessen des deutschen Volkes. »Alle, die im Osten sich bewährt haben«, schrieb er in dem 1941 publizierten Aufsatz, »werden dem Antlitz der Rechtspflege im Gesamtreich ihre Züge aufprägen.«

In diesem Tenor der NS-Propaganda waren - vor allem nach Kriegsbeginn - beinahe alle Aufsätze von Freisler verfaßt. Der Katalog seiner rigorosen Forderungen wurde dabei immer umfangreicher, unmenschlicher und maßloser. Es gab keine neuen Gesetze, keine Verordnungen, über die er sich nicht öffentlich zu Wort meldete.

Nach Ausbruch des Krieges, nachdem insgesamt elf neue Gesetze und Verordnungen von den Nationalsozialisten erlassen worden waren, fand beispielsweise auch die »Verordnung über außerordentliche Rundfunkmaßnahmen« Freislers Interesse. Diese Verordnung untersagte das Hören feindlicher und neutraler Rundfunksendungen sowie die Verbreitung von Nachrichten ausländischer Sender. Freisler meinte, nicht die Neugier werde hier bestraft, sondern die »willentliche seelische Selbstverstümmelung eines Deutschen«, die »zusammen mit dem durch die Verbreitung von Nachrichten des Auslands angerichteten Schaden sogar defätistische Auswirkungen« haben könnte.

Freislers Trauma, die Befürchtung, der November 1918, der »Dolchstoß aus der Heimat«, könnte sich noch einmal wiederholen, zog sich durch viele seiner Veröffentlichungen. Nicht ohne Wirkung.

Kaum ein anderer Berufsstand sah sich so sehr dem publizistischen Trommelfeuer der nationalsozialistischen Forderungen und Maximen sowie der Kontrolle durch Staatsgewalt und Partei ausgesetzt wie der Richterstand.

Schon 1935 hatte Freisler in seinem Aufsatz »Die Einheit von Partei und Staat in der Personalpolitik der Justiz« triumphiert: »Die deutsche Rechtspflege kann stolz darauf sein, daß sie die erste Hoheitssparte des Dritten Reiches ist, die in der Personalpolitik den Grundsatz der Einheit der Bewegung, Volk und Staat im ganzen Reich und für alle Beamtengruppen restlos durchgeführt hat.«

Freisler selbst hatte diesen Prozeß – als Staatssekretär und Publizist – von Beginn an in »vorderster Front« unterstützt, ganz so, wie er es sich nach der Machtergreifung 1933 vorgenommen hatte. Die Unabhängigkeit der Justiz negierte er. Sie war für ihn ebenso wie andere individualistische Tendenzen überflüssig geworden, da der Nationalsozialismus seiner Überzeugung nach Kraft und Legitimation allein aus der ewig fließenden Quelle des Volkes beziehe. Es sei Aufgabe der Justiz, »dieses Wasser sauberzuhalten«, stellte er 1936 in seinem Aufsatz »Recht und Gesetzgeber« fest. Im Klartext: Aufgabe der Justiz war es, sich den totalitären Ansprüchen des nationalsozialistischen Systems voll und ganz unterzuordnen.

Freislers Maxime »Härte gegen den Volksfeind ist Fürsorge für das Volk« war seit 1933 schrittweise in die Praxis umgesetzt worden – immer konsequenter, immer brutaler, immer menschenverachtender.

Nicht nur am Volksgerichtshof, sondern auch von Sondergerichten im gesamten Reich und später auch in den besetzten Gebieten sowie im grausamen Vorgehen der Einsatzgruppen.

Eine Entwicklung, die sich mit Freislers Leitgedanken deckte. Diese waren über all die Jahre dieselben geblieben. Bereits 1935 hatte er dazu formuliert:

»Es ist tatsächlich möglich, daß bei gleichgebliebenen Gesetzesbuchstaben, Gesetzesworten und Gesetzessätzen ein Richterspruch, getragen von der Objektivität der neutralen Zeit, anders sein kann als ein Richterspruch, getragen von der Ausübung richterlicher Freiheit im Geiste des Nationalsozialismus. Man kann eben nicht an die Frage der Stellung des Richters zu Recht und

Gesetz in seiner Berufsarbeit nur herangehen von dem gleichen Standpunkt aus, von dem der Soldat, dem eine Aufgabe gestellt ist, an die Erfüllung seiner Aufgabe herangeht: Achtung des Führerwillens als Selbstverständlichkeit und Stolz auf die Vertrauensbelehnung... und das Gefühl, verpflichtet zu sein, dabei allen Umständen, dem sozialistischen Befehl entsprechend, gerecht zu werden.«

Nach dem Tod des Reichsjustizministers Gürtner im Januar 1941 hatte Staatssekretär Schlegelberger das Justizministerium kommissarisch geleitet, und Freisler hatte aufgrund zusätzlicher Verwaltungsarbeiten seine publizistischen Aktivitäten stark einschränken müssen.

Doch eineinhalb Jahre nach Gürtners Tod war der parteihörige Nationalsozialist Thierack – bislang Präsident des Volksgerichtshofs – als dessen Nachfolger zum Reichsjustizminister ernannt worden. Thieracks VGH-Präsidentenstuhl wurde nun einem Mann angetragen, der wie kaum ein anderer die für diese Funktion notwendigen Voraussetzungen erfüllte: Roland Freisler.

Jetzt endlich war er in der Position, in der er den Befehlen gerecht werden und gnadenlos alle jene Maximen in die Praxis umsetzen konnte, die er bis dahin als Publizist der deutschen Justiz zur Anwendung empfohlen hatte.

Fünftes Kapitel
Gegen Verräter und Volksschädlinge

Die »Ära« Freisler, die am 15. Oktober 1942 beginnen sollte, kann nicht dargestellt werden, ohne noch einmal einen kurzen Überblick über das Strafrecht zu geben, soweit die Anwendung und Auslegung dem Volksgerichtshof übertragen war. Im Mittelpunkt der Betrachtung stehen die Gesetze zu Hoch- und Landesverrat. Auch einzelne prozessuale Vorschriften, die Zuständigkeiten sowie der Einfluß der Geheimen Staatspolizei sollen auf den nächsten Seiten kurz skizziert werden.

Nicht nur für Freisler basierte nationalsozialistisches Denken vor allem auf den drei grundlegenden Maximen: der Rolle des Verrats, dem Begriff der Volksgemeinschaft und dem Führerprinzip. Nirgendwo sonst wurden diese drei Säulen nationalsozialistischen Denkens konsequenter angewandt als am Volksgerichtshof, der mittlerweile umgezogen war und nun in der Berliner Bellevuestraße Nummer 15 seinen Sitz hatte. Alle, die vor den Senaten des Volksgerichtshofs standen, galten als Volksfeinde. Für sie war das Strafgesetzbuch weitreichend ergänzt und verschärft worden.

Beispiel Hochverrat und Landesverrat: Laut Paragraph 81 war Hochverrat ein Delikt, das darauf abzielte, die Verfassung oder das Territorium des Reichs zu verändern. Die Paragraphen 83 und 84 befaßten sich mit Verschwörungen zum Zweck des Hochverrats, im Paragraph 86 schließlich wurde die Vorbereitung zum Hochverrat zur Straftat erklärt.

Die Bestimmungen hinsichtlich des Landesverrats wurden im Strafgesetzbuch zunächst unter dem gleichen Abschnitt wie der Hochverrat behandelt. Der Tatbestand des Landesverrats war gegeben, wenn ein Deutscher versuchte, gemeinsam mit einer ausländischen Macht einen Krieg gegen Deutschland vorzubereiten. Unter Paragraph 90 wurden alle Aktionen, die als Landesverrat galten, aufgelistet: von der Anstiftung zur Fahnenflucht über den Verrat von Operationsplänen und Spionage bis hin zur Sabotage an Kriegsmaterial und Anstiftung zur Meuterei innerhalb der deutschen Wehrmacht.

Schon mit der »Verordnung des Reichspräsidenten zum Schutze von Volk und Staat« sowie »gegen Verrat am deutschen Volke und hochverräterische Umtriebe«, die beide als Konsequenz des Reichstagsbrandes am 28. Februar 1933 verabschiedet worden waren, stand nun auf Hoch- wie Landesverrat, die zuvor nur mit Gefängnisstrafen geahndet worden waren, die Todesstrafe. Und um zu demonstrieren, daß man mit voller Härte durchzugreifen gewillt war, hatten die Nationalsozialisten – diesmal auf der Grundlage des Ermächtigungsgesetzes – für alle zwischen dem 31. Januar und 28. Februar 1933 begangenen Verratsverbrechen die Todesstrafe durch Erhängen oder Enthaupten eingeführt.

Marinus van der Lubbe, jener junge Mann, der als Reichstagsbrandstifter vor dem Reichsgericht stand, war aufgrund dieses Gesetzes verurteilt und hingerichtet worden.

Die Zielsetzung der NS-Machthaber war klar: Hoch- und Landesverrat, ja, selbst die Absicht, Verrat üben zu wollen, sollten prompt und hart bestraft werden. Ob gegen die Verräter vor dem Volksgerichtshof verhandelt wurde, entschied der Oberreichsanwalt. Er konnte bestimmen, ob der Prozeß – etwa wenn es um die Vorbereitung zum Verrat ging – an das nächst untergeordnete Gericht, das Oberlandesgericht, übertragen wurde. Freisler neigte jedoch schon früh dazu, diese Gerichte allenfalls als »Nebenstellen« des Volksgerichtshofs zu betrachten.

Bereits 1935 war der Zuständigkeitsbereich des Volksgerichtshofs erweitert worden: »Wehrmittelbeschädigung«, ebenso »Nichtanzeige von Hoch- und Landesverrat« waren nun strafbar und wurden wie Verratsdelikte behandelt. Trotz härterer Strafen hatte das Reichsjustizministerium zunächst die fehlende abschreckende Schärfe bei den Urteilen kritisiert.

Tatsächlich begann die Rechtsprechung des Volksgerichtshofs keineswegs mit Exzessen. So verurteilte der Erste Senat 1934 beispielsweise einen Angeklagten, der illegale Schriften und Waffen unter der Schutzpolizei verteilt hatte, wegen Vorbereitung des Hochverrats und wegen Vergehens gegen das Schußwaffengesetz zu zwei Jahren Gefängnis unter Anrechnung von sieben Monaten, die er bereits in Untersuchungshaft verbracht hatte. Der Zweite Senat verurteilte einen Täter, der zersetzende Schriften in der Reichswehr verbreitet hatte, wegen Vorbereitung des Hochverrats mit einem Jahr und neun Monaten Gefängnis und rechnete ihm ebenfalls sieben Monate Untersuchungshaft auf das Strafmaß an. Angesichts der Tatsache, daß die Verordnungen vom 28. Februar 1933 Zuchthausstrafen bis zu drei Jahren für solche Vergehen vorsahen, handelte es sich hier also um recht milde Urteile. Den Juristen im Reichsjustizministerium war ebenfalls nicht entgangen, daß im November 1934 VGH-Senate sich weigerten, zwei Männern, die wegen verräterischen Aktionen zu Gefängnisstrafen verurteilt worden waren, auch die bürgerlichen Ehrenrechte abzuerkennen.

Erst im Jahre 1936, als der parteihörige Thierack zum Präsidenten des Volksgerichtshofs ernannt wurde, änderte sich die Urteilspraxis grundlegend. Er vertrat die Meinung – ganz im Sinne der Nationalsozialisten –, die Justiz müsse sich den Anforderungen der politischen Führung unterordnen, und der Volksgerichtshof, der sich als primär politischer Gerichtshof definierte, habe hier eine Vormachtstellung zu erfüllen. Was Thierack 1942 in einem Brief an Freisler schreiben sollte – ersterer war zu der Zeit Justizminister, letzterer VGH-Präsident –, galt schon zu Beginn von Thieracks VGH-Präsidentschaft und unterstrich das Primat der NS-Politik. Er schrieb:

»Bei keinem anderen Gericht als beim Volksgerichtshof tritt so klar zutage, daß die Rechtsprechung dieses höchsten politischen Gerichtshofes mit der Staatsführung in Einklang stehen muß. Dabei wird es zum größten Teil bei Ihnen liegen, die Richter in diese Richtung zu führen.«

Vorerst führte Thierack selbst noch die ihm unterstellten VGH-Richter. Wichtig war ihm die »deutsche Gesinnung« der Richterschaft. Eine dienstliche Beurteilung dokumentiert, wie der ideale Werdegang eines deutschen Richters aussah:

»Landgerichtsrat ... ist ein gerader, aufgeschlossener Mann mit zielbewußter Einstellung, dabei von gebotener Zurückhaltung und gutem Benehmen. Er hat sich in der Kampfzeit bereits in den Gliederungen der Partei betätigt und ist jetzt SA-Führer und Kreisamtsleiter der NSDAP. Sein dienstliches und außerdienstliches Verhalten ist ohne jeden Tadel und seine positive Einstellung zum nationalsozialistischen Staat wird durch diese aktive Mitarbeit dargetan ...«

Das Vorbild eines deutschen Richters. Aus gleichem Holz sollte die gesamte Richterschaft geschnitzt sein, denn es ging um die Erhaltung und Absicherung des nationalsozialistischen Systems. Loyale, parteihörige Juristen waren eine Garantie für das reibungslose Funktionieren der NS-Rechtsprechung, besonders der des Volksgerichtshofs. Freilich, erst die gesetzlichen Grundlagen legitimierten ihr diktatorisches Rechtsverständnis.

Längst war im Laufe der Zeit die ursprüngliche Zuständigkeit des Volksgerichtshofs durch eine Reihe von Vorschriften erheblich ausgeweitet worden. Eine Aufstellung über Gesetze, Vergehen und Bestrafung dokumentiert die erweiterten VGH-Aktivitäten, die das rechtmäßige Fundament der Urteile des Volksgerichtshofs bildeten.

Gesetz	Gesetzesparagraph	Vergehen	Bestrafung
StGB	§ 80	Gebiets- und Verfassungshochverrat	Tod
	§ 81	Hochverräterischer Zwang	Tod oder Zuchthaus
	§ 82	Vorbereitung des Hochverrats	Tod, Zuchthaus oder Gefängnis
	§ 84	minder schwere Fälle des Hochverrats	Zuchthaus oder fängnis
	§ 89	Landesverrat	Tod oder Zuchthaus
	§ 90	Ausspähung	Tod oder Zuchthaus
	§ 90 a	Landesverräterische Fälschung	Zuchthaus
	§ 90 b	Verrat früherer Staatsgeheimnisse	Gefängnis
	§ 90 c	Landesverräterische Beziehungen	Gefängnis
	§ 90 d	Preisgabe von Staatsgeheimnissen	Gefängnis
	§ 90 e	Fahrlässige Preisgabe von Staatsgeheimnissen	Gefängnis
	§ 90 f	Volksverrat durch Lügenhetze	Zuchthaus
	§ 90 g	Landesverräterische Untreue	Tod oder Zuchthaus

Gesetz	Gesetzes-paragraph	Vergehen	Bestrafung
	§ 90 h	Landesverräterische Beweisvernichtung	Zuchthaus
	§ 90 i	Landesverräterische Bestechung	Zuchthaus
	§ 91	Herbeiführung von Kriegsgefahr	Tod oder Zuchthaus
	§ 91 a	Waffenhilfe	Tod oder Zuchthaus
	§ 91 b	Feindbegünstigung	Tod oder Zuchthaus
	§ 92	Beabsichtigter Landesverrat	Zuchthaus
	§ 94, Abs. 1	Angriff auf den Führer	Gefängnis
	§ 139, Abs. 2	Schwere Fälle der Nichtanzeige von Hoch- und Landesverrat und der Wehrmittelbeschädigung	Tod oder Zuchthaus
Wehrmachtschutzverordnung v. 25.11.1939	§ 1 Abs. 1	Schwere Fälle der Wehrmittelbeschädigung	Tod oder Zuchthaus
	§ 5	Gefährdung befreundeter Streitkräfte	Zuchthaus oder Gefängnis
Verordnung zum Schutze von Volk u. Staat v. 28.2.1933	§ 5 Abs. 2	Unternehmen der Tötung des Reichspräsidenten oder eines	Tod oder Zuchthaus Regierungsmitglieds
Gesetz gegen Wirtschaftssabotage v. 1.12.1936	§ 1	Vermögensverschiebung ins Ausland	Tod
KSSVO v. 17.8.1938	§ 1	Spionage	Tod
Verordnung zum Schutze der Rüstungswirtschaft v. 23.1.1942	Art. 1	Falsche Angaben über wirtschaftlichen Bedarf oder Bestand	Tod, Zuchthaus oder Gefängnis
KSSVO, Ergänzung der Zuständigkeitsordnung v. 29.1.1942	§ 1 Nr. 5	Öffentliche Wehrkraftzersetzung	Tod, Zuchthaus oder Gefängnis

Wegen der Fülle der Gesetze ergaben sich zunehmend Schwierigkeiten bei der Abgrenzung des Volksgerichtshofs gegenüber dem Reichskriegsgericht, nachdem dieses durch ein Gesetz vom 26. Juni 1936 wieder als oberstes Wehrmachtsgericht eingesetzt worden war. Wehrmachtsangehörige – aktive wie ehemalige – hatten sich für Hoch- und Landesverratsdelikte vor diesem Gericht zu verantworten. Um eine Gleichartigkeit der Rechtsprechung zu garantieren, wurde ein Austausch der Urteile beider Gerichte vereinbart. Auch wurden die zum Reichskriegsgericht abkommandierten Offiziere zu ehrenamtlichen Mitgliedern des Volksgerichtshofs ernannt.

Dennoch kam es zwischen dem Reichskriegsgericht und dem Volksgerichtshof – vor allem nach Kriegsbeginn im September 1939 – immer wieder zu Kompetenzproblemen, denn dem Reichsgericht konnten auch Verfahren gegen Zivilpersonen übertragen werden, wenn diese sich des Verrats, aber auch der Wehrkraftzersetzung oder Wehrmittelbeschädigung schuldig gemacht hatten. Ausschlaggebend war allein, ob der Präsident des Reichskriegsgerichts erklärte, die Aburteilung sei aus besonderen militärischen Gründen erforderlich. Damit konnte das Reichskriegsgericht dem Volksgerichtshof bestimmte Verfahren entziehen, wenn es besondere militärische Notwendigkeiten dafür anführte.

Erst im Mai 1940 wurde dem Reichskriegsgericht die Zuständigkeit zur Aburteilung von Zivilpersonen wegen Wehrkraftzersetzung wieder genommen und den ordentlichen Strafgerichten übertragen. Später – ab Januar 1943 – war hierfür der Volksgerichtshof zuständig, der jedoch nach wie vor nach eigenem Ermessen die Fälle an ein untergeordnetes Gericht abgeben konnte. Am 20. September 1944 schließlich sollte Hitler – möglicherweise wegen des wachsenden Mißtrauens gegenüber der Wehrmachtsjustiz – anordnen, daß alle politischen Straftaten, auch die von Wehrmachtsangehörigen, allein vom Volksgerichtshof sowie den Sondergerichten abzuurteilen seien.

Das Vergehen der »Wehrkraftzersetzung« stand in der VGH-Statistik zahlenmäßig an erster Stelle, gefolgt von den sogenannten Nacht-und-Nebel-Prozessen, die auf einem Erlaß Hitlers vom Dezember 1941 beruhten und von denen noch zu sprechen sein wird. Die Wehrkraft zersetzenden »Defätisten«, jene Volksgenossen, die öffentlich Zweifel an der nationalsozialistischen Propaganda geäußert hatten, stellten die Mehrheit der VGH-Angeklagten, vor allem in den späteren Kriegsjahren mit den damit verbundenen Entbehrungen an der Heimatfront. Ein unüberlegter Satz über die »bevorstehende Niederlage der deutschen Wehrmacht«, ein leichtfertiger Witz über den Führer oder die Partei, das konnte – Denunzianten gab es überall – das Todesurteil bedeuten.

Neben der Erweiterung der Zuständigkeiten des Volksgerichtshofs über die ihm ursprünglich zugedachten Hoch- und Landesverratsdelikte hinaus erfolgte eine schrittweise Ausdehnung seiner räumlichen Zuständigkeit, die mit der gewaltsamen Expansion des NS-Reiches einherging.

Nach der Saar-Abstimmung am 13. Januar 1935 erging die »Verordnung zur Überleitung der Rechtspflege im Saarland«, die Anklagen in Sachen des Hoch- und Landesverrats an den Volksgerichtshof verwies. Eine weitere Ausdehnung der Zuständigkeit erfolgte nach dem am 13. März 1938 vollzogenen Anschluß Österreichs. Keine vier Monate später, am 1. Juli 1938, traten dort die Vorschriften des Strafgesetzbuches in Kraft, soweit sie sich auf Hochverrat, Landesverrat und Wehrmittelbeschädigung bezogen. In einer Durchführungsverordnung wurde festgelegt, die österreichischen Fälle bei einem bestimmten Senat des Volksgerichtshofs zu konzentrieren und ehrenamtliche Richter aus Österreich an den Volksgerichtshof zu berufen. Eine weitere Verordnung vom 13. März 1940 sah eine Abgabemöglichkeit an das Oberlandesgericht in Wien vor, wo freilich nach den »Reichsdeutschen Prozeßvorschriften« zu verhandeln war.

Nach dem Münchner Abkommen vom 29. September 1938, das die Angliederung der sudetendeutschen Gebiete an das Deutsche Reich festschrieb, vollzog sich hier eine – in den Verordnungen fast identische – Entwicklung wie in Österreich.

Und als der tschechische Reststaat als Protektorat Böhmen und Mähren in das Reichsgebiet einbezogen worden war, wurde dort für die deutschen Staatsangehörigen ebenfalls das deutsche Strafrecht eingeführt. Für die nichtdeutsche Bevölkerung galt eine Reihe von Vorschriften aus dem Strafgesetzbuch, insbesondere waren dies die Bestimmungen über Hoch- und Landesverrat, Angriffe auf den Führer sowie Wehrmittelbeschädigung. Auch das Memelland wurde durch Gesetz vom 23. März 1939 an das deutsche Reichsrecht angegliedert.

Schließlich wurde nach Beendigung des Polenfeldzugs das dort geltende Recht in den von Hitler neu geschaffenen Reichsgauen Westpreußen und Posen schrittweise außer Kraft gesetzt. Im Juni 1940 schließlich wurden in den okkupierten Ostgebieten das Strafgesetzbuch und die Strafprozeßordnung mit der Maßgabe eingeführt, daß die strafrechtlichen Bedingungen auch für die vor der Einführung begangenen Taten, also rückwirkend, anzuwenden seien. Ohnehin hatte der Oberbefehlshaber des Heeres durch eine Verordnung vom 5. September 1939 bereits das deutsche Strafrecht insoweit für anwendbar erklärt, als strafbare Handlungen durch die Wehrmachtsgerichte und Sondergerichte abzuurteilen waren. Eine weitere Verordnung setzte ab 15. Juni 1940 in den »eingegliederten Ostgebieten« auch das Gerichtsverfassungsgesetz in Kraft.

Doch nicht allein im Osten, auch im Westen wurde während des Westfeldzugs das gesamte deutsche Reichsrecht eingeführt. In Belgien, Luxemburg und Frankreich fühlten sich die sofort geschaffenen Gerichte durchaus für gewisse politische Straftaten zuständig, was nicht selten mit den Kompetenzen des Volksgerichtshofs konkurrierte. Eine besondere Situation gab es in den besetzten Niederlanden, wo neben einheimischen auch deutsche Gerichte errichtet wurden, die für Straftaten von Deutschen und von Protektoratsangehörigen sowie für gewisse politische Straftaten zuständig waren und sowohl niederländisches wie deutsches Recht anwenden konnten. Da auch der von einem Ausländer im Ausland begangene Hoch- und Landesverrat nach deutschem Recht bestraft werden konnte und hierfür der Volksgerichtshof zuständig war, ordnete der Reichskommissar für die besetzten niederländischen Gebiete an, daß alle Hochverratssachen zunächst dem Oberreichsanwalt beim Volksgerichtshof zuzuleiten seien; welches Strafrecht dann zur Anwendung kam, war von den Anordnungen des Reichsjustizministeriums abhängig. Erfolgte keine Zuordnung zu den ausländischen Gerichten, so ging die Sache auf die deutschen Gerichte in den besetzten Niederlanden über, wo sie nach deutschem Recht abgeurteilt wurden, falls der Reichskommissar für die besetzten niederländischen Gebiete dieser Strafverfolgung zustimmte. Ähnliche Grundsätze galten für Landesverratsfälle.

Die hier skizzierten Beispiele zeigen: Die rechtliche und räumliche Ausweitung des Volksgerichtshofs war besonders seit Kriegsbeginn im September 1939 enorm fortgeschritten. Zur ursprünglichen Maxime, das Reich vor Volksverrätern im Innern zu sichern, waren nun neue Aufgaben gekommen, die alle nur ein Ziel hatten: die Erhaltung und Sicherung des nationalsozialistischen Machtanspruchs in seinen ständig erweiterten Gebieten.

In dem Maße, wie sich die Kompetenzen des Volksgerichtshofs ausweiteten, verringerten sich die prozessualen Rechte für die Angeklagten und deren Verteidiger. Dabei war schon nach der Veröffentlichung des Gründungsgesetzes vom 24. April 1934 deutlich, daß es sich hier um ein Sondergericht handelte, bei dem grundlegende Rechte außer Kraft gesetzt worden waren.

So entschied der Volksgerichtshof in erster und letzter Instanz (Art. III, §3, Abs. 1), gegen seine Entscheidung war kein Rechtsmittel zulässig. Ein weiterer Abbau von Rechtsgarantien für Beschuldigte und Angeklagte war nicht zu übersehen. So wurden die Voraussetzungen zur einst obligaten Voruntersuchung gelockert; später keineswegs nur bei einfachen Tatbeständen, sondern auch bei schwierigen und umfangreichen Strafsachen konnte der Vorsitzende allein entscheiden, ob gegen den Angeklagten verhandelt werden oder ob ein Haftbefehl erlassen beziehungsweise fortbestehen sollte.

Das Haftprüfungsverfahren wurde abgeschafft, statt dessen sollte eine Kontrollanweisung dafür sorgen, daß die Haftdauer zeitlich möglichst beschränkt blieb. Auch wurde die Zulässigkeit der Vermögensbeschlagnahme erweitert, was für zahllose Beschuldigte und Angeklagte oft das existentielle Aus bedeutete; selbst dann, wenn sie nur zu einer niedrigen Strafe verurteilt oder gar – seltener im Verlauf der Geschichte des Volksgerichtshofs – freigesprochen wurden.

Als weiteres Beispiel soll erwähnt werden, daß auch die Verfahrensvorschriften des Jugendgerichtsgesetzes keine Anwendung mehr fanden. Es gab am Volksgerichtshof nicht wenige Urteile, in denen Jugendliche ohne Prüfung ihres Reifegrades einfach wie Erwachsene behandelt und damit zu drakonischen Strafen, ja, zur Todesstrafe verurteilt wurden.

Der Abbau von Rechtsgarantien traf aber nicht allein Beschuldigte und Angeklagte, sondern auch deren Verteidiger.

Schon im Gründungsgesetz war von der NS-Justiz massiv in die Rechte der Verteidigung eingriffen worden. So gab es zwar eine Verteidigerpflicht: Kein Angeklagter durfte ohne Anwalt gelassen werden. Die Wahl des Verteidigers jedoch bestimmte allein der Vorsitzende, der auch die einmal erteilte Genehmigung jederzeit widerrufen konnte. Durch die Einführung des Genehmigungszwanges aber wurde der Beschuldigte in der Wahl seines Verteidigers von vornherein beschränkt, der zugelassene Verteidiger überdies der Kontrolle des Vorsitzenden unterworfen, von dessen Wohlwollen seine Tätigkeit abhing. Zwar führte eine amtliche Erläuterung zu dem Gründungsgesetz aus, mit dem Erfordernis der Genehmigung werde das Wahlrecht des Beschuldigten nicht auf eine Anzahl listenmäßig zugelassener Verteidiger beschränkt.

Tatsächlich aber machte die Bestimmung die Grundlage einer freien Advokatur illusorisch. Diese Regelung schloß auch noch jene Anwälte aus, die durch die ohnehin konsequenten Säuberungsmaßnahmen des NS-Regimes geschlüpft waren. Wer im Sinne des Systems als unzuverlässig galt, durch sein Auftreten den Unmut des Gerichts auf sich zog, der mußte mit dem Widerruf der Genehmigung oder für die Zukunft mit seiner Nichtzulassung rechnen. Wer dennoch als Verteidiger auftrat – besser, auftreten durfte –, dem drohte weitere existenzgefährdende Maßregelung. Standesgerichte achteten streng darauf, ob der Anwalt bei der Verteidigung eines »Volksschädlings« oder »Verräters« die Belange des deutschen Volkes jederzeit beachtete. In den Richtlinien der VGH-Verteidiger wurde etwa deutlich davor gewarnt, jegliche »undeutsche, dem gesunden Volksempfinden widersprechende Rechtsauffassungen« vorzutragen.

So unterstand der Anwalt einer dreifachen Zensur: der des Gerichts, der Partei und der Standesorganisation. Die Folge: Eine Verteidigung war für Beschuldigte und Angeklagte letztlich nutzlos. Sie diente allein der Aufrechterhaltung einer Farce, einer leeren Form. Wie sehr die Verteidiger gegängelt wurden, ist aus den Vorschriften eines Merkblatts ersichtlich, das ihnen gemäß einer Anordnung des Volksgerichtshofspräsidenten bei ihrer Bestallung zum Pflichtverteidiger beziehungsweise ihrer Zulassung als Wahlverteidiger ausgehändigt wurde und dessen Empfang sie bestätigen mußten. Bereits im Oktober 1936 waren erstmals Merkblätter für Hochverratssachen und Landesverratsverfahren erschienen. Beide Merkblätter enthielten klare Anweisungen für die Verteidiger.

Eine weitere Erschwerung der Verteidigung bedeutete eine Weisung des Reichsjustizministers vom 24. Juni 1939, nach der geheimzuhaltende Teile der Anklageschrift in den zugestellten Anwaltsausfertigungen der Anklageschrift nicht aufgenommen werden durften. Der Verteidiger erfuhr also vor der Hauptverhandlung von derartigen Ausführungen erst durch die Akteneinsicht und konnte sich daher nicht vorbereiten. Nach der Verhandlung mußte der Anwalt die Anklageschrift in jedem Fall zurückgeben. Der Angeklagte selbst bekam die Anklageschrift überhaupt nicht zugestellt, auch dann nicht, wenn sie keine geheimzuhaltenden Ausführungen enthielt. Befand sich der Angeklagte auf freiem Fuß, so wurde er nur davon benachrichtigt, daß die Anklageschrift seinem Verteidiger zugestellt sei; lagen die Wohnsitze des Angeklagten und des Verteidigers weit auseinander, so war die Anklageschrift einem ersuchten Richter mit dem Auftrag zu übersenden, sie dem Angeklagten zur Kenntnis zu bringen. War der Angeklagte bereits in Haft, was in der Mehrzahl der Verfahren der Fall war, so hatte die Haftanstalt dem Angeklagten die Anklageschrift in Gegenwart eines Beamten zur Einsichtnahme vorzulegen und sodann zu verwahren; auch in diesen Fällen durften geheimzuhaltende Teile der Anklageschrift nicht bekanntgegeben werden. Für ausländische Angeklagte wurde der wesentliche Inhalt der Anklageschrift durch einen Justizbeamten übersetzt. Während des Krieges wurde infolge der Häufung und raschen Aufeinanderfolge der Verfahren die Verteidigung schließlich auch dadurch behindert, daß zwischen der Bekanntgabe der Anklageschrift an den Beschuldigten und den Verteidiger und dem Termin der Hauptverhandlung nur eine kurze Frist lag. Nicht selten erfuhr der Angeklagte von den gegen ihn erhobenen Anschuldigungen erst am Vorabend des Verhandlungstermins. Zudem erhielt der Verteidiger häufig nur spät Sprecherlaubnis, wie auch die Akteneinsicht durch den Verteidiger erst bei Einreichung der Anklageschrift ermöglicht wurde, so daß eine Vorbereitung der Verteidigung wegen der meist kurzen Zeitspanne zwischen Anklageerhebung und Hauptverhandlung fast unmöglich war. Die Bestallung eines Pflichtverteidigers erfolgte in der Regel erst nach Eingang der Anklage bei Gericht; der Beschuldigte war also in dem bedeutsamen Abschnitt des Ermittlungsverfahrens ohne Verteidiger.

Wie sehr im übrigen auch die Parteistellen eine ihnen genehme Haltung der Verteidiger anstrebten, ergibt sich aus einem Schreiben der NSDAP-Reichsleitung vom 15. Oktober 1942 an Thierack, worin ausgeführt wurde, daß während der Tagung des Volksgerichtshofs vom 21. September bis 2. Oktober 1942 in Wien erstmals einige in jeder Hinsicht vorbildliche Plädoyers zweier Verteidiger gehalten worden seien. Um diese Art der Verteidigung nutzbar zu machen, werde für die folgende Tagung des Volksgerichtshofs in Wien als »Ausrichtungsmaßnahme« vorgeschlagen, in einer größeren Sache die beiden besten und einen der schlechtesten Anwälte gemeinsam als Pflichtverteidiger zu bestallen, zu dieser Verhandlung schließlich alle abkömmlichen Anwälte als Zuhörer zu beordern und im Anschluß hieran eine gemeinsame »fachlich-kritische Aussprache« durchzuführen. Goebbels halte »diese praktische Form der Ausrichtung« für »die eindringlichste und nachhaltigste«.

Anschauungsunterricht also, wie ein deutscher Anwalt ein deutsches Plädoyer vorzubringen habe, dort, wo deutsches Recht gesprochen und deutsche Urteile gefällt wurden: im Gerichtssaal. Doch solche Vorschläge lehnte das Reichsjustizministerium ab, ebenso die Bitte Goebbels', politisch bedeutsame Urteile des Volksgerichtshofs deutschen Juristen zur Weiterbildung zugänglich zu machen. Dagegen wurden einzelne Urteile an die Justizbehörden, später an die Parteikanzlei der NSDAP versandt.

Nicht für deutsche Juristen, sondern für das deutsche Volk sollten an Deutschlands Litfaßsäulen indes bald jene blutroten Plakate hängen, auf denen der Volksgerichtshof die Todesurteile gegen »Verräter und Volksschädlinge« als Beweis dafür öffentlich bekanntgab, daß jede volks- und staatsfeindliche

Bestrebung rigoros verfolgt und gnadenlos bestraft wurde, aber auch als unübersehbare Mahnung für alle jene, die einen Verrat an der »deutschen Sache« planten.

Ob in den Köpfen der Juristen oder im Bewußtsein des Volkes: Der Volksgerichtshof hatte sich in den zurückliegenden Jahren zu jenem Tribunal entwickelt, wie es die Nationalsozialisten bei dessen Gründung beabsichtigt hatten.

Ende 1941 bestand der Volksgerichtshof aus sechs Senaten. Dem Ersten Senat saß VGH-Präsident Thierack vor. In den Senaten gingen 78 Berufsrichter und 74 Berufsstaatsanwälte ihrer Aufgabe nach, deutsches Recht zu sprechen. Bis auf fünf Juristen waren alle Mitglieder der NSDAP. Sie alle waren nach dem 30. Januar 1933, in einem »Bergrutsch des Gesinnungswandels«, wie es Freisler bezeichnete, der Partei beigetreten. Von den 81 Laienrichtern gehörten 71 NSDAP-Organisationen, der Rest den drei Wehrmachtsteilen an. Ein durch und durch nationalsozialistisches Gericht also, das sich nur einem verpflichtet fühlte: dem Führer, der Partei, der »deutschen Sache«.

Auf den Volksgerichtshof als Garant strengster Verfolgung und Liquidierung jeder Form von Opposition konnten sich die nationalsozialistischen Machthaber also verlassen. Dazu trug auch die enge Kooperation mit der Geheimen Staatspolizei bei. Beinahe alle am Volksgerichtshof anhängigen Verratsverfahren wurden von der Gestapo bearbeitet. Dieser enorme Einfluß – von einigen VGH-Richtern kritisiert – war stellenweise so beherrschend, daß Reichsanwaltschaft und Volksgerichtshof beinahe als verlängerter Arm der Geheimen Staatspolizei erschienen. Festgenommene wurden während der häufig viele Monate dauernden Polizeihaft den ärgsten Mißhandlungen und Drangsalierungen ausgesetzt, später wurden sie sogar regelrecht gefoltert, besonders während der letzten Kriegsjahre. Den Richtern des Volksgerichtshofs blieben diese Mißstände nicht verborgen, doch gingen sie ihnen in der Regel auch dann nicht nach, wenn ein Angeklagter sein Geständnis mit der Begründung widerrief, er sei durch die gewalttätigen Vernehmungsmethoden der Gestapo dazu gezwungen worden.

Die Allmacht der Gestapo zeigte sich auch darin, daß aus der Untersuchungshaft entlassene Beschuldigte, freigesprochene

Angeklagte oder Strafgefangene, die nach Ablauf ihrer Strafzeit oder infolge Begnadigung auf freien Fuß gesetzt wurden, ohne Rücksicht auf die Entscheidungen der Gerichte oder die Anordnungen der Vollzugs- und Gnadenorgane von der Gestapo wieder in Schutzhaft genommen und in ein Konzentrationslager verschleppt wurden.

Auf einer Konferenz, die am 11. November 1936 in Berlin zum Thema »Justiz und Gestapo« stattfand, hatte Freisler, damals Staatssekretär, ganz ungewohnt Verständnis für das Gestapo-Vorgehen gezeigt, jedoch dafür gesetzliche Grundlagen gefordert. Es war ein Kampf um Zuständigkeiten und Kompetenzen, ein Machtkampf zwischen Justiz und Gestapo. In Berlin versuchte man das Terrain abzustecken, sich zu arrangieren. Die Tagung endete schließlich mit einer Erklärung von beiden Seiten, daß eine engere Zusammenarbeit notwendig sei, um »verräterischen Umtrieben« wirkungsvoll begegnen zu können. Kurze Zeit später ordnete der Reichsführer-SS Heinrich Himmler an, alle Akten, die sich mit verräterischen Aktionen befaßten, regelmäßig zwischen Gestapo und VGH-Behörden auszutauschen. Danach wurde auch verfahren.

Auch wenn sich Unmut – nicht nur unter VGH-Juristen – wegen des wachsenden Einflusses der Gestapo breitmachte, die Rechtspraxis sah anders aus: Aufgrund eines Erlasses Heydrichs als Chef der Sicherheitspolizei vom 3. September 1939 über »Grundsätze der inneren Staatssicherheit während des Krieges« errichtete die Gestapo eine eigene Strafjustiz, die nun Deliktsfälle jeglicher Art in eigener Zuständigkeit erledigte und eine ordentliche Gerichtsbarkeit also ausschloß. Trotz Unmuts und gelegentlicher Proteste: Die Justiz mußte mit ansehen, wie immer mehr Teilbereiche ihrer eigentlichen Zuständigkeiten verlorengingen. Und selbst dort, wo sie ihre Funktion behalten hatte, mußte sie jederzeit damit rechnen, daß Hitler selbst eingriff und beispielsweise ihm mißfallende Urteile änderte.

Andererseits förderte der Volksgerichtshof das Einschreiten der Geheimen Staatspolizei auf dem Bereich der Justiz dadurch, daß er für die Abgabe unbedeutender Fälle an die Geheime Staatspolizei eintrat. So wandte sich Thierack in seiner Eigenschaft als Präsident des Volksgerichtshofs mit einem

Schreiben vom 14. August 1940 an den Reichsjustizminister und führte aus, es sei falsch, jedem kleinen Mitläufer die »Ehre eines Verfahrens vor dem Volksgerichtshof zuzugestehen«; richtiger sei vielmehr, wenn diese Beschuldigten durch zeitweilige Verbringung in ein Konzentrationslager »zur Vernunft gebracht« würden, was zweckmäßiger sei, als den langwierigen, teuren und schwerfälligen Weg eines Gerichtsverfahrens zu wählen.

Keine Frage: Trotz erheblichen Mißbehagens unterwarfen sich die deutschen Justizvertreter, insbesondere die Richterschaft, den nationalsozialistischen Vorgaben – zumindest regte sich nirgendwo nachhaltige Kritik.

Es gab nur wenige prominente Stimmen des Protests. Eine davon war Hans Frank. Er, der einst als Präsident der »Akademie für Deutsches Recht« vorstand und selbst Nationalsozialist aus tiefster Überzeugung, er, der gerade vom Amt des Leiters des Reichsrechtsamtes der NSDAP entbunden worden war, er, der als Generalgouverneur von Polen eine erbarmungslose, tyrannische Herrschaft ausübte, beklagte die zunehmende Rechtsunsicherheit innerhalb der deutschen Reichsgrenzen, die seiner Meinung nach auf eine Dominanz der Staatssicherheit und die Einmischung der Polizei zurückzuführen sei. Immer wieder forderte er eine »unabhängige Justiz« und betonte deren Bedeutung. Was er darunter verstand, versuchte er in einer Rede im Juli 1942 mit markigen Parolen zu verdeutlichen:

»Kein Reich ohne Recht – auch das unsere nicht! Kein Recht ohne Richter – auch das deutsche nicht! Kein Richter ohne echte Macht nach oben – auch der deutsche nicht! Für mich, der ich seit jeher innerhalb der Bewegung den Rechtsgedanken jedermann gegenüber vertreten habe, ist es wahrlich keine Freude, erleben zu müssen, daß da und dort immer wieder Stimmen laut werden, die da sagen: man braucht für den autoritären Staat, in dem wir leben, keine Richter oder keine unabhängige Rechtsprechung. Ich werde mit dem ganzen Fleiß meiner Ideen immer wieder bezeugen, daß es schlimm wäre, wollte man etwa polizeistaatliche Ideale als ausgeprägt nationalsozialistische hinstellen, hingegen aber altgermanische Rechtsanschauungen völlig zurücktreten lassen.«

Das »alte germanische Recht« und die damit verknüpften Grundsätze müßten - so Frank - wieder befolgt werden. In seinem Tagebuch notierte er zur gleichen Zeit:

»Niemals wurden mir bei der Verkündung dieser Grundsätze, die ich in feierlicher Weise und in größtem Ausmaß vor 25 000 Menschen auf dem letzten Leipziger Tag des Deutschen Rechts 1939 verkündete, Schwierigkeiten gemacht. Erst mit dem Aufstieg des Apparates der Geheimen Staatspolizei und dem zunehmenden Einfluß der autoritären polizeilichen Führungsgesichtspunkte wurde diese meine Anschauung in zunehmenden Gegensatz zu einer immer stärker werdenden Repräsentanz konträrer Art gebracht. Als ich nun in den letzten Jahren insbesondere auch in stets zunehmendem Maße die persönliche Verärgerung des Führers über die Juristen in vielfachen Zeugnissen zur Kenntnis nehmen mußte, als die Eingriffe des Staates in die Justiz immer stärker wurden und das Verhältnis zwischen Polizei- und Justizorganen sich zu einer fast völligen Beherrschung der Justiz durch die Polizeiorgane entwickelte, wurde mir klar, daß es mir persönlich immer schwieriger werden würde, meine von mir als heilig empfundene Idee so wie früher zu verkünden. Es traten da und dort auch für mich Hemmnisse aller Art auf, und immer deutlicher mußte ich die Ungunst der Machtgewaltigen dieser Zeit meinen Überlegungen gegenüber spüren.

Dabei wurde die Position, in der ich mich befand, um so schwieriger, als im Bereich der Justiz die Schwäche gegenüber mit bombastisch demonstrativer Stärke vorgetragenen antijuristischen Argumenten immer spürbarer wurde. Es wagte schon bald kein Richter mehr, ohne Aufblick zu irgendeiner autoritären Position sein Urteil zu fällen, was selbstverständlich wiederum zur Folge hatte, daß eine grauenvolle Verzweiflung über die Rechtsentwicklung in Deutschland Platz griff. Das Organ der SS, das ›Schwarze Korps‹, befleißigte sich unter offensichtlich höchster Duldung eines stets aggressiver und verletzender werdenden Tones gegen alle Rechtseinrichtungen und Rechtswahrer...«

Frank sah seine Vorstellungen eines nationalsozialistischen Rechts in Gefahr und damit den Bestand des Staates überhaupt. In seinem Tagebuch kritisierte er die anti-juristischen Anschauungen und nahm dabei – freilich eher versteckt – auch Hitler von seiner Kritik nicht aus:

»*In fortschreitendem Maß hat sich leider in den Reihen auch der nationalsozialistischen Staatsführung der Gesichtspunkt vorherrschend gezeigt, daß die Autorität desto gesicherter sei, je unbedingter die Rechtsunsicherheit auf seiten der machtunterworfenen Staatsbürger sich darstelle. Die Ausweitung des willkürlichster Anwendung ausgelieferten Vollmachtsbereiches der polizeilichen Exekutivorgane hat zur Zeit ein solches Maß erreicht, daß man von einer völligen Rechtlosmachung des einzelnen Volksgenossen sprechen kann. Freilich wird dieser Umstand begründet mit der Notwendigkeit des Krieges oder mit der Notwendigkeit der völligen Zusammenballung aller nationalen Energien auf ein Ziel und vor allem der völligen Unterbindung jeder Möglichkeit oppositioneller Störungen im Ablauf des völkischen Freiheitsprogramms. Demgegenüber vertrete ich die Meinung, daß der deutsche Charakter in sich ein so eminent starkes Rechtsempfinden trägt, daß bei Befriedigung dieses Rechtsempfindens die Gemeinschaftsfreude sowohl wie die Einsatzfreudigkeit unseres Volkes unendlich wirkungsvoller aufflammen würden und durchgehalten werden könnten, als das in Anwendung starrer Gewaltsätze jemals der Fall ist...*«

Die Diskrepanz zwischen Frank und der NS-Führung war offensichtlich. Die Folge: Frank wurde von Hitler aufgefordert, alle seine juristischen Ämter niederzulegen. Zugleich wurde er mit einem absoluten Redeverbot belegt, ausgenommen waren lediglich seine Äußerungen als Generalgouverneur von Polen. In sein Tagebuch schrieb er:

Als nunmehr zu Beginn der vorigen Woche vom Führer der bisherige Präsident des Volksgerichtshofs Thierack, mit dem ich und die ganze Rechtswelt in schwerstem Konflikt standen – weil er es war, der als Volksgerichtshofpräsident zum ersten Mal Vertreter der Polizei in dem Strafverfahren in Prag als Staatsanwälte zugelassen hatte, unter Ausschaltung des eigenen Oberreichsanwalts des Volksgerichtshofs, und der nicht nur dadurch, sondern auch durch sein sonstiges Verhalten seine völlige Übereinstimmung mit dem neuen Kurs wiederholt praktisch zum Ausdruck gebracht hat –, zum Reichsjustizminister ernannt wurde, wurde er zugleich zum Reichsführer des Nationalsozialistischen Rechtswahrerbundes und zum Präsidenten der von mir gegründeten Akademie für Deutsches Recht berufen... Damit betonte der Führer nach außen hin – zusammen mit dem Erlaß, den er an den neuen Reichsjustizminister Thierack richtete und mit dem er ihn ermächtigte, beim Aufbau einer nationalsozialistischen Rechtspflege vom geschriebenen Recht abzuweichen – seine Entschlossenheit, nunmehr mit den von mir propagierten Gesichtspunkten in jeder Weise Schluß zu machen. Da für mich diese Entwicklung nicht überraschend kam, konnte sie mich auch nicht treffen. Ich sehe hierin nicht eine Krisis des Rechts, sondern eine Krisis des Staates, und ich flehe in meinem Inneren zu Gott, daß er die unausbleiblichen Folgen so gering wie möglich einmal möge ausschlagen lassen...«

Im Oktober 1942 reagierte SS-Gruppenführer Otto Ohlendorf vom Reichssicherheitshauptamt auf die Vorwürfe Franks und dessen Sympathisanten. In einer öffentlichen Stellungnahme wandte er sich scharf gegen Franks Angriffe und wies darauf hin, daß der nationalsozialistische Richter an die nationalsozialistische Ideologie gebunden sei und erst in zweiter Linie an das Gesetz. Er unterstrich die Bedrohung Deutschlands und die damit verbundenen Maßnahmen, die dazu zwängen, »den Blick vom einzelnen ab und zur Gemeinschaft hin« zu lenken. Rechtssicherheit, so Ohlendorf, bedeute nicht die Sicherheit des Individuums, sondern der Gemeinschaft. Allein von diesem Standpunkt seien alle politischen Aktionen zu bewerten.

Bei allen Differenzen zwischen Justiz, Gestapo und Polizei: Deutschland befände sich im Krieg – und der Krieg habe nun einmal eigene Gesetze. Vor diesem Hintergrund plädierte Ohlendorf ausdrücklich für eine politisch und ideologisch einheitliche Richterschaft. Sein Fazit: Ein Richter, der sich in Ausübung seiner Pflichten nachlässig zeigte, sollte zukünftig ohne große Umstände entlassen werden. Das »exklusive Band« zwischen Richter und Gesetz existiere nicht mehr. An allererster Stelle stehe die Bindung des Richters an die nationalsozialistische Ideologie. Solange die Richter diese Ideologie als ihr Prinzip betrachteten und ihre Prozesse danach orientierten, seien sie völlig freie, unabhängige Vertreter des Gesetzes.

Ohlendorfs Ansichten lagen ganz im Sinne der NS-Führung und Hitlers, der immer deutlicher die Justiz kritisierte und auf Veränderungen drang, die allesamt nur ein Ziel hatten: den letzten Rest von Unabhängigkeit auszuschalten.

Die totalitären Maximen des NS-Staates duldeten keinerlei andere Machtquellen. Insofern traf die Institution Justiz nun das, was Hitler immer wieder gefordert und die Mehrheit der Richterschaft selbst propagiert hatte: die totale Symbiose von Justiz und Staat.

An der Spitze: der Führer. Diesmal in der Rolle als oberster Richter – und die Juristen folgten ihm. Auch diesmal. Daß Hitler keine allzu hohe Meinung von ihnen hatte und daraus nie einen Hehl gemacht hatte, vergaßen sie gern. Immer wieder hatte er sich in der Vergangenheit in seinen Tischgesprächen zweifelnd über die Justiz im allgemeinen geäußert, nicht selten hatte er sich über Urteile maßlos erregt. Er werde dafür sorgen, daß die Justizverwaltung bis auf zehn Prozent »wirklicher Auslese« reduziert würde, hatte er Ende März 1942 in kleiner Runde geschimpft und einmal mehr gesagt, was er von Juristen halte. Jeder von ihnen, so Hitler, sei »entweder von Natur defekt« oder aber er werde es mit der Zeit. Anlaß zu diesem Zornesausbruch bot ein Urteil, das vom Oldenburger Landgericht gefällt worden war: Ein Bauarbeiter hatte seine Ehefrau jahrelang mißhandelt, bis sie depressiv geworden und an den Folgen der Mißhandlungen in einer Irrenanstalt gestorben war. Das Gericht verurteilte den Mann am 19. März 1942 zu fünf Jahren Zuchthaus. Hitler erfuhr davon und war außer sich über die milde Strafe. Nicht zum erstenmal rief er seinen Staatssekretär Schlegelberger an und forderte sofort eine höhere Bestrafung. Als Schlegelberger gestand, den Fall nicht zu kennen, schrie Hitler, das sei typisch für die gesamte Justiz. Hunderttausende riskierten an der Front ihr Leben, zu Hause aber werde ein Mörder fünf Jahre auf Staatskosten untergebracht. Er drohte schließlich, die gesamte Strafjustiz dem Reichsführer SS zu übertragen.

Kein Einzelfall. Gefühlsausbrüche wegen seiner Meinung nach skandalöser Urteilssprüche sorgten in Hitlers näherer Umgebung immer wieder für unerwartete Hektik und Betriebsamkeit. Als Hitler am 26. April 1942 seine Reichstagsrede hielt – seine letzte, auf der letzten Sitzung des Reichstags –, kam darin auch seine gesamte Abneigung gegenüber der Justiz zum Ausdruck. Jetzt schien es ihm an der Zeit, auch öffentlich klare Worte zum Thema Recht und Justiz zu sagen und Forderungen zu stellen:

»Ich erwarte allerdings eines: daß mir die Nation das Recht gibt, überall dort, wo nicht bedingungslos im Dienste der größeren Aufgabe, bei der es um Sein oder Nichtsein geht, gehorcht und gehandelt wird, sofort einzugreifen und dementsprechend selbst handeln zu dürfen. Front und Heimat, Transportwesen, Verwaltung und Justiz haben nur einem einzigen Gedanken zu gehorchen, nämlich dem der Erringung des Sieges. Es kann in dieser Zeit keiner auf seine wohlerworbenen Rechte pochen, sondern jeder muß wissen, daß es heute nur Pflichten gibt. Ich bitte deshalb den Deutschen Reichstag um die ausdrückliche Bestätigung, daß ich das gesetzliche Recht besitze, jeden zur Erfüllung seiner Pflichten anzuhalten, beziehungsweise denjenigen, der seine Pflichten nach meiner gewissenhaften Einsicht nicht erfüllt, entweder zur gemeinsamen Kassation zu verurteilen oder ihn aus Amt und Stellung zu entfernen ohne Rücksicht, wer es auch sei oder welche erworbenen Rechte er besitze...

Ebenso erwarte ich, daß die deutsche Justiz versteht, daß nicht die Nation ihretwegen, sondern daß sie der Nation wegen da ist, das heißt, daß nicht die Welt zugrunde gehen darf, in der auch Deutschland eingeschlossen ist, damit ein formales Recht lebt, sondern daß Deutschland leben muß, ganz gleich, wie immer auch formale Auffassungen der Justiz dem widersprechen mögen... Ich werde von jetzt ab in diesen Fällen eingreifen und Richter, die ersichtlich das Gebot der Stunde nicht erkennen, ihres Amtes entheben...«

Die Abgeordneten erhoben sich von ihren Plätzen, um ihrer Zustimmung Ausdruck zu geben. Damit waren die vom Führer in seiner Rede in Anspruch genommenen Rechte vom Reichstag bestätigt. Hitlers Angriff auf die Justiz war erfolgreich verlaufen. Auch der letzte Rest von Unabhängigkeit der Justiz existierte nicht mehr. Zwar hatte Hitlers Rede für heftige Aufgeregtheit und große Unsicherheit unter der Juristenzunft gesorgt, aber es gab im gesamten Reich nicht einen einzigen Richter oder Staatsanwalt, der wegen Hitlers Attacken zurückgetreten wäre.

Was Goebbels – ebenfalls kein Freund der Justiz – wenige Tage nach der Führerrede, am 13. Mai 1942, in sein Tagebuch notierte, nämlich daß dem gedemütigten Juristenstand doch bei nächster Gelegenheit eine »kleine Ermunterungspille« zu verabreichen sei, war gar nicht notwendig. Die Juristen folgten dem Führer ohnehin. Manche verunsichert, gedemütigt und deprimiert – doch auch sie gehorchten ihrem »obersten Richter« ohne Protest.

Am 22. Juli 1942 sprach Goebbels vor dem Volksgerichtshof. Von Hitlers harter Kritik waren – beinahe auffallend – der Volksgerichtshof und seine Richter ausgenommen worden. Dies holte Goebbels nun nach. Gleich zu Beginn seiner Rede betonte er, seinen Ausführungen komme deswegen besonderes staatspolitisches Gewicht zu, weil Hitler sein Manuskript gebilligt habe. Er tadelte die Einstellung vieler Richter, die noch an »alten Denkgewohnheiten« festhielten, und kritisierte auch einzelne Urteile des Volksgerichtshofs. Richter, die solche Urteile sprächen, seien abzusetzen; selbst Generäle seien absetzbar. Der Richter müsse bei seinen Entscheidungen weniger vom Gesetz ausgehen als von dem Grundgedanken, daß der Rechtsbrecher aus der Volksgemeinschaft ausgesondert werde. Im Krieg gehe es nicht so sehr darum, ob ein Urteil gerecht oder ungerecht sei, sondern nur um die Zweckmäßigkeit der Entscheidung. Der Staat müsse sich auf die wirksamste Weise seiner inneren Feinde erwehren und sie endgültig ausmerzen. Der Begriff der Überzeugungstäterschaft müsse heute völlig ausscheiden. Der Zweck der Rechtspflege sei nicht in erster Linie Vergeltung oder gar Besserung, sondern Erhaltung des Staates. Es sei nicht vom Gesetz auszugehen, sondern von dem Entschluß, der Mann müsse weg. Dieses harte Zufassen sei Aufgabe der Justiz, die sich durch gewisse Maßnahmen lächerlich mache und auch bei der Behandlung der Juden ihre politische Aufgabe erkennen müsse; bei diesen sei jegliche gefühlsmäßige Einstellung fehl am Platze. Abschließend wiederholte Goebbels nochmals, daß der Staat alle Mittel aufbieten müsse, um sich seiner äußeren und inneren Feinde zu erwehren, und daß deshalb auch für die Justiz der Gedanke der Zweckmäßigkeit an die erste Stelle treten müsse.

Es war zu erwarten, daß Thierack als Präsident des Volksgerichtshofs Goebbels für seine grundlegenden Ausführungen seinen besonderen Dank aussprach und ihn bat, seine richtungweisenden und Ansporn gebenden Ausführungen in der Zukunft zu wiederholen. Thierack selbst sollte später – mittlerweile zum Justizminister aufgestiegen – diese neue deutsche Rechtspflege in den von ihm initiierten *Richterbriefen* mit allem Nachdruck propagieren.

Seine *Richterbriefe* waren dazu bestimmt, die Entscheidungsfindung der Richter im gewünschten politischen Sinn zu lenken. Der erste *Richterbrief* vom 1. Oktober 1942 erschien mit dem Aufruf:

»Deutsche Richter!
Nach alter germanischer Rechtsauffassung war immer der Führer des Volkes sein oberster Richter. Wenn also der Führer einen anderen mit dem Amt eines Richters belehnt, so bedeutet das, daß dieser nicht nur seine richterliche Gewalt vom Führer ableitet und ihm verantwortlich ist, sondern auch, daß Führertum und Richtertum wesensverwandt sind.

Der Richter ist demnach auch Träger der völkischen Selbsterhaltung. Er ist der Schützer der Werte eines Volkes und der Vernichter der Unwerte. Er ist der Ordner von Lebensvorgängen, die Krankheiten im Leben des Volkskörpers sind. Ein starkes Richtertum ist für die Erhaltung einer wahren Volksgemeinschaft unerläßlich.

Mit dieser Aufgabe ist der Richter der unmittelbare Gehilfe der Staatsführung. Diese Stellung hebt ihn heraus, sie läßt aber auch die Begrenzung seiner Aufgaben erkennen, die nicht, wie eine liberalistische Doktrin glaubte, in der Kontrolle der Staatsführung liegen kann. Denn wenn ein Staat nicht eine Organisation besitzt,

die dem Besten die Führung gibt, so kann die Rechtspflege durch ihre Tätigkeit diese Auslese nicht ersetzen...
 Ein solches Richterkorps wird sich nicht sklavisch der Krücken des Gesetzes bedienen. Es wird nicht ängstlich nach Deckung durch das Gesetz suchen, sondern verantwortungsfreudig im Rahmen des Gesetzes die Entscheidung finden, die für die Volksgemeinschaft die beste Ordnung des Lebensvorgangs ist.
 So stellt zum Beispiel der Krieg völlig andere Anforderungen an den Richter als eine ruhige Friedenszeit. Diesen Veränderungen muß sich der Richter anpassen. Dies kann er nur, wenn er die Absichten und Ziele der Staatsführung kennt. Der Richter muß daher stets in enger Verbindung zur Staatsführung stehen. Nur dadurch wird gewährleistet, daß er seine hohe Aufgabe für die Volksgemeinschaft erfüllt und daß nicht die Rechtspflege sich – losgelöst von ihren wahren Aufgaben in der Lebensordnung des Volkes – als Selbstzweck betrachtet. Daraus ergibt sich Sinn und Notwendigkeit einer Führung der Rechtspflege...«

Goebbels und Hitler konnten zufrieden sein. Thierack, der sich als Volksgerichtshofspräsident so bewährt hatte, wurde nicht nur zum Justizminister, sondern auch noch zum Präsidenten der »Akademie des Deutschen Rechts« und zum »Leiter des NS-Rechtswahrerbundes« ernannt.

Thierack war nicht allein dem Führer, sondern auch dem Leiter der Parteikanzlei, Martin Bormann, untergeordnet. Dafür hatte Hitler mit einem »Erlaß über besondere Vollmachten der Justiz« gesorgt. Darin hieß es:

»Zur Erfüllung der Aufgaben des Großdeutschen Reiches ist eine starke Rechtspflege erforderlich. Ich beauftrage und bevollmächtige daher den Reichsminister der Justiz, nach meinen Richtlinien und Weisungen im Einvernehmen mit dem Reichsminister und Chef der Reichskanzlei und dem Leiter der Partei-Kanzlei eine nationalsozialistische Rechtspflege aufzubauen und dafür alle erforderlichen Maßnahmen zu treffen. Er kann hierbei vom bestehenden Recht abweichen.«

Mit der Ernennung Thieracks zum Reichsjustizminister gab es weitere personelle Umbesetzungen innerhalb des Justizmini-

Der Führer hat mich nicht nur in das Amt des Reichsministers der Justiz berufen, sondern hat mir die Aufgabe gestellt, eine

starke, nationalsozialistische Rechtspflege

aufzubauen. Dies werde ich fortan mit aller Kraft vorantreiben und dieses Ziel nie aus den Augen lassen. Ich bedarf hierzu der Mitarbeit aller mir unterstellten Menschen und Einrichtungen. Diese werden alle herangezogen werden, damit die Rechtspflege, die der Führer für sein Volk mir als Ziel gesetzt hat, lebendig wird. Der Krieg läßt nicht alles sofort durchführen, aber das Kriegswichtige muß sofort durchgeführt werden, und am Tage des Sieges muß diese deutsche Rechtspflege stehen, bereit, ihre für die Zukunft des Reiches so wichtige Aufgabe zu erfüllen.

Vor allem aber wende ich mich an die Richter, die in Zukunft als tragende Säule mitten im Gebäude der deutschen Rechtspflege stehen werden. Rechtsprechen bedeutet keine Übung eines geschulten Verstandes, sondern das Ordnen von Lebensvorgängen im Volke. Ich will keine Richter sehen, deren Kunst sich darin erschöpft, das gesetzte Recht auf den ihnen unterbreiteten Sachverhalt mehr oder weniger scharfsinnig auszulegen. Das mögen Rechtsgelehrte tun, von denen das Volk kein Urteil verlangt.

Der Richter ist der beste und kann allein Anerkennung verdienen, dessen Urteile das vom Volke getragene Rechtsgefühl verkörpern. Das gesetzte Recht soll dem Richter hierbei helfen, nicht aber soll es den Richter so beherrschen, daß er darüber die Verbindung zu dem Rechtsgefühl seines Volkes verliert. Das Recht ist Leben, nicht die starre Form eines Rechtsgedankens. Rechtsgestaltung ist lebenswahre Anwendung des Rechtsgedankens, nicht die Auslegung toter Buchstaben. Ihnen zuliebe darf das wirkliche Leben nicht zurechtgebogen werden.

Jedem Richter ist es unbenommen, sich an mich zu wenden, falls er glaubt, durch das Gesetz gezwungen zu sein, ein lebensfremdes Urteil zu fällen. In einem solchen Notfall wird es meine Aufgabe sein, das Gesetz zur Verfügung zu stellen, das erforderlich ist.

Ich möchte im Urteil des Richters den deutschen Menschen erkennen, der mit seinem Volke lebt.

Berlin, den 24. August 1942

Thierack

Reichsminister der Justiz

Der Antrittserlaß des neuen Reichsjustizministers Thierack vom 24. August 1942 steriums: Der altgediente Staatssekretär Schlegelberger wurde mit 100 000 Reichsmark in den Ruhestand versetzt, seine Stelle nahm nun Dr. Curt Rothenberger ein.

Freisler war zunächst für das Amt des Präsidenten der »Akademie für Deutsches Recht« vorgesehen, doch Hitler wußte um Freislers Sympathie für Franks Ideen und entschied sich statt dessen, ihm Thieracks Nachfolge als Präsident des Volksgerichtshofs anzubieten.

In der letzten Periode des Volksgerichtshofs war mit Roland Freisler nun ein Mann an die Spitze gekommen, der wie kaum ein anderer in vielfältiger Weise und Funktion an der nationalsozialistischen Rechtsprechung mitgewirkt hatte: als Rechtsanwalt, Vortragsredner, Parteimitglied, Publizist und Staatssekretär. Stets in der ersten Reihe – oder sollte man sagen – in erster Linie der »Heimatfront«? Jetzt war er zum Präsidenten des Volksgerichtshofs ernannt worden. Dies war der Beginn seiner letzten Karrierestufe, gleichzeitig der gnadenlosesten Ära des Volksgerichtshofs.

Sechstes Kapitel
Der politische Soldat

Am 15. Oktober 1942 griff der neue Präsident zur Feder und schrieb an Hitler:

»*Mein Führer!*
Ihnen, mein Führer, bitte ich melden zu dürfen: das Amt, das Sie mir verliehen haben, habe ich angetreten und mich inzwischen eingearbeitet.
 Mein Dank für die Verantwortung, die Sie mir anvertraut haben, soll darin bestehen, daß ich treu und mit aller Kraft an der Sicherheit des Reiches und der inneren Geschlossenheit des deutschen Volkes durch eigenes Beispiel als Richter und als Führer der Männer des Volksgerichtshofs arbeite, stolz, Ihnen, mein Führer, dem obersten Gerichtsherren und Richter des deutschen Volkes, für die Rechtsprechung Ihres höchsten politischen Gerichtes verantwortlich zu sein.
 Der Volksgerichtshof wird sich stets bemühen, so zu urteilen, wie er glaubt, daß Sie, mein Führer, den Fall selbst beurteilen würden.
 Heil mein Führer! In Treue, Ihr politischer Soldat
 Roland Freisler.«

Beinahe ein Jahrzehnt hatte Freisler an exponierten Stellen innerhalb der Justiz gestanden, den Aufstieg und die Erfolge der Nationalsozialisten erlebt, die Nähe zur Macht genossen, Karriere gemacht. Daß es ihm nicht gelungen war, Reichsminister der Justiz zu werden, sah er insgeheim als persönliche Niederlage. Trotzdem – mit seiner Beförderung zum VGH-Präsidenten versuchte er sich rasch zu arrangieren. So, wie man es von ihm kannte: pflichtbewußt, voller Elan, beinahe fanatisch.

Kurz nach seiner Ernennung hatte Freisler um eine Audienz beim Führer nachgesucht, weil er diesem seinen Dienstantritt persönlich melden wollte. Doch Thierack, der vorgab, Freislers Ansuchen zu unterstützen, hatte nichts getan, dieses Zusammentreffen zu fördern. Er kannte Freislers Ehrgeiz. Wenn jemand unmittelbaren Kontakt zu Hitler haben sollte, dann ausschließlich er – der Reichsjustizminister.

Thierack und Freisler – sie respektierten sich, aber sie hegten keine sonderlich großen Sympathien füreinander. Freilich, ihr hoher Rang verlangte nach einem moderaten Umgang. Einen Tag nachdem er dem Führer geschrieben hatte, wandte sich Freisler auch an seinen Justizminister. Am 16. Oktober 1942 schrieb er an Thierack:

»In mein Amt habe ich mich inzwischen eingelebt. Die Arbeit des Volksgerichtshofs habe ich so eingeteilt, daß ich persönlich auch durch eigene richterliche Tätigkeit jede Art von Hoch- und Landesverrat sowohl von Deutschen als auch von Fremdvölkischen im Reich, selbst in ihrer Eigenart, ihrem Umfang und ihrer Gefährlichkeit, durch eigene, wie ich hoffe, für den Gerichtshof richtunggebende Richterarbeit zu erfassen und zu bekämpfen vermag...«

Daß seine »richtunggebende Richterarbeit« sich allein an politischen Gesichtspunkten und niemals an rein juristischen Erwägungen orientierte, dessen war er sich bewußt. Schon vor seiner Ernennung hatte er in einem Privatbrief den Reichswehrminister Gustav Noske aus dem Jahre 1919 zitiert: »Einer wird ja der Bluthund sein müssen.« Und Freisler war gewillt, diese Rolle zu übernehmen.

Schon Wochen zuvor – am 9. September 1942 – hatte Thierack seinem Nachfolger in einem Brief die Bedeutung des Volksgerichtshofs an konkreten Beispielen erläutert und ihm vertrauensvolle Hilfe zugesichert:

»Bei keinem anderen Gericht als beim Volksgerichtshof tritt so klar zutage, daß die Rechtsprechung dieses höchsten politischen Gerichtshofes mit der Staatsführung in Einklang stehen muß. Dabei wird es zum größten Teil bei Ihnen liegen, die Richter in die-

Beglaubigte Abschrift!

In Namen des Deutschen Volkes

ernenne ich

den Staatssekretär

Dr. Roland F r e i s l e r

zum Präsidenten des Volksgerichtshofs.

Ich vollziehe diese Urkunde in der Erwartung, daß
der Ernannte getreu seinem Diensteide seine Amtspflichten gewissenhaft erfüllt und das Vertrauen recht-
fertigt, das ihm durch diese Ernennung bewiesen wird.
Zugleich sichere ich ihm meinen besonderen Schutz zu.

Führer-Hauptquartier, den 20. August 1942

D e r   F ü h r e r

(Großes   gez. Adolf Hitler
Reichs-   ggz.Dr.Thierack
siegel)   ggz.Dr.Lammers

Die Übereinstimmung vorstehender Abschrift
mit der Urschrift wird hiermit beglaubigt.

Führer-Hauptquartier, den 20. August 1942
Der Reichsminister und Chef der Reichskanzlei

Abschrift der Ernennungsurkunde

Antrittsschreiben Roland Freislers an Hitler:
»In Treue Ihr politischer Soldat«

[handwritten letter, illegible]

ser Richtung zu führen. Sie müssen sich daher jede Anklage vorlegen lassen und erkennen, wo es notwendig ist, in vertrauensvoller und überzeugender Aussprache mit dem zum Urteil berufenen Richter das Staatsnotwendige zu betonen. Ich hebe hierbei auch nochmals hervor, daß das in einer Weise geschehen muß, die den Richter überzeugt und nicht befiehlt. Denn der Richter hat mit seiner eigenen Verantwortung das Urteil zu tragen. Natürlich darf diese Richterführung sich nur auf das Notwendige erstrecken. Überflüssige Einflußnahme bringt den Richter nur zum verantwortungslosen Richterspruch und wird von dem verantwortungsvollen Richter als schwer tragbare Belastung empfunden. Es muß dahin kommen, daß der Richter in Sachen, die es erfordern, von selbst zu Ihnen kommt, und daß Sie in Sachen, in denen dies überflüssig war, ihn dies auch fühlen lassen.

Im allgemeinen muß sich der Richter des Volksgerichtshofs daran gewöhnen, die Ideen und Absichten der Staatsführung als das Primäre zu sehen, das Menschenschicksal, das von ihm abhängt, als das Sekundäre. Denn die Angeklagten vor dem Volksgerichtshof sind nur kleine Erscheinungsformen eines hinter ihnen stehenden größeren Kreises, der gegen das Reich kämpft. Das gilt vor allem im Kriege...«

Und der Reichsjustizminister nannte auch gleich Beispiele:

»1) Wenn ein Jude, noch dazu ein führender Jude, wegen Landesverrats – und sei es auch nur wegen Beihilfe hierzu – angeklagt ist, steht hinter ihm der Haß und der Wille des Judentums, das deutsche Volk zu vernichten. In der Regel wird das also Hochverrat sein, der mit dem Tode zu ahnden ist.

2) Wenn im Sinne des Kommunismus nach dem 22. Juni 1941 von einem Deutschen im Reich gehetzt oder auch nur versucht wird, das Volk in kommunistischem Sinne zu beeinflussen, so ist das nicht nur Vorbereitung zum Hochverrat, sondern auch Feindbegünstigung – nämlich der Sowjetunion.

3) Wenn im böhmisch-mährischen Raum die Tschechen immer wieder unter dem Einfluß des Londoner Senders, sei es auch nur durch Hetze, gegen das Reich wühlen, so ist dies nicht nur Vorbereitung zum Hochverrat, sondern ebenfalls Feindbegünstigung...«

Am Ende seines Briefes sicherte Thierack dem lieben Parteigenossen Freisler seine Unterstützung zu:

»Sollte Ihnen einmal unklar sein, welche Linie Sie einzuhalten haben oder welche politischen Zweckmäßigkeiten notwendig sind, so wenden Sie sich vertrauensvoll an mich. Ich werde stets in der Lage sein, Ihnen erforderliche Aufklärung zu geben...

Über eine mögliche Orientierungslosigkeit seines Nachfolgers, das zeigte sich nach Freislers Amtsübernahme, mußte sich Thierack keinerlei Sorgen machen. Freisler ging mit voller Kraft an die ihm gestellten Aufgaben. Sein Motto »Recht ist, was dem Volke nutzt« wurde nun zum Hauptprinzip seiner Rechtsprechung. Es ging um Volk, Reich, Führer - um den deutschen Sieg. Wer immer sich dem entgegenstellte, den traf die Härte des Gesetzes. Und im Kampf für den Führer und den deutschen Sieg war kein Urteil zu hart. Davon war Freisler überzeugt.

Immer neue Rechtsbegriffe wie »Verdunkelungsverbrechen«, »Heimtücke«, »Wehrkraftzersetzung« schufen die Voraussetzungen dafür, wegen leichtsinniger, meist harmloser Bemerkungen nahezu jeden zum politischen Gegner erklären und ihn – im Namen des Volkes – liquidieren zu können.

Längst wurde es als Zeitverschwendung betrachtet, verurteilte »Wehrkraftzersetzer« und »Defätisten« in Gefängnisse zu schicken. Statt dessen sollten sie beispielsweise in der Rüstungsindustrie eingesetzt werden. Aus Gründen der Vereinfachung wurde zunehmend auf ein ordentliches Verfahren verzichtet. Vor allem dann, wenn es sich um »Untermenschen«, also beispielsweise Polen oder Juden handelte, die ohnehin als gesetzlos galten und keinerlei Anrecht auf ein ordnungsgemäßes Gerichtsverfahren hatten.

In Thieracks *NS-Richterbriefen* konnten deutsche Richter neue Richtlinien für Urteile regelmäßig nachlesen. Und die diensteifrigen NS-Juristen waren stets bemüht, die Vorgaben ihres Reichsjustizministers konsequent in die Praxis umzusetzen.

Am 29. Januar 1943 wurden dem Volksgerichtshof alle Fälle von Wehrkraftzersetzung übertragen. Zwar konnten die VGH-

Juristen nach eigenem Ermessen Fälle an ein untergeordnetes Gericht abgeben – beispielsweise an ein Oberlandesgericht –, doch die VGH-Richter ließen an ihrer Kompetenz keinerlei Zweifel. Allein in Berlin belief sich die Anzahl der verhandelten Fälle im Jahr 1943 auf 241. Die Richter verhängten – vor allem nach Stalingrad – meist die Todesstrafe. Zwischen Januar 1943 und Januar 1944 wurden insgesamt 124 Todesurteile wegen »Wehrkraftzersetzung« ausgesprochen und unmittelbar vollstreckt.

Die meisten der Hingerichteten waren als »Defätisten« zum Tode verurteilt worden. Sie hatten, unachtsam und leichtfertig, öffentlich ihre Skepsis und Kritik geäußert: am Führer, an der Reichswehr, an der Kriegsentwicklung.

In den Augen Freislers und seiner VGH-Richter galten sie als Marxisten und Kommunisten, als Agenten des Weltjudentums, in jedem Fall als Vaterlandslose, denen jegliches Gefühl für soldatische Tugenden abging. Zwar unterschied man, »ob die Äußerungen im engsten Kreise« oder aber »öffentlich« gemacht wurden, doch letztlich blieb diese theoretische Diskussion für die praktische Urteilsfindung des Volksgerichtshofs ohne Wirkung.

Am 8. September 1943 beispielsweise fällte der Volksgerichtshof gegen den Angeklagten Fritz Gröbe wegen »öffentlicher Wehrkraftzersetzung« ein Todesurteil. In der Begründung des Urteils, die insgesamt nicht mehr als eine einzige Schreibmaschinenseite umfaßte, wird das Urteil damit gerechtfertigt, daß der Angeklagte am 27. Juli 1943 gegenüber einem guten Bekannten geäußert hatte:

»... jetzt sei alles aus, unsere Regierung müsse abdanken, es komme so wie in Italien, das Morden müsse aufhören... Göring und Goebbels hätten ihr Geld schon ins Ausland geschafft...«

Und das Urteil führte zum Begriff der Öffentlichkeit aus:

»Er gibt alles zu, will aber nicht einsehen, damit etwas besonders Schlimmes getan zu haben, denn er habe doch nur zu einem guten Freunde gesprochen, so wie er auch zu Hause spreche!!!

Um so schlimmer, wenn in seinem Hause so gesprochen wird! Wenn er aber damit sagen will, er habe doch nicht öffentlich geredet, so ist das schon deshalb falsch, weil der Nationalsozialismus will, daß das ganze deutsche Volk sich mit Politik befaßt und weil deshalb alles, was politisch geredet wird, auch grundsätzlich als öffentlich gesagt angesehen werden muß. Man muß erwarten, daß ein Volksgenosse, der solche Reden hört, sie der zuständigen Stelle in Partei und Staat mitteilt, daß sie also auch weitergelangen. Auf Vertraulichkeit kann sich ein Verbrecher nicht berufen.«

Der »Verbrecher« Fritz Gröbe wurde für seine Äußerungen mit dem Tode bestraft. Sein Bekannter, der ihn denunziert hatte, mag über das Todesurteil erschrocken gewesen sein. Aber hatte er als Volksgenosse nicht nur seine Pflicht erfüllt?

Das Gröbe-Urteil erregte sogar bei Thierack Mißbilligung. Zwei Tage nach dem Urteilsspruch, am 11. September 1943, schrieb er an Freisler und monierte, daß die Auslegung, die der Erste Senat dem Begriff »Öffentlichkeit« gäbe, zu weit gehe. Denn:

»Wenn alles, was politisch geredet wird, grundsätzlich als öffentlich gesagt angesehen werden sollte, würde das bewußt aufgestellte Tatbestandsmerkmal der ›Öffentlichkeit‹ in §5 KSSVO keinen Sinn mehr haben. Ich würde es begrüßen, wenn der Senat künftig diese Auffassung nicht mehr vertreten würde...«

Freisler blieb gleichwohl anderer Auffassung. Am 28. September 1943 antwortete er dem »verehrten Herrn Reichsminister«:

»Sie halten die Auffassung meines Senats, wann ein politisches Gespräch geführt ist, für zu weitgehend. Ich habe daraufhin sehr ernsthafte Fälle, die der Volksgerichtshof zu entscheiden hatte, noch einmal durchgearbeitet.

Auch danach habe ich mich aber nicht überzeugen können, daß die Auffassung, die im Urteil gegen Gröbe niedergelegt ist, nicht mit unserer nationalsozialistischen Auffassung von der Struktur unseres Reiches übereinstimmt. Ich glaube vielmehr, daß sie sich aus ihr ganz natürlich ergibt. Sie trägt... auch dem Sicherheitsbedürfnis des Reiches Rechnung...

Ich bin davon überzeugt, daß alle solche Fälle auch als Feindbegünstigung betrachtet werden können und werde deshalb immer erst prüfen, ob die Bestrafung wegen Feindbegünstigung nicht die Sicherheit unseres Reiches ebenfalls durch ein gerechtes Urteil zu gewährleisten vermag...«

Von »gerechten Urteilen« konnte keine Rede sein. Die VGH-Juristen befanden sich – nicht selten auch im Gegensatz zur überwiegenden Meinung der juristischen Kommentatoren und offiziellen, von Ministerialräten des Reichsjustizministeriums erstellten Kommentaren – auf einer besonders harten, ja eigenständigen Linie. Das Terror-Tribunal schaffte sich immer häufiger eine eigene Auffassung der Rechtsprechung. Wortführer war vor allem Freisler selbst.

Ein weiteres Beispiel für die VGH-Alleingänge: Eine Abgrenzung zwischen »Hetzern« und »Schwätzern« sollte in der Urteilsfindung berücksichtigt werden. In einem Vermerk zur Kriegssonderstrafrechtsverordnung (KSSVO) hatte das Reichsjustizministerium betont, nicht »jedes politische Gelegenheitsgeschwätz« sei Wehrkraftzersetzung. Doch der Volksgerichtshof hatte mittlerweile jeden Realitätsbezug verloren, und so blieben seine Entscheidungen auch hier unerbittlich. Beinahe ausnahmslos wurde jede Meckerei als hetzerisch eingestuft. Auch die Feststellung der »inneren Tatseite« der Wehrkraftzersetzung bereitete den VGH-Richtern keinerlei Schwierigkeiten. Zwar hielten alle Kommentierungen zumindest das Vorliegen des bedingten Vorsatzes für erforderlich und verlangten, daß der Täter ein gewisses Bewußtsein seiner zersetzenden Äußerungen haben müßte, daß also seine Äußerungen geeignet seien, »den Wehrwillen des Volkes zu lähmen oder zu zersetzen« – doch in der Urteilspraxis des Volksgerichtshofs wurden solche Feststellungen negiert. Todesurteile gab es für die Behauptung, daß deutsche Jagdflugzeuge nicht die Flughöhen alliierter Bomber erreichen könnten; daß der Krieg nach Stalingrad verloren sei, der Führer zurücktreten müsse, um einen Friedensschluß mit den Alliierten zu ermöglichen.

Zahllose Urteile tragen die Unterschrift Freislers. Als Vorsitzender des Ersten Senats war er mit besonderem Eifer bemüht,

»richtunggebende Richterarbeit« zu leisten. Auffallend häufig in öffentlichkeitswirksamen Prozessen. Hier bot sich ihm die Bühne, die er so gern als Hitlers »politischer Soldat« betrat. Der Gerichtssaal als unüberwindliche Bastion an der Heimatfront.

Einer seiner großen Fälle: der Prozeß gegen die oppositionelle Jugendgruppe »Weiße Rose«, die sich an der Münchener Universität um den Professor Kurt Huber sowie die Geschwister Hans und Sophie Scholl gebildet hatte.

Am 18. Februar 1943 - dem Tag, an dem im 600 Kilometer entfernten Berlin Reichspropagandaminister Goebbels im Berliner Sportpalast das deutsche Volk zur Mobilisierung der letzten Reserven für den Krieg aufrief und die Menge fragte, ob sie den »totalen Krieg« wolle, die ihm wie aus einem Mund entgegenbrüllte »JA!« -, an diesem Tag waren Sophie und Hans Scholl auf dem Weg zur Universität. Sie trugen einen Koffer mit Flugblättern bei sich. Darin wurden die Verbrechen des Hitler-Regimes angeprangert, wurde deutlich gemacht, daß das deutsche Volk durch die Vernichtung der Juden bleibende Schuld auf sich geladen hatte, und die Frage nach der Apathie eines ganzen Volkes gestellt, das so etwas geschehen ließ. Schließlich wurde dazu aufgerufen, auf jede erdenkliche Weise passiven Widerstand zu leisten und Sabotage zu treiben, um dadurch den Nationalsozialismus zu Fall zu bringen.

Die Flugblätter legten sie in den Gängen in der Universität aus, so daß Hunderte von Studenten sie beim Verlassen der Vorlesungssäle lesen konnten. Vom 2. Stock des Gebäudes warf Sophie den Rest in den Lichthof hinunter. Doch der Hausmeister hatte sie dabei beobachtet, schloß die Tür und alarmierte die Gestapo. Hans und Sophie Scholl wurden festgenommen und ins Gefängnis gebracht. Dort begannen die Verhöre. Danach wurden weitere Mitglieder der »Weißen Rose« verhaftet, darunter ihre Freunde und Mitkämpfer Christoph Probst, Willi Graf, Alexander Schmorell sowie Professor Huber.

Am Nachmittag des 21. Februar 1943 bekamen die Beschuldigten die Anklageschrift vorgelegt. Nur einen Tag später begann in München der Prozeß. Den Angeklagten und ihrem Anwalt war keine Zeit gegeben worden, sich auf den Prozeß vorzubereiten. Im Münchener Justizpalast führte Freisler den

Vorsitz: Wegen Vorbereitung zum Hochverrat und der Feindbegünstigung mit der Absicht, Landesverrat und Wehrkraftzersetzung zu begehen, standen die jungen Studenten vor den Volksgerichtshofsrichtern.

»Der deutsche Name bleibt für immer geschändet«, so hatten sie im letzten Flugblatt geschrieben, *»wenn nicht die deutsche Jugend endlich aufsteht, rächt und sühnt zugleich, ihre Peiniger zerschmettert und ein neues geistiges Europa aufrichtet. Studentinnen! Studenten! Auf uns sieht das deutsche Volk! Von uns erwartet es, wie 1813 die Brechung des napoleonischen, so 1943 die Brechung des nationalsozialistischen Terrors aus der Macht des Geistes. Beresina und Stalingrad flammen im Osten auf! Unser Volk steht im Aufbruch gegen die Verknechtung Europas durch den Nationalsozialismus, im neuen gläubigen Durchbruch von Freiheit und Ehre.«*

Jetzt standen sie vor Freisler, der während des Prozesses sein Temperament im Zaum hielt, ungewohnt zurückhaltend und konzentriert wirkte. Während der Verhandlung hatte Sophie Scholl einmal mit Nachdruck gesagt: »Was wir sprachen und dachten, denken ja so viele. Nur wagen sie nicht, es auszusprechen.« Freisler nahm es schweigend hin. Jedem von den dreien, die vor ihm standen, wurde wie üblich zum Schluß noch das Wort erteilt, um für sich selbst sprechen zu können. Sophie Scholl verzichtete. Christoph Probst bat um seiner Kinder willen um sein Leben. Hans Scholl versuchte, ein Wort für seinen Freund Christoph Probst einzulegen, worauf Freisler ihn unterbrach: »Wenn Sie für sich selbst nichts vorzubringen haben, schweigen Sie gefälligst.« Danach das Urteil: »Todesstrafe!« Noch am selben Tag wurde das Urteil im Gefängnis München-Stadelheim vollstreckt. Als erste ging Sophie Scholl in den Tod. Der Scharfrichter gestand später, »so habe er noch niemanden sterben sehen«. Bevor Hans Scholl seinen Kopf auf den Block legte, rief er laut, so daß es durch den ganzen Raum hallte: »Es lebe die Freiheit!«

Deutschland, im Februar 1943: Die Nordgruppe der 6. deutschen Armee kapituliert vor Stalingrad – in Auschwitz und anderen NS-Konzentrationslagern werden Hunderttausende »Untermenschen« in den Tod geschickt. Im Reich werden alle Schüler, die das 15. Lebensjahr vollendet haben, als Luftwaffenhelfer herangezogen, in Berlin wird der Film »Sophienlund«, in dem der Volksschauspieler Heinz Rühmann Regie führt, uraufgeführt.

Joseph Goebbels, der nur wenige Tage zuvor im Sportpalast unter tosendem Beifall seine Rede mit dem Aufruf beendet hatte, »Nun Volk, steh auf, und Sturm brich los!«, ist ebenfalls – diesmal in seiner Eigenschaft als Präsident der Reichskulturkammer – Premierengast. Die deutschen Filmschaffenden fordert er dazu auf, »von jetzt ab mehr Familienfilme« zu drehen.

Deutschland, im Februar 1943: ein verblendetes Volk. Ein Volk von Tätern, Mitläufern, Opportunisten – und Opfern.

Am 19. April 1943 kommt Freisler erneut nach München. Nach dem Bericht eines Augenzeugen war an jenem Montag der Sitzungssaal Nr. 216 des Münchener Justizpalastes von Angehörigen der Wehrmacht, der Partei und der Gestapo überfüllt. Neben dem Oberlandesgerichtspräsidenten und dem Generalstaatsanwalt war auch der Münchener Gauleiter Wagner erschienen. Punkt neun Uhr betraten Freisler und seine Beisitzer den Raum. Die Verteidigung Professor Hubers hatte auf dessen Wunsch hin Justizrat Roder übernommen, doch bestand Roders erste und einzige Amtshandlung darin, sich zu erheben und zu erklären, daß er erst jetzt Kenntnis von den schweren Beleidigungen gegen den Führer erhalten habe, die das von Huber verfaßte Flugblatt enthalte. Mit Rücksicht darauf sei ihm eine Weiterführung der Verteidigung unmöglich, er bitte um seine Entlassung. Freisler übertrug nunmehr die Pflichtverteidigung einem der verbleibenden fünf Anwälte der anderen – insgesamt dreizehn – Angeklagten. Als jedoch dieser Anwalt einwandte, daß ihm das Aktenmaterial unbekannt sei, wurde er von Freisler höhnisch abgefertigt: »Es wird schon gehen. Ich werde alles, was noch von Bedeutung ist, vorlesen, und Sie dürfen überzeugt sein, daß ich wahrheitsgemäß vortragen werde.«

Während der Einvernehmung der Angeklagten soll Freisler sich wie »ein Komödiant« benommen haben: Er gestikulierte mit den Armen, trommelte mit den Fingern, schrie und tobte. Als eine mitangeklagte Studentin einmal von »Professor Huber« sprach, brüllte Freisler sie an: »Ich kenne keinen Professor Huber, auch keinen Dr. Huber, nur einen Angeklagten Huber. Dieser verdient gar nicht, ein Deutscher zu sein. Er ist ein Lump!«

Die Verhandlungsführung ihres Präsidenten war den VGH-Richtern mittlerweile bekannt. Vor allem die Mitglieder des von ihm geleiteten Ersten Senats kannten Freislers tiefe Abneigung und die schäumende Verachtung, die er für die Angeklagten empfand. Sie wußten, während der Verhandlung dominierte nur einer: Freisler. Nicht anders an diesem Montag in München. Die Richter und Beisitzer begnügten sich mit der Statistenrolle. Allein ihr Präsident führte das Wort und bestimmte den Prozeßverlauf.

Der Reichsanwalt hatte gegen die drei Hauptangeklagten Huber, Graf und Schmorell wegen »Dolchstoßversuchs in den Tagen schwersten Ringens« die Todesstrafe beantragt. Die Pflichtverteidiger versuchten daraufhin, den Professor als einen weltfremden Idealisten, als einen Gelehrten von hohem Ruf zu entschuldigen und die uneigennützige Gesinnung seiner jungen Freunde hervorzuheben. Es nützte ihm nichts.

Professor Huber wurde, zusammen mit den jungen Studenten Graf und Schmorell, zum Tode verurteilt. Die anderen Angeklagten kamen mit – teilweise hohen – Gefängnisstrafen davon.

Niemand war vor dem Zugriff des Volksgerichtshofs sicher – der zunehmend enger mit den Behörden des Reichssicherheitshauptamtes in Berlin zusammenarbeitete –, mochten die Beschuldigten auch noch so prominent sein. Zwei Beispiele:

Während eines Gastspiels in Berlin im März 1943 hatte sich der renommierte Konzertpianist Karlrobert Kreiten ablehnend gegenüber Hitler-Deutschland geäußert und prophezeit, daß die Führung demnächst »einen Kopf kürzer gemacht würde«. Kreiten wurde denunziert, vor den Volksgerichtshof gestellt und am 3. September 1943 vom Ersten Senat wegen öffentlicher Wehrkraftzersetzung zum Tode verurteilt. Im Urteil hieß es:

»Er ist in unserem jetzigen Ringen – trotz aller beruflichen Leistungen – eine Gefahr für unseren Sieg. Er muß zum Tode verurteilt werden. Denn unser Volk will stark und einig und ungestört unserem Sieg entgegenmarschieren.«

Werner Höfer, damals Kolumnist beim Berliner *12-Uhr-Blatt* und nach Kriegsende als Leiter des Internationalen Frühschoppens einer der bekanntesten Fernsehjournalisten hierzulande, kommentierte damals das Urteil ganz im Sinne der NS-Propagandisten:

»Es dürfte heute niemand dafür Verständnis haben, wenn einem Künstler, der fehlte, eher verziehen würde als dem letzten gestrauchelten Volksgenossen...«

Für die Äußerungen Höfers – der einst auch bei Goebbels' Eliteblatt *Das Reich* mitgearbeitet hatte – wollte später niemand mehr Verständnis aufbringen. Sein Arbeitgeber, der Westdeutsche Rundfunk, schickte seinen Starjournalisten, den die Vergangenheit eingeholt hatte – freilich mit ordentlichen Rentenbezügen –, vorab in Pension. Höfer war über seine frühere NS-Begeisterung beruflich gestrauchelt; ein Fall, der sich eher selten zutrug.

Zweites Beispiel:
Elfriede Scholz, die Schwester des Schriftstellers Erich Maria Remarque: Sie war vom Volksgerichtshof unter dem Vorsitz Freislers zum Tode verurteilt worden, weil sie angeblich am NS-Regime Kritik geübt hatte. Ihr Bruder war kurz nach der Verbrennung seiner Bücher in die Schweiz geflüchtet und von dort, nach seiner Ausbürgerung aus Deutschland, in die USA emigriert. Sein Buch *Im Westen nichts Neues* wurde in fast alle Weltsprachen übersetzt. Weil man den verhaßten Warner vor den furchtbaren Auswirkungen jedes Krieges nicht selbst zur Verantwortung ziehen konnte, rächten sich die Nationalsozialisten an dessen Schwester.

Deutschland 1943: Am 4. Dezember – Freisler war bereits 16 Monate VGH-Präsident – wies das Reichssicherheitshauptamt in internen Berichten auf die Notwendigkeit eines »verschärften Kampfes« gegen »Zersetzungserscheinungen« hin und nannte in diesem Zusammenhang auch die Konzentration der Verfahren beim Volksgerichtshof. Ohnehin arbeitete der Volksgerichtshof in der Ära Freisler enger mit der Gestapo zusammen als unter der Präsidentschaft Thieracks.

Dies hatte zur Folge, daß es in einer ganzen Reihe von Fällen gar nicht mehr zu einer Gerichtsverhandlung kam. Die denunzierten und verdächtigen Personen wurden ohne Verhandlungen in Konzentrationslager verschleppt. Unter Freisler verschärfte die VGH-Richterschaft ihre Urteilspraxis noch stärker als in den Jahren zuvor. Wie eifrig die VGH-Juristen ihrer Arbeit nachgingen, belegen exemplarisch folgende Zahlen:

Die Anzahl der VGH-Untersuchungsgefangenen, die im Dezember 1938 insgesamt 1230 betrug, war bis zum April 1943 auf 4128 angestiegen. Wurden im Gründungsjahr 1934 gerade einmal 57 Sitzungen abgehalten, so saßen 1943 die VGH-Richter 1258mal über »Volksfeinde« zu Gericht.

Die sechs VGH-Senate übertrafen mit ihrer Aktivität andere Gerichte, einschließlich der Sonder- und Kriegsgerichte. Deren Urteile kritisierte Freisler oft als zu »mild«. Kein anderes Gericht sprach mehr »Bluturteile« aus als der Volksgerichtshof. In seinem Eifer und als Beleg für die Effizienz des Volksgerichtshofs legte Freisler halbjährlich eine Tätigkeitsübersicht vor und übersandte sie an den Reichsjustizminister. Aus einer Übersicht vom 11. Januar 1943, die über den Zeitraum vom 1. Januar bis 31. Dezember 1942 berichtet, geht hervor: Von 2573 Abgeurteilten – in einem Jahr – wurden 1192 zum Tode verurteilt, 107 freigesprochen und der Rest zu lebenslangem Zuchthaus oder Straflagern verurteilt. Im ersten Halbjahr 1943 – während der ausschließlichen Amtszeit Freislers – wurden 1730 Fälle abgeurteilt und 804 Todesurteile ausgesprochen. Die Zahl der Freisprüche betrug gerade noch 95 Fälle. In den Übersichten sind unter Ziffer 15 »auf andere Weise erledigte Fälle (Personen)«, also in Konzentrationslager abgeschobene oder der Gestapo zurücküberstellte Häftlinge, aufgeführt. Im Jahre 1942 registrierte der Volksgerichtshof 495, im ersten Halbjahr 1943 – unter Freisler – 561 solcher Fälle.

Am eifrigsten verurteilte Freislers Erster Senat. Hier, wo die wichtigsten Fälle verhandelt und die in der Öffentlichkeit am meisten beachteten Prozesse stattfanden, wurden auch am häufigsten Todesurteile gefällt. Bereits kurz nach seinem Amtsantritt im Jahre 19432 hatte Freisler begonnen, auf die Rechtsprechung des Volksgerichtshofs einen bestimmenden Einfluß auszuüben. Er wies dem unter seinem Vorsitz stehenden Ersten Senat auch alle diejenigen Verfahren zu, »um selbst an der gesamten Rechtsprechung des Volksgerichtshof teilnehmen zu können«. Und so mußte jeder Angeklagte damit rechnen, dem gefürchteten Richterspruch Freislers unterworfen zu werden. Dieser Mißbrauch endete erst, als der Reichsjustizminister am 22. November die Abstellung dieser Praxis verlangte. Als Ausgleich dafür übertrug Freisler seinem Senat die Aburteilung strafbarer Handlungen von Angehörigen der deutschen Intelligenz und Wirtschaftsführung und gewann dadurch wiederum ganz beträchtlich größeren Einfluß.

Am häufigsten befaßte sich der Volksgerichtshof mit Vergehen wegen Wehrkraftzersetzung.

Die sogenannten Nacht-und-Nebel-Prozesse – basierend auf dem »Nacht-und-Nebel-Erlaß« Hitlers vom Dezember 1941 – folgten in der Häufigkeit an zweiter Stelle. Der Hintergrund dieses Erlasses: Nach der Besetzung eines Großteils von Nord- und Westeuropa durch die deutsche Wehrmacht war es immer wieder zu Angriffen und Sabotageakten auf Personen und Institutionen der deutschen Besatzungsmacht gekommen. Hitler befahl, jeden mit dem Tode zu bestrafen, der an einem Terror- oder Sabotageakt teilgenommen hatte. Keitel, Chef des Oberkommandos der Wehrmacht, dazu in einem Erlaß Ende 1941:

»Es ist der lange erwogene Wille des Führers, daß in den besetzten Gebieten bei Angriffen gegen das Reich oder die Besatzungsmacht den Tätern mit anderen Maßnahmen begegnet werden soll als bisher.

Der Führer ist der Ansicht: Bei solchen Taten werden Freiheitsstrafen, auch lebenslange Zuchthausstrafen, als Zeichen der Schwäche gewertet. Eine wirksame und nachhaltige Abschreckung ist nur durch Todesstrafen oder durch Maßnahmen zu erreichen,

die die Angehörigen und die Bevölkerung über das Schicksal des Täters im ungewissen halten.
Diesem Zweck dient die Überführung nach Deutschland.«

Die Täter wurden also bei »Nacht und Nebel« verschleppt und ermordet. Nur - welche Gerichte sollten die Todesurteile fällen?

Im Gerangel um die Zuständigkeit meldete sich auch Freisler zu Wort und verwies darauf, daß der Volksgerichtshof die »Nacht-und-Nebel-Fälle« aburteilen könne, wenn sie dem VGH-Bereich zugeordnet würden. Der »politische Soldat« bot wieder einmal seinen Dienst an, ganz, wie er es bei seinem Amtsantritt seinem Führer gegenüber gelobt hatte.

Die ersten VGH-»Nacht-und-Nebel-Prozesse« begannen im August 1942. Bis Ende des Jahres waren es über 1000 Fälle. Mehr als 800 gab Freisler aus Gründen der Überlastung des Volksgerichtshofs an Sonder- und Oberlandesgerichte ab, die restlichen Fälle behandelten er und sein Erster Senat selbst. Es gab Prozesse, in die mehr als einhundert Angeklagte verwickelt waren. In der Regel wurden ausnahmslos Todesurteile ausgesprochen. Die Todesurteile waren so zahlreich, daß einige Gefängnisse mit der Vollstreckung nicht mehr nachkamen. Trotz wachsender Verbindungsprobleme durch die Luftangriffe der Alliierten wurden die zum Tode Verurteilten deshalb beispielsweise aus Berliner Gefängnissen in die Gefängnisse anderer Reichsgaue gebracht, wo dann Hinrichtungskommandos ihr blutiges Handwerk verrichteten. Angehörige wurden niemals verständigt, Abschiedsbriefe weggeworfen. Die »Nacht-und-Nebel-Prozesse«, an denen auch die Wehrmachtsjustiz beteiligt war - die dafür sorgte, daß alle Todesurteile, die in besetzten Gebieten gefällt wurden, innerhalb von 24 Stunden vollstreckt wurden -, galten als »Geheime Reichssache«.

Wer in diesen Prozessen - selten genug - Freispruch erhielt, der wurde danach der Gestapo übergeben. Und dies bedeutete den sicheren Tod. Die meisten wurden in Konzentrationslager verschleppt und dort ermordet.

Trotz mancher Kompetenzstreitigkeiten um Zuständigkeiten, trotz konträrer Auffassungen über Definitionen und Auslegungen im Dschungel der Gesetze und Verordnungen gegen

Staatsfeinde – die »Heimatfront« aus Polizei, Gestapo, Partei und Justiz stand – zumindest nach außen hin.

Dennoch formulierten Teile der Justiz immer wieder ihr Bedürfnis nach einer Sonderstellung. Um die Rolle der Justiz aufzuwerten, hatte Thierack bereits am 12. Oktober 1942 ein Rundschreiben veröffentlicht, in dem er den Richtern eine Sonderstellung unter den Staatsbeamten bescheinigte. Im NS-Deutschland sollte der Richter nicht mehr als Beamter gelten, sondern als Richter.

Dahinter verbarg sich freilich Thieracks Absicht, die gesamte Justiz noch enger an die NSDAP zu binden.

Bereits kurze Zeit nach seiner Ernennung zum Reichsjustizminister hatte er damit begonnen, für Hitler persönlich bestimmte »Führerinformationen« zu erstellen, in denen er »streng geheim« über Prozesse und Urteile, vor allem am Volksgerichtshof, berichtete.

Thieracks Absicht war es, gerade jetzt in Kriegszeiten die gesamte Justiz auf straffen NS-Kurs zu bringen. Das schien ihm ohne Schwierigkeiten zu gelingen: Nirgendwo im Reich gab es nennenswerten Widerstand aus den Reihen der Juristen. In Abwandlung der Kampfparole: »Führer befiehl, wir folgen...«, herrschte das Bewußtsein vor: »Thierack befiehl, wir folgen...«

Freisler indes, das entging Thierack nicht, verfolgte häufig eigene Ziele, was dazu beitrug, daß dieser seine alten Zweifel gegenüber Freisler bestätigt sah. Er notierte auch die Tatsache, daß Freisler alle publikumswirksamen Prozesse an sich riß und eine oft bühnenreife Darstellung als Vorsitzender lieferte. Thierack empfand Freislers Verhandlungsstil als zu rüde und zu polternd. Gleichwohl mußte er seinem VGH-Präsidenten bescheinigen, daß er den Volksgerichtshof effizient führte. Die Urteile mochten hart sein – so Thieracks Bewertung –, aber sie waren der schwierigen Lage angemessen und deshalb durchaus vorbildlich. Gab es denn nicht überall im Reich Saboteure, Wehrkraftzersetzer, Defätisten, Feindbegünstiger? Thierack war wie Freisler davon überzeugt, daß eine harte Strafjustiz notwendig sei, denn Deutschland befand sich im Krieg. Und wer nicht dafür war, der war dagegen. Ein Volksfeind – und damit ein Fall für die Justiz.

Freisler teilte diese Sicht. »Ich bin mir durchaus der Tatsache bewußt«, schrieb er im Oktober 1943 in einem Brief, »eine einseitige Rechtsprechung zu praktizieren, aber dies nur für einen politischen Zweck: eine Wiederholung von 1918 mit allen meinen mir verfügbaren Kräften zu verhindern.«

Da war es wieder, Freislers Trauma vom Zusammenbruch der Heimatfront durch Verrat und Sabotage. In einem Brief vom 4. Februar 1944 äußerte er Zweifel an der nationalen Identität der Deutschen, an einem – gerade jetzt notwendigen – »gesunden« Nationalismus. Bezugnehmend auf die von ihm maßgeblich mitinitiierten rigiden Gesetzgebungen schrieb er:

»Ich glaube, die entsprechenden Gesetze wären niemals erlassen worden, wenn wir Deutsche ein wirklich auch im Innersten geeintes Volk wären, mit einem Nationalstolz wie er den Franzosen und Engländern eigen ist...

Manchmal, wenn die Zeit reicht, um einen vernünftigen Gedanken fassen zu können und ihn konsequent durchdenken zu können, wundere ich mich oft, daß wir in den Jahren zwischen 1933 und 1939 so weit kamen und daß wir seit 1939 solche militärischen Glanzleistungen vollbrachten, Leistungen, die wir trotz unseres inneren Zustandes erreichten.

Aus diesem Grund ist es um so notwendiger, vorsichtig zu sein, Vorsicht vor einer Wiederholung von 1918, selbst wenn das einen Kampf bedeutet, dessen Ruinen uns begraben werden.«

Immer häufiger konnte Freisler bei seinen zahlreichen Reisen durch das Reich mit eigenen Augen die Kriegsruinen sehen. Die Bombenangriffe der Alliierten zeigten Spuren. Und Wirkungen – auch auf die Prozesse des Volksgerichtshofs. Weil ehrenamtliche Richter und Verteidiger nicht pünktlich anreisen konnten, begannen die Prozesse nicht selten mit Verspätung. Besonders für die Verteidigung hatte eine Verspätung zur Folge, daß nur kurze Zeit blieb, mit ihren Klienten über ihre Anklage zu sprechen. In einem Brief, datiert vom 9. Februar 1943, hatte Oberreichsanwalt Lautz Freisler ohnehin vorgeschlagen, die Entscheidung, ob ein Verteidiger überhaupt auftreten solle, allein dem Richter zu überlassen. Nicht in der

Regel, aber doch immer häufiger, wurde danach so verfahren. Selbst den priesterlichen Beistand hatte man den zum Tode Verurteilten bereits Ende 1942 versagt. Der Angeklagte war nur noch wehrloses Objekt.

Während das Reich unter den Bombenangriffen der Alliierten immer mehr in Trümmern versank, erfüllten die VGH-Richter, mittlerweile aufgrund einer neuen Richtlinie ausnahmslos Parteimitglieder, ihre gnadenlose Arbeit. Ganz im Sinne ihres Präsidenten, der noch am 1. Dezember 1944 die Urteile des Volksgerichtshofs als »dauernde Selbstreinigung unseres Volkes« charakterisierte und die Aufgabe des Terror-Tribunals so beschrieb:

»Der Volksgerichtshof ist das höchste Gericht unseres Großdeutschen Reiches zur Sicherung seiner politischen Festigkeit. Schutz unseres Reiches gegen Verrat, unseres Volkes gegen Zersetzung seiner Kampfkraft ist also in unserem jetzigen Ringen um Leben und Freiheit unsere Aufgabe. Auf sie schauen wir unbeirrbar.

Als Nationalsozialisten, als Gefolgsmänner eines Führers tun wir das, indem wir immer vorwärts schauen, dorthin, wo unser Führer steht. Er ist als Führer von Volk und Reich zugleich auch der deutsche Richter. Wir bemühen uns daher, wie seine Statthalter zu richten.

Die Gebote des Handelns, die gemeinschaftssittlichen politischen Postulate, nach denen wir urteilen, nehmen wir deshalb unmittelbar aus dem nationalsozialistischen Gemeinschaftsempfinden.«

Immer häufiger äußerte Freisler Zweifel an eben diesem Gemeinschaftsempfinden, jedoch niemals öffentlich. Im Gegenteil. Im NS-Propagandastil beschwor er die nationale Einheit:

»Unser Volk kann glücklich sein, daß es diese hat! Nur dadurch hat es eine tragfeste Einheit. Wer vor allem auch als Richter an ihr Standort und Marschrichtung ausrichtet, kann nicht ins Labyrinth von Theorien, Hypothesen, kann nicht durch Zweifel in Schwäche und Richtungslosigkeit versinken; er bleibt tatfähig, er bleibt Marschierer in der geschlossenen Kolonne unseres Volkes. Wenn das

die Richtlinie der Rechtsprechung ist, weiß unser Volk auch, daß der Volksgenosse, wenn er zur Verantwortung gezogen, also auf Ehre, Freiheit, Leben angesprochen wird, nicht nach den Spielregeln einer ›Geheimwissenschaft‹, sondern nach dem inneren Gesetz der Volksseele, nach unser aller Anständigkeitsempfinden, beurteilt wird. Was der Führer von uns verlangt, uns so oft gesagt hat, uns stetig vorlebt, ist also das Gesetz unseres Lebens selbst, das Gesetz, nach dem wir angetreten sind.

Wir sind überzeugt: wenn wir in solcher Gesinnung urteilen, wird jeder Anständige nicht nur unsere Urteile verstehen – das wäre wenig. Er wird sie als seine eigenen empfinden. Dadurch bekommen wir den Charakter einer dauernden Selbstreinigung unseres Volkes...

Unser gefährlichster Feind i: der Defätismus. Das Gesetz seines Seins ist: Seuche! Wir sind da gebrannte Kinder: 1918!...

Von unserem kämpfenden Volk Gefahren abwenden, den Dolchstoß in seinen Rücken auffangen – ist nie und nimmer Denunziation, ist Pflicht!

Das muß man jedem erklären, der sich mit Zweifeln an uns wendet...

Die Schärfe unserer Urteile gegen die Defätisten, aus Schwäche, Feigheit, Unzulänglichkeit, ist Schutz der Gesunden und Starken, daß ihrer keiner schwach wird. Auch draußen an der Front kann der Feigling sich nicht mit Schwäche entschuldigen, wenn er nach opfervollem, erfolgreichem Stoß seiner Kameraden aus seinem Winkel hervorgezogen wird, in den er sich feige verkroch; der Winkel wird ihm ein ehrloses Grab.

Und gerade Schwäche wirkt seuchenhaft!

In unserer Arbeit sind wir, der Volksgerichtshof des Großdeutschen Reiches, getragen von nationalsozialistischem Glauben, gespornt von der Energie unserer politischen Weltanschauung, Mahner zur Pflicht, Rufer zur Einheit und Härte, Schützer der Kraft unseres Volkes draußen und daheim.«

Die »Gesetze der Volksseele«, wie Freisler es nannte, sollten in den drakonischen Urteilen ihren Ausdruck finden. Sie sollten so abgefaßt sein, daß jeder »anständige Volksgenosse« sich zu einem solchen Urteil bekennen konnte. Freisler entwickelte dafür eine in der deutschen Justiz völlig neuartige Form der Urteilsabfassung. Bereits im Urteilsspruch wurde nicht die Straftat selbst – beispielsweise Hoch- oder Landesverrat, Wehrkraftzersetzung oder Feindbegünstigung – und die Strafe genannt, sondern in grober und erregter Sprache der Täter skizziert. Dabei charakterisierte er den Täter als besonders schändlichen, ruchlosen, ja einmaligen Verbrecher, was freilich erforderte, selbst unbedeutende Vergehen des Angeklagten als unerhörten Gesetzesbruch darzustellen. Die rechtliche Einordnung der Gesetzesverletzungen wurde entgegen der Verfahrensordnung häufig überhaupt nicht erwähnt.

Statt dessen wurden die »Ungeheuerlichkeit« der Tat und die »Frevelhaftigkeit« des Täters geschildert – um darauf die der Sache nach »gerechte Strafe« zu gründen. »Im Namen des Volkes...«

In den Urteilen wurde der Nationalsozialismus glorifiziert. Wer ihn kritisierte, der griff das deutsche Volk an. Freisler wurde nicht müde, den Nationalsozialismus als die dem deutschen Volk allein gemäße Lebensart darzustellen, der alle Tugenden aufwies, die ihm als herausragende Eigenschaft der Deutschen galten: Treue, Mut, Mannhaftigkeit. Daran allein war der Angeklagte zu messen. In seinen Urteilsbegründungen verfiel er dabei häufig auf germanische Sinnsprüche – etwa, daß die Tat den Mann richte oder der Verräter »wolfsfrei« sein.

Neben dem Nationalsozialismus, zu dem sich nach Freislers Einschätzung alle Deutschen »freudig« bekannten, wurde vor allem »der Führer« grenzenlos verherrlicht. In Freislers Urteilen erschien Hitler als weitsichtiger Übervater, als herausragender Staatsmann, der sich fürsorglich für sein Volk einsetzte, als genialer Feldherr, dem der Krieg aufgezwungen worden war und dessen Führung den Sieg verbürgte. Zweifel an Führer, Partei und Wehrmacht waren nichts als Verrat und wurden als so ungeheuerlich gebrandmarkt, daß sie die härtesten Strafen erforderten.

Trotz seiner dröhnenden Phrasen vom Großdeutschen Reich und vom Endsieg – Freisler wußte um die Rückschläge der Wehrmacht, er sah die schrecklichen Auswirkungen der Luftangriffe; er spürte sie, die ersten Anzeichen der drohenden

Katastrophe. In seinen Urteilen fand sich jedoch keine Spur von dieser für ihn sichtbar gewordenen niederdrückenden Entwicklung. Im Gegenteil: Wer nicht fest an den Endsieg glaubte und dem Führer vertraute, der war auszumerzen – »Im Namen des Volkes«.

Bekämpfte er in den gnadenlosen Urteilen auch seine tiefliegenden eigenen Zweifel? War es eine Art der Selbstbestrafung? Seine Außenwelt, die nähere Umgebung – vor allem die Angeklagten – merkten von Freislers latenter Ambivalenz nichts.

Freislers Urteilsstil, ebenso markanter wie makabrer Ausdruck eines gnadenlosen Gesinnungsstrafrechts, war ungebrochen menschenverachtend. Und dieser Stil machte Schule, jedenfalls am Volksgerichtshof. Viele Richter bemühten sich redlich, die Urteile nach der Diktion ihres Präsidenten abzufassen. Freilich, Freislers Effizienz und Perfektion erreichte kaum einer von ihnen. Die Abfassungen der Urteile überließ er nicht dem Berichterstatter, sondern diktierte sie selbst direkt nach dem Ende der Sitzungen. Nicht selten begründete er Todesurteile auf nur wenigen Seiten. Und keiner diktierte so viele Todesurteile wie er.

Neben den Sitzungen führte er die Präsidialgeschäfte, leitete er Besprechungen und hielt Vorträge. Ein Privatleben gab es kaum für ihn: Für seine Söhne Roland und Harald, mittlerweile fünf und sieben Jahre alt, blieb kaum Zeit. Immer seltener bekam er sie und seine Ehefrau Marion zu Gesicht. Die Pflicht hatte Vorrang in diesen Zeiten, das Privatleben mußte zurückstehen – gerade jetzt, da die Gefährdung von Volk und Vaterland, von Führer und Partei so offensichtlich war. Es ging um den »Endsieg«. Um Deutschland. Seine Aufgabe war die Bekämpfung und Vernichtung der Gegner. Er war der »politische Soldat«, und seine Front war der Gerichtssaal.

Freisler benutzte den Gerichtssaal als politische Bühne. Um den reibungslosen Ablauf der Verhandlungen sicherzustellen, pflegte er zuvor den beteiligten ehrenamtlichen Richtern seine Sicht des Falles zu erläutern, womit in der Regel das Urteil bereits feststand. Seine Haltung gegenüber den Angeklagten, die vor ihm standen, hing allein davon ab, wie sie sich ihm gegenüber verhielten. Versuchen, die Tatbestände zu verharmlosen, begegnete er mit Sarkasmus, Haß und Verachtung. Er leitete die Verhandlungen autoritär und unabhängig vom Gesetz. Er schrie die Angeklagten an, nicht selten nieder. Er ließ sie nicht ausreden, beschimpfte sie in übler Form. Er versuchte sie einzuschüchtern und machte sie vor den Zuhörern lächerlich. Verteidiger degradierte er zu Statisten. Beweisanträgen gab er einfach nicht statt, häufig mit der Begründung, das Gericht würde auch bei veränderter Beweislage nicht anders entscheiden. Statt dessen machte er durch Gesten und eindeutige Äußerungen gegenüber dem Staatsanwalt unübersehbar deutlich, welchen Antrag er erwartete. Auch seine Beisitzer spielten nur eine Nebenrolle. Die Urteilsfindung hatte eine Beratung des Senats nicht notwendig. Vertrat ein Mitglied des Senats einmal eine abweichende Meinung, dann reagierte Freisler voller Leidenschaft und mit schneidender Schärfe, so daß es die meisten vorzogen zu schweigen und sich der Meinung Freislers anzuschließen. Lediglich wenn Offiziere der Wehrmacht im Generalsrang als ehrenamtliche Beisitzer beteiligt waren, ließ Freisler Fragen und gegenteilige Meinungen zu. Am Ende der »Beratung« stand jedoch auch hier fast immer der Urteilsspruch, den Freisler längst vorab beschlossen hatte. Das Gericht war Freisler. Wer vor seinem Richterstuhl stand, galt als verloren. Seinem Grundsatz entsprechend, die Urteile des Volksgerichtshofs seien eine »dauernde Selbstreinigung unseres Volkes«, fällte er Todesurteil auf Todesurteil. Von den fast 1200 Todesstrafen, die der Volksgerichtshof im Jahre 1942 aussprach, entfielen fast 650, also mehr als die Hälfte, auf Freislers Ersten Senat. Von den 1662 Todesurteilen des Jahres 1943 waren wiederum beinahe die Hälfte, insgesamt 779, von Freislers Erstem Senat verkündet worden. Und 1944 schließlich, als etwa 2100 Todesurteile erlassen wurden, hatte der Erste Senat einen Anteil von 866.

Abweichende und mildere Ansichten anderer Richter des Volksgerichtshofs verspottete Freisler verächtlich und bezeichnete diese Richter als »Vertreter der alten Schule«. Dem Vorsitzenden des Vierten Senats schickte Freisler schriftliche Beanstandungen von Urteilen und mahnte eine schärfere Rechtsprechung an. Als diese Reklamationen erfolglos blieben, entzog

Freisler dem Senat die Wehrkraftzersetzungsverfahren, um die es hier ging. Ohnehin konnte er als Präsident mit einem »außerordentlichen Einspruch« jede ihm nicht zusagende Entscheidung eines VGH-Senats annullieren und statt dessen seinen eigenen Richterspruch setzen. Allein im Jahre 1944 sprach der von Freisler geleitete »Besondere Senat« in 75 Fällen die Todesstrafe aus. Häufig stand hinter einer Umwandlung einer früheren Gefängnisstrafe in eine Todesstrafe das energische Betreiben Freislers.

Freisler, der unbeugsame »politische Soldat«. Tausende schickte er in den Tod. Ein Mörder in Robe.

Die Spuren seiner gnadenlosen Urteilspraxis finden sich heute im »Mordregister« des Bundesarchivs in Koblenz. Tausende von Todesurteilen. Jede Akte ein sprachloser Zeuge einer barbarischen Justiz, einer gnadenlosen Richterschaft. Im Namen des Volkes...

Siebtes Kapitel
Im Namen des Volkes

Nicht Recht zu sprechen, sondern den Gegner zu vernichten, das war der Auftrag des Volksgerichtshofs. Und die Richter in roten Roben, allen voran ihr Präsident Freisler, setzten diesen Auftrag mit konsequentem Fanatismus in die Praxis um. Das geschah keineswegs im verborgenen.

Die Deutschen wußten davon. Sie sahen die blutroten Plakate, auf denen öffentlich die Todesurteile des Volksgerichtshofs verkündet wurden. Sichtbar für alle, die sie sehen wollten. Doch kaum einer wollte sehen. Die Parteigänger nicht, die noch immer – trotz alliiertem Vormarsch – an den »Endsieg« glaubten, die Hitleranhänger nicht, die im nationalen Freudentaumel die Signale des nahen Untergangs überhörten; die noch immer jubelten, marschierten – und denunzierten. Die Opportunisten und Mitläufer nicht, die ihre leisen Zweifel an Führer, Wehrmacht und Reich für sich behielten, verdrängten – und weitermachten wie bisher. Hitlers Deutsche – ein Volk von Mitmachern, Zuschauern und Wegschauern.

Die anderen, die Gegner und Regimekritiker, sie waren längst verhaftet, ermordet, ins Exil geflüchtet – oder aber sie warteten in Konzentrationslagern auf ihren Tod. Wer also sollte den Blutrichtern des Volksgerichtshofs Einhalt gebieten, wer Protest äußern, wer Mitleid mit den Opfern haben?

Die »Selbstreinigung des Volkes«, die Freisler stets so glühend propagiert hatte, sie funktionierte. Die Todesurteile des Volksgerichtshofs wurden »im Namen des Volkes verkündet«, und die Vollstreckung erfolgte tatsächlich in dessen Namen. Die deutschen Volksgenossen waren zu Komplizen einer Blutjustiz geworden. Ein Volk von Tätern und Mittätern. Und die Opfer?

/142 g
1/42

Jm Namen
des Deutschen Volkes

13. JAN. 1943 11

In der Strafsache gegen
den Bergmann Dietrich T e m b e r g e n aus Kamp-Lintfort, geboren
am 21. November 1887 in Baerl bei Utfort,
zur Zeit in dieser Sache in gerichtlicher
Untersuchungshaft,
wegen Vorbereitung zum Hochverrat u.a.
hat der Volksgerichtshof, 1. Senat, auf Grund der Hauptverhandlung
vom 7. Januar 1943, an welcher teilgenommen haben

      als Richter:
 Präsident des Volksgerichtshofs Dr. Freisler, Vorsitzer,
 Landgerichtsdirektor Dr. Klein,
 Generalarbeitsführer Müller,
 SS-Brigadeführer Polizeipräsident Bolek,
 Stadtrat Kaiser,
     als Vertreter des Oberreichsanwalts:
 Landgerichtsrat von Zeschau,
     als Urkundsbeamter der Geschäftsstelle
 Justizobersekretär Peltz,
für Recht erkannt:

 Der Angeklagte hat im Kriege den Feind des Reiches dadurch begünstigt, daß er öffentlich in der Straßenbahn an Hand englischer Flugblätter sagte, das Volk solle Revolution machen.
 Er wird deshalb mit
      den T o d e
bestraft und hat die bürgerliche Ehre für immer verwirkt.
 Er trägt die Kosten des Verfahrens.

Todesurteil gegen Dietrich Tembergen

Akten sind stumme Zeugen. Aus Tausenden von Todesurteilen wurden für diese Dokumentation zehn ausgewählt, ausnahmslos gefällt von Freislers Erstem Senat. Die anderen fünf Volksgerichtshof-Senate unterschieden sich keineswegs in ihrer Urteilspraxis. Die zehn Urteile sind ihre »Gründe«, die auf den nächsten Seiten stellvertretend für die insgesamt 5243 vom Volksgerichtshof gefällten Todesurteile dokumentiert sind, belegen die fanatische Intoleranz gegenüber jeder – noch so geringfügigen und harmlosen – Regimekritik. Ein unbedachter Satz, ein versteckter Witz – das alles waren bereits todeswürdige Verbrechen.

Die liquidatorische Sprache der Urteile lag keineswegs in der »dämonischen Natur« Freislers, es waren nicht die blindwütigen Äußerungen eines einzelnen; es war die Sprache einer unmenschlichen Justiz, eines tyrannischen Regimes – eines verblendeten Volkes.

Urteil 1:
»Die bürgerliche Ehre für immer verwirkt«

Im Namen des Deutschen Volkes

In der Strafsache gegen
den Bergmann Dietrich *Tembergen* aus Kamp-Lintfort, geboren am 21. November 1887 in Baerl bei Utford, zur Zeit in dieser Sache in gerichtlicher Untersuchungshaft, wegen Vorbereitung zum Hochverrat u. a.
hat der Volksgerichtshof, 1. Senat, auf Grund der Hauptverhandlung vom 7. Januar 1943, an welcher teilgenommen haben

als Richter
Präsident des Volksgerichtshofs
Dr. *Freisler*, Vorsitzender,
Landgerichtsdirektor Dr. *Klein*,
Generalarbeitsführer *Müller*,

SS-Brigadeführer Polizeipräsident *Bolek,*
Stadtrat *Kaiser,*

als Vertreter des Oberreichsanwalts:
Landgerichtsrat *von Zeschau,*
als Urkundsbeamter der Geschäftsstelle:
Justizobersekretär *Peltz*

für Recht erkannt:
Der Angeklagte hat im Krieg den Feind des Reiches dadurch begünstigt, daß er öffentlich in der Straßenbahn an Hand englischer Flugblätter sagte, das Volk solle Revolution machen.
Er wird deshalb mit dem

Tode

bestraft und hat die bürgerliche Ehre für immer verwirkt.
Er trägt die Kosten des Verfahrens.

Die Richtigkeit der vorstehenden Abschrift wird beglaubigt und die Vollstreckbarkeit des Urteils bescheinigt.

Gründe:

Der Angeklagte fuhr jeden Morgen mit der Straßenbahn von Lintfort zu seiner Arbeit. Er benutzte dazu den Wagen, der um 6 Uhr abfährt.
So tat er auch am Morgen nach einem schweren englischen Fliegerangriff auf die benachbarte Stadt Moers in der zweiten Hälfte des Monats Juli 1942. Er stieg in den nur mäßig besetzten Anhänger ein, in dem die Volksgenossin V. Schaffnerin war.
Der Angeklagte holte einige englische Flugblätter hervor, zeigte sie und sagte, was da drin stehe, sei richtig.
Als die Schaffnerin ihm dann sagte, er solle sie wegtun,

das sei nichts für die Straßenbahn, fragte er, ob sie denn satt werde. Sie antwortete, sie habe auch nur, was ihr auf ihre Marken zustehe, aber sie sei noch immer satt geworden. Der Angeklagte erwiderte, er gehe hungrig zu Bett, und der Krieg sei nur für die Dicken da, das Volk solle sich die Hand reichen und Revolution machen, dann käme Frieden und dann könnten sich die Dicken selbst die Köpfe blutig schlagen. Als die Schaffnerin fragte, ob er denn meine, wenn die Russen kämen, gäbe es mehr zu essen, bejahte er das. Die Schaffnerin antwortet: Dann können wir alle einen Strick nehmen und uns aufhängen.
Das hat die Volksgenossin V. inhaltlich gleich vor der Polizei und als Zeugin vor dem Volksgerichtshof so bekundet, und zwar in aller Ruhe. Sie machte einen guten, glaubwürdigen Eindruck.
Daß der Vorfall sich so abgespielt hat, steht daher schon auf Grund ihrer Aussage fest.
Ihre Aussage wird aber obendrein dadurch bestätigt, daß ein Fahrgast, die Volksgenossin O., den ersten Teil dieser Szene nach ihrer glaubwürdigen Aussage miterlebt hat. Sie sah, wie der Angeklagte Flugblätter – jedenfalls Blätter, die, wie sie sich vorsichtig ausgedrückt hat, wie Flugblätter aussahen – herausholte, hörte, wie er sagte, »wenn man sich abends satt ißt, hat man morgens nichts zu essen« und wie er dann, als sie nun ausstieg, weiter schimpfte.
Und die Aussage der Volksgenossin V. wird sogar durch die Bekundung des Angeklagten selbst gestützt. Er hat zwar bei seiner ersten polizeilichen Vernehmung alles bestritten und nur gesagt, er habe mit einem anderen Fahrgast über den Lohnstreifen gesprochen, aber schon bei seiner zweiten Vernehmung und Gegenüberstellung mit der Zeugin V. erklärt, er bestreite nicht, was sie sagt, er wisse nicht mehr, daß so gesprochen wurde. Und in seiner richterlichen Vernehmung sagt er, ihm sei

nicht erinnerlich, ob er gesagt habe, der Krieg sei nur für die Dicken da und das Volk solle sich die Hand reichen und Revolution machen und wenn die Russen kämen, gebe es mehr zu essen. Und vor dem Volksgerichtshof hat er sich zwar mit ersichtlichen plumpen und dummen Redereien gewunden, dabei aber doch dreierlei zugegeben:

1. daß er von »Flugblättern« gesprochen habe. Er will nur damit die Lohnzettel (!) gemeint haben;
2. daß er von »den Dicken« gesprochen habe. Er will nur damit nicht die Regierung, sondern die Fabrikbesitzer gemeint haben;
3. daß er gesagt hat, das Volk solle sich die Hand reichen und Revolution machen.

Mit Fug kann man sagen: diese Bekundung stützt die Sachdarstellung der Volksgenossin V.
Der Verteidiger hat gemeint, der Angeklagte sei doch nur ein Meckerer. Aber dem kann der Volksgerichtshof nicht zustimmen. Wer mit feindlichen Flugblättern in der Hand öffentlich sagt, das Volk solle Revolution machen, der höhlt höchst gefährlich die innere Front aus, während der deutsche Soldat in schwerem Kampf sein Leben einsetzt. Der versetzt unserem Heere einen Dolchstoß. Höchst gefährlich – wie 1917/18 zeigt –, selbst wenn der 1. oder 2. oder viele erst solche Dolchstöße noch nicht treffen. Und das weiß auch jeder, so auch der freilich etwas beschränkte Angeklagte! Er ist also kein Meckerer, sondern ein gefährlicher Feind des kämpfenden Volkes. Er tut gerade das, worauf der Engländer spekuliert, wenn er Bomben und Flugblätter gemischt abwirft: das Volk zersetzen, seine Wehrkraft im totalen Krieg schwächen, den Feind begünstigen. (§ 91 b StGB)
Davon, daß das Handeln des Angeklagten dem Reich nur geringen Schaden zufügen kann, kann keine Rede

sein. Denn sein Handeln ist ein Gewicht, das in der Schicksalswaage auf die Waagschale »Versagen unseres Volkes« geworfen wird. Deshalb hat sich der Angeklagte aus dem kämpfenden deutschen Volk ausgeschlossen und den Tod verdient.

Als Verräter an unseren Soldaten ist er für immer ehrlos geworden.
gez.: Dr. Freisler　　　　　　　　　　　　　　Dr. Klein

Am 25. Februar 1943 schickte einer der Sachbearbeiter des »Oberreichsanwalts beim Volksgerichtshof«, der Erste Staatsanwalt Dr. Drullmann, ein Aktenpaket per Einschreiben vom Volksgerichtshof in der Bellevuestraße hinüber zum Reichsjustizministerium in der Wilhelmstraße. Empfänger: der Herr Reichsminister der Justiz zu Händen von Herrn Oberregierungsrat Ulrich. Der Anklageschrift des Oberreichsanwalts, einem Gnadenheft mit Stellungnahmen sowie zwei Urteilsabdrucken lag auch ein Begleitbrief Drullmanns bei:

»In den Anlagen überreiche ich die Akten mit dem Urteil des 1. Senats des Volksgerichtshofs vom 7. Januar 1943, durch das der Obengenannte antragsgemäß zum Tode und zum dauernden Verlust der bürgerlichen Ehrenrechte verurteilt worden ist. Der Verurteilte befindet sich im Strafgefängnis Plötzensee in Berlin.
Keine der von mir gehörten Stellen hat sich für einen Gnadenerweis ausgesprochen.
Der Verurteilte hat nach einem feindlichen Luftangriff auf die Umgebung seiner Heimatstadt unter Hinweis auf englische Flugblätter, die er vorzeigte, öffentlich Zersetzungspropaganda getrieben und insbesondere dazu aufgefordert, Revolution zu machen und dadurch das Kriegsende herbeizuführen. Bei der Gefährlichkeit dieser Zersetzungstätigkeit halte ich, auch aus Gründen der Abschreckung, die Vollstreckung der Todesstrafe für geboten.
Ich schlage daher vor,
von dem Begnadigungsrecht keinen Gebrauch zu machen.«

Am 30. März 1943 folgte der Reichsminister Thierack dem Vorschlag. Auch er fand es an der Zeit, »der Gerechtigkeit freien Lauf zu lassen«:

»In der Strafsache gegen den vom Volksgerichtshof am 7. Januar 1943 zum Tode verurteilten Dietrich Tembergen habe ich mit Ermächtigung des Führers beschlossen, von dem Begnadigungsrecht keinen Gebrauch zu machen, sondern der Gerechtigkeit freien Lauf zu lassen...«

Neun Tage später wurde der Bergmann Dietrich Tembergen aus seiner Zelle in der Haftanstalt Plötzensee geholt und hingerichtet. In Vertretung des Sachbearbeiters Dr. Drullmann bestätigte sein Kollege Parrisius in einem Kurzbrief vom 10. April 1943 dem Reichsjustizministerium den ordnungsgemäßen Vollzug:

»Die durch Urteil des 1. Senats des Volksgerichtshofs vom 7. Januar 1943 gegen den Bergmann Dietrich Tembergen aus Kamp-Lintfort erkannte Todesstrafe ist am 8. April 1943 vorschriftsmäßig vollstreckt worden. Die Hinrichtung ist ohne Zwischenfall verlaufen. Sie hat vom Zeitpunkt der Vorführung bis zur Meldung des Scharfrichters, daß das Urteil vollstreckt sei, 14 Sekunden gedauert.«

Am Tag darauf erschien in einigen deutschen Zeitungen eine kleine Randmeldung:

»Am 8. April ist der 55 Jahre alte Dietrich Tembergen hingerichtet worden, den der Volksgerichtshof wegen Begünstigung des Feindes zum Tode verurteilt hat. Tembergen hatte öffentlich versucht, den Widerstandswillen des deutschen Volkes zu untergraben...«

Urteil 2:
»Zersetzungspropagandist
unserer Feinde...«

Im Namen des Deutschen Volkes

In der Strafsache gegen
den Betriebsführer Wilhelm *Alich* aus Wiesenthal bei Rogätz (Bezirk Magdeburg), geboren am 28. August 1886 in Nordhausen,
zur Zeit in dieser Sache in gerichtlicher Untersuchungshaft, wegen Wehrkraftzersetzung
hat der Volksgerichtshof, 1. Senat, auf Grund der Hauptverhandlung vom 29. September 1943, an welcher teilgenommen haben

als Richter:
Präsident des Volksgerichtshof
Dr. *Freisler*, Vorsitzender,
Kammergerichtsrat *Rehse*,
SA-Brigadeführer *Hauer*,
Ministerialrat im Oberkommando der Wehrmacht
Dr. *Herzlieb*,
Ortsgruppenleiter *Friedrich*,

als Vertreter des Oberreichsanwalts:
Erster Staatsanwalt Dr. *Heugel*,

für Recht erkannt:
Wilhelm *Alich* hat kurz nach dem Verrat an Mussolini erklärt, der Führer müsse auch zurücktreten, er habe soviel Unglück über unser Volk gebracht, daß er es im ganzen Leben nicht wiedergutmachen könne; wenn ihn keiner erschießen wolle – man solle ihn herbringen, er werde es tun!

Als Zersetzungspropagandist unserer Feinde hat er sich damit ehrlos gemacht.

Er wird mit dem
Tode
bestraft.

Gründe:
Wilhelm Alich ist ein Geschäftsmann, der für unser Gemeinschaftsleben als Volk offenbar wenig übrig hat: nicht einmal der NSV gehört er an – er habe eben immer seinen geschäftlichen Arbeiten gelebt. Und das, obgleich er an Gehalt und Umsatzprovision mit mindestens 700 RM monatlich rechnen kann.
Kurz nach dem Verrat an Mussolini kam er geschäftlich in die Zweigniederlassung der Kreissparkasse in Rogätz, sagte dem Zweigstellenleiter Vg. Ollendorf, Mussolini sei zurückgetreten und auf das Führerbild an der Wand deutend, der müsse auch zurücktreten, der habe so viel Unglück über das deutsche Volk gebracht, wie er in seinem ganzen Leben nicht wieder gutmachen könne. Er müsse erschossen werden, wenn es keiner tun wolle, solle man ihn herbringen – er werde es tun!!! Dabei steigerte er sich aus anfänglicher Ruhe in immer höhere Erregung hinein.
Alich bestreitet das. In seinen bisher drei Vernehmungen hat er den Sachverhalt jedesmal anders geschildert. Heute vor Gericht hat er z.B. gesagt, er habe davon gesprochen, Mussolini habe durch seinen Rücktritt soviel Unglück über das deutsche Volk gebracht, daß er es überhaupt nicht verantworten könne. Und vom Führer habe er erklärt, der würde nie zurücktreten, sondern sich eher erschießen. Aber zunächst: diese Äußerung über Mussolini liegt so fern, daß sie ganz unwahrscheinlich ist. Und dann: vor der Polizei hat Alich

ausdrücklich erklärt, über den Führer sei überhaupt nicht gesprochen worden! Und endlich: wer seine Darstellung so oft wechselt, zeigt damit, daß er die Unwahrheit sagt. Der Volksgenosse Ollendorf dagegen hat dreimal – vor seinem Kreisleiter, vor der Polizei und heute vor Gericht – den Sachverhalt genau gleich geschildert, nämlich so, wie oben angegeben. Er machte einen außerordentlich festen, gewissenhaften, zuverlässigen Eindruck. Sichtlich bemühte er sich, ja nicht zu übertreiben. Der Volksgerichtshof hat keinen Zweifel, daß seine Darstellung des Sachverhaltes richtig ist.
Der Verteidiger bat, Alichs Geisteszustand zu untersuchen; 1923 habe er Syphilis bekommen und 1924 einen Autounfall gehabt; vielleicht sei er deshalb heute schuldunfähig. Aber

1. Beides hat Alich nicht gehindert, sich zwei Jahrzehnte lang im Geschäftsleben sehr erfolgreich zu betätigen;
2. Beides hat ihn nicht gehindert, nachher bestraft zu werden, wobei er also schuldfähig gefunden wurde;
3. Alich hat sich in der Hauptverhandlung – einmal das Register des Abstreitens und einmal das des weinenden Bittens ziehend – so verteidigt, daß der Volksgerichtshof keinen Augenblick zweifelt, er hat seine fünf Sinne so beisammen, daß er schuldfähig ist. Um das festzustellen, bedarf das Gericht in diesem Falle keines Sachverständigen. Selbst wenn eine Spätwirkung seiner Syphilis eine gewisse Erregbarkeit sein sollte – wo käme das deutsche Reich hin, wenn es das als Entschuldigung annähme oder als Milderung werten wollte, wenn jemand eine so grauenvolle Tat wie diese begeht?

Diese Tat ist so, daß neben ihr auch Leumundszeugen, die der Verteidiger zu hören gebeten hat, keine Rolle

spielen können. Hier gilt wirklich der Satz: Die Tat richtet den Mann.
Wer wie Alich sagt, er sei fähig, den Führer zu erschießen, man solle ihn nur herbringen, er werde es tun – der ist in unser aller Augen dadurch für immer ehrlos geworden. Denn er hat sich in schlimmster Weise zum Zersetzungspropagandisten unserer Feinde gemacht und ist sich darüber auch klar (§ 91 b StGB).
Wer es wagt zu erklären, er könne die Hand an unseren Führer legen, hat damit sein Urteil selbst gesprochen. Dann muß er eben aus unserer Mitte ausscheiden.
Deshalb hat ihn der Volksgerichtshof zum Tode verurteilt.
Weil er verurteilt ist, muß Alich auch die Kosten tragen.
gez. Dr. Freisler   Rehse

Urteil 3:
»Durch übelste Hetzreden...«

Im Namen des Deutschen Volkes

In der Strafsache gegen
den Friseurmeister Bernhard *Firsching* aus Nürnberg, geboren am 10. Oktober 1894 in Obertheras, zur Zeit in dieser Sache in gerichtlicher Untersuchungshaft,
wegen Wehrkraftzersetzung
hat der Volksgerichtshof, 1. Senat, auf Grund der Hauptverhandlung vom 30. September 1943, an welcher teilgenommen haben

als Richter:
Präsident des Volksgerichtshofs Dr. *Freisler*, Vorsitzender,
Kammergerichtsrat *Rehse*,

SA-Brigadeführer *Hauer,*
SS-Brigadeführer *Heider,*
SA-Oberführer *Hell,*

als Vertreter des Oberreichsanwalts:
Staatsanwalt Dr. *Bruchhaus,*

für Recht erkannt:
Bernhard *Firsching* hat monatelang in seinem Friseurgeschäft seine Kunden, Soldaten und andere Volksgenossen systematisch durch übelste Hetzreden defaitistisch zu beeinflussen gesucht.
Er hat sich damit zum Zersetzungspropagandisten unserer Kriegsfeinde gemacht.

Er ist für immer ehrlos.
Er wird mit dem

Tode

bestraft.

Gründe:

Bernhard *Firsching* ist ein Mann, der eine vollkommene Wandlung durchgemacht hat. Im Weltkrieg hat er das EK II bekommen. 1925 wurde er Parteigenosse und trat der NSDAP, nachdem er 1926 ausgetreten war, 1930 wieder bei. Er hat in der Kampfzeit ordentlich in der Bewegung gearbeitet. In diesem Kriege war er wieder als Sanitätsfeldwebel Soldat, von 1939 bis Frühjahr 1943 in Polen, Frankreich und Rußland.
Aber inzwischen ist er ein anderer geworden. Schon als Soldat mußte er wegen heimtückischer Reden zu acht Monaten Gefängnis bestraft werden und die NSDAP schloß ihn aus.
Vom Frühjahr bis zum Herbst dieses Jahres, nämlich bis

zu seiner Verhaftung, hat er seinen Friseurladen bei Soldaten und anderen Parteigenossen, die seine Kunden waren, systematisch zur Propagandastelle defaitistischer Verhetzung gemacht.
Drei Soldaten haben das heute bezeugt.
Zunächst trat Obergefreiter Schiller auf. Er bekundet: Firsching habe von den Terrorangriffen auf Schweinfurt und Regensburg gesprochen und im Anschluß daran erzählt, in der letzten Zeit sei wieder auf die Stadt ein dreistündiger, der bisher schwerste Terrorangriff unternommen worden. Wahrscheinlich werde in der Zeitung wieder von geringfügigen Sachschäden die Rede sein. Der Oberbürgermeister von Nürnberg sei schon 14 Tage vor dem Terrorangriff auf Nürnberg weggefahren und die Ehrenzeichenträger machten sich alle davon. Gegen Rußland hätten wir nur das Maul aufgemacht und mit dem Säbel gerasselt. In Kiew habe er natürlich nach den ermordeten Ukrainern gesucht. Die russische Kultur sei viel höher als die deutsche; der Soldat sehe sie nur nicht, weil er in die Städte nicht hineingeführt werde. Stalin sei ein großer Politiker, habe sich wieder 6 Millionen Chinesen und 2 Millionen Iraner als Rüstungsarbeiter beschafft und so 8 Millionen russische Soldaten für die Offensive gegen uns frei bekommen. Die großen Mißverständnisse im... und in der NSDAP müßten bald zum großen Schlag führen, die Kommunisten warten schon darauf. Den Krieg könnten wir nicht mehr gewinnen.
Dann trat Unteroffizier Mederer vor. Er bekundet: Am 23. Juli traf er mit einem Gefreiten Gäbelin in Firschings Friseurladen ein. Dieser habe, als auch Zivilisten anwesend waren, ebenfalls davon gesprochen, die russische Kultur sei der unsrigen mindestens gleich, die russischen Panzer seien bessere als unsere; auch ihre Ingenieure. Der »Tiger« sei eine Nachahmung eines Russenpanzers. Unteroffizier Mederer widersprach. Aber darauf meinte Firsching, Mederer sei als Infanterist nur von

einem Loch zum anderen gehüpft, da habe er natürlich von Rußland nichts gesehen.
Zuletzt trat Obergefreiter Neener vor. Er bekundet: In seiner Gegenwart habe Firsching zu Zivilisten in seinem Laden gesagt, er kenne keine Volksgemeinschaft, ihm sei gleich, ob die anderen verrecken. Man solle sehen, was wir in sechs Wochen in Deutschland haben, in Italien sei schon Revolution, die »Tiger« seien nur eine Nachahmung von russischen Panzern. Unsere Gegner seien noch nicht auf der Höhe ihrer Rüstung, es komme noch viel schlimmer. Goebbels sei im Rheinland ausgepfiffen worden, vor ein paar Monaten habe er die Vergeltung angekündigt, aber die komme auch nicht mehr.
Kein Zweifel: Was die drei Soldaten ruhig und bestimmt sagen, stimmt; zumal Firsching auch nur immer wieder betont, er habe sich bei seinen Worten etwas anderes gedacht... Seine Worte sind aber eindeutig.
Aus diesen drei Abschnitten, die dem Volksgerichtshof vorlagen, ergibt sich zwingend, daß das die allgemeine Art war, wie Firsching mit seinen Kunden sprach. Damit hat er sich zum defaitistischen Hetzpropagandisten unserer Kriegsfeinde gemacht (§ 5 KSSVO, 91 b StGB). Er hat darüber hinaus selbst gesagt, daß er außerhalb der Volksgemeinschaft stehen wolle und ist damit für immer ehrlos geworden. Damit hat er sich auch selbst sein eigenes Todesurteil gesprochen. Damit die Rechnung Churchills nicht aufgeht, damit wir kein zweites 1918 erleben, damit allen anderen, die ähnliche Zersetzungsarbeit leisten, klar wird, was sie aufs Spiel setzen, mußte deshalb der Volksgerichtshof das Todesurteil fällen.
Weil er verurteilt ist, muß Firsching auch die Kosten tragen.
gez. Dr. Freisler   Rehse

Urteil 4:
»Zum Schutze unserer Inneren
Sicherheit...«

Im Namen des Deutschen Volkes

In der Strafsache
gegen den Postschaffner Georg *Jurkowski* aus Berlin-Weißensee, geboren am 31. Juli 1891 in Berlin,
zur Zeit in dieser Sache in gerichtlicher Untersuchungshaft,
wegen Wehrkraftzersetzung
hat der 1. Senat des Volksgerichtshofs auf Grund der Hauptverhandlung vom 14. Oktober 1943, an welcher teilgenommen haben

als Richter:
Präsident des Volksgerichtshofs
Dr. *Freisler*, Vorsitzender,
Kammergerichtsrat *Rehse*,
Gauhauptstellenleiter Bürgermeister *Ahmels*,
Ortsgruppenleiter *Kelch*,
Kreisleiter *Reinecke*,

als Vertreter des Oberreichsanwalts:
Erster Staatsanwalt *Domann*,

für Recht erkannt:
Georg *Jurkowski* hat Anfang August in Danzig auf der Straße zersetzende und defaitistische Äußerungen getan, besonders gesagt, mit dem Führer werde es gehen wie mit Mussolini, und im Januar lebe er nicht mehr.
Dadurch ist er für immer ehrlos geworden. Er wird als Zersetzungspropagandist unserer Kriegsfeinde mit dem

Tode

bestraft.

Gründe:
Georg Jurkowski ist als Postschaffner im Bahndienst tätig und war als solcher am 3. August mit dem Postbeamten Schönherr aus Berlin, der auch Bahndienst hatte, in Danzig. Gegen 10.30 Uhr wollte er nach Berlin zurückfahren. Um 10 Uhr ging er am Stockturm mit Schönherr in Richtung Bahnhof. Zufällig ging die Volksgenossin Rosemarie Grande hinter ihnen und hörte nun ganz deutlich, wie Jurkowski zu Schönherr sagte, Hermann Göring habe in Italien das sechste Besitztum, er habe sich an fremdem Eigentum bereichert. Als sie das hörte, holte sie auf, stellte Jurkowski zur Rede, während Schönherr im Glauben, eine Bekannte rede Jurkowski an, etwas vorging und das Weitere nicht hörte. Volksgenossin Grande sagte zu Jurkowski, er solle seine Äußerungen nicht so herausposaunen, sondern so etwas für sich behalten. Jurkowski antwortete: »Fräulein, Sie werden in zwei Monaten anders darüber denken. Ich kann Ihnen nur sagen, der Duce ist verhaftet, mit Hitler wird es auch nicht anders gehen. Im Januar lebt er nicht mehr.« Innerlich schwer durch diese Äußerungen getroffen, sagte nunmehr die Volksgenossin Grande, um gegen Jurkowski besser aufkommen zu können, sie sei bei der Gestapo. Darauf antwortete Jurkowski: »Na, wenn Sie bei der Gestapo sind, werden Sie ja sogar noch mehr wissen als ich, und dann wird es Ihnen nachher dafür noch schlechter gehen als uns.«
Volksgenossin Grande suchte nun einen Polizeibeamten, fand diesen schließlich auch und stellte Jurkowski mit Schönherr an einer Straßenbahnhaltestelle stehend fest. Kaum sah Jurkowski sie mit dem Beamten, als er eiligst das Weite suchte. Er wurde aber von Passanten

gestellt und auf die Polizeiwache gebracht. Als er dort mit der Volksgenossin Grande zusammen saß, sagte er ihr: »Sie können von mir alles haben, was Sie wollen, hier haben Sie meine Uhr, aber lassen Sie mich bloß gehen.« Das alles hat die Volksgenossin Rosemarie Grande heute als Zeugin ebenso wie schon vor der Polizei mit größter Bestimmtheit bekundet. Sie macht einen tadellosen Eindruck, und der Volksgerichtshof ist überzeugt, daß sie wie kein Wort zuwenig, so auch kein einziges Wort zuviel ausgesagt hat. Sie schließt jeden Irrtum aus. Vor allem auch den Straßenlärm, auf den sich Jurkowski beruft.
Jurkowski bestreitet nämlich, diese Äußerungen getan zu haben. Er habe, als er gestellt wurde, freilich gesagt, in zwei Monaten werde die Volksgenossin Grande etwas erleben, aber damit habe er unsere Vergeltungsangriffe gemeint, wenn er das auch nicht gesagt habe. Und vorher habe er mit Schönherr nur darüber gesprochen, daß er einmal eine Burg – heute sagt er Neuhaus in Franken – habe besichtigen wollen, daß das aber nicht möglich gewesen sei, weil der Reichsmarschall dort gewesen sei. Die Drohung gegen die Volksgenossin Grande wegen ihrer vermeintlichen Zugehörigkeit zur Gestapo (in Wirklichkeit ist sie Angestellte beim Reichsstatthalter) habe er nicht ausgesprochen. Aber Jurkowskis schlechtes Gewissen beweist sein Fortlaufen, das er ganz unzulänglich mit der Sorge, er bekomme den Zug nicht, erklärt, und über das auch Schönherr, wie er als Zeuge heute gesagt hat, höchst erstaunt war. Und das Anbieten der Uhr auf der Polizeiwache, als er den Zug schon nicht mehr erreichen konnte, erklärte Jurkowski auch völlig unzulänglich damit, er habe Unannehmlichkeiten vermeiden wollen. Sein schlechtes Gewissen ist also klar. Aber auch davon abgesehen: Die Aussage der Volksgenossin Grande gibt dem Volksgerichtshof die Gewißheit, daß es so war,

wie sie aussagt; auch ohne daß es des Zeugen Schönherr und seiner Aussage bedarf, der nämlich, wie er sagt, nichts Rechtes gehört habe, weil er, als er mit Jurkowski zusammen ging, durch den Straßenverkehr hier und da von ihm abgedrängt wurde und auch auf dessen Reden, weil sie ihn nicht interessierten, nicht achtete; und der, als die Volksgenossin Grande Jurkowski stellte, etwas vorging.
Der Volksgenossin Rosemarie Grande ist ihr entschlossenes und richtiges Einschreiten zu danken. Sie hat damit so gehandelt, wie heute eine deutsche Volksgenossin handeln muß. Sie hat einen gefährlichen defaitistisch zersetzenden Hetzer entlarvt, noch dazu einen, der seinen Eid auf den Führer in so schmählicher Weise gebrochen hat (§ 5 KSSVO, § 91 b StGB).
Wer so handelt, zum Schluß des 4. Kriegsjahres, der zeigt, daß er bar jeder Ehre ist. Zum Schutze unserer inneren Einheit muß er deshalb für immer ehrlos mit dem Tode bestraft werden.
Weil Jurkowski verurteilt ist, muß er auch die Kosten tragen.
gez. Dr. Freisler   Rehse

Urteil 5:
»Für alle Zeiten ehrloser Volksverräter...«

Am Tag, als der Postschaffner Georg Jurkowski zum Tode verurteilt worden war, stand der badische Priester Dr. Max Josef Metzger vor Freisler. Metzger war maßgeblich an der Gründung zahlreicher konfessioneller Organisationen – vor allem der »Una Sancta«-Bewegung – beteiligt. Wegen eines an den schwedischen Erzbischof in Uppsala gerichteten Manifests, in dem er in getarnter Form eine demokratische Staatsordnung für Deutschland nach dem Krieg entworfen hatte, war er von der Geheimen Staatspolizei verhaftet worden. In der Hauptverhandlung versuchte der Priester die »Una Sancta«-Bewegung, deren Ziel die Vereinigung der katholischen und evangelischen Kirche war, zu erklären, wurde aber von dem wütenden Freisler mit den Worten unterbrochen: »Una Sancta, Una Sancta, Una Santissima, Una – das sind wir, und weiter gibt es nichts!«

Metzger wurde zum Tode verurteilt – Freislers zweiter Todesspruch an diesem 14. Oktober 1943.

Als Volksverräter hatte Max Josef Metzger in Freislers Augen sein Leben verwirkt. Aus dem Urteil:

Im Namen des Deutschen Volkes

In der Strafsache
gegen den katholischen Geistlichen Dr. Max Josef *Metzger* aus Berlin, geboren am 3. Februar 1887 in Schopfheim (Baden)
zur Zeit in Polizeihaft
wegen Vorbereitung zum Hochverrat u. a.
hat der Volksgerichtshof, 1. Senat, auf Grund der Hauptverhandlung vom 14. Oktober 1943, an welcher teilgenommen haben

als Richter:
Präsident des Volksgerichtshofs,
Dr. *Freisler*, Vorsitzender,
Kammergerichtsrat *Rehse*,
Gauhauptstellenleiter Bürgermeister *Ahmels*,
Ortsgruppenleiter *Kelch*,
Kreisleiter *Reinecke*,

als Vertreter des Oberreichsanwalts:
Erster Staatsanwalt Dr. *Drullmann*,

für Recht erkannt:
Max Josef *Metzger*, ein katholischer Diözesanpriester, der von unserer Niederlage überzeugt ist, hat im vierten Kriegsjahr ein »Memorandum« nach Schweden zu schikken versucht, um den Boden für eine feindhörige pazifistisch-demokratische föderalistische »Regierung« unter persönlicher Diffamierung der Nationalsozialisten vorzubereiten.

Als für alle Zeit ehrloser Volksverräter wird er mit dem

Tode

bestraft.

Gründe:
Max Josef *Metzger* ist katholischer Diözesanpriester, der schon 1917 – mitten im Krieg! – in Österreich an einer Weltfriedensorganisation arbeitete, also getreu Erzbergers Haltung in Deutschland, half, unsere Kriegsfront zu zermürben.
Davon hat er auch jetzt nicht lassen können. Er sagt selbst, daß er glaube, Deutschland werde zusammenbrechen. Deshalb, erklärt er, trug er sich mit dem Gedanken, dem Führer einen Brief zu schreiben, er möge zurücktreten, denn er glaube, dann sei ein Verständigungsfrieden möglich!!! Freilich hat er das nicht ausgeführt,

1. weil er glaubte, sein Brief werde den Führer nicht erreichen;
2. weil er meinte, jedenfalls werde er keinen Erfolg mit seiner Bitte haben;
3. weil er fürchtete, dann verhaftet zu werden.

Statt dessen verfaßte er ein »Manifest« und versuchte, es durch eine frühere Schwedin, jetzt Reichsangehörige Irmgart von Gießen dem schwedischen protestanti-

> Abschrift.
> 2 J 193/43 g
> 1 H 253/43
>
> # Jn Namen
> # des Deutschen Volkes
>
> 2
>
> 14
>
> In der Strafsache gegen
> den katholischen Geistlichen Dr. Max Josef M e t z g e r aus Berlin,
> geboren am 3. Februar 1887 in Schopfheim (Baden),
> zur Zeit in Polizeihaft,
> wegen Vorbereitung zum Hochverrat u.a.
> hat der Volksgerichtshof, 1. Senat, auf Grund der Hauptverhandlung
> vom 14. Oktober 1943, an welcher teilgenommen haben
> als Richter:
> Präsident des Volksgerichtshofs Dr. Freisler, Vorsitzer,
> Kammergerichtsrat Rehse,
> Gauhauptstellenleiter Bürgermeister Ahnelt,
> Ortsgruppenleiter Kaleh,
> Kreisleiter Reinecke,
> als Vertreter des Oberreichsanwalts:
> Erster Staatsanwalt Dr. Drullmann,
> für Recht erkannt:
>
> Max Josef M e t z g e r , ein katholischer Diözesanpriester,
> der von unserer Niederlage überzeugt ist, hat im vierten Kriegsjahr
> ein "Memorandum" nach Schweden zu schicken versucht, um den Boden für
> eine feindhörige pazifistisch-demokratische föderalistische "Regierun
> der persönlicher Diffamierung der Nationalsozialisten vorzubereiten
> Als für alle Zeit ehrloser Volksverräter wird er mit dem
> T o d e
> bestraft .
>
> gründe.

Todesurteil gegen Josef Metzger

schen Erzbischof Eidem zu übermitteln, den er von der Una-Sancta-Arbeit (Bestrebungen zur Wiedervereinigung der katholischen und evangelischen Bekenntnisse) her kannte.

»›Nordland‹ (›Die vereinigten nordischen Staaten‹) ist ein Bund von demokratisch geführten Freistaaten (Norwegen, Schweden, Finnland, Dänemark, Island). Jeder Freistaat ist im Rahmen der nordländischen Verfassung selbständig in bezug auf Innenpolitik, kulturelle, soziale Angelegenheiten und Verwaltung. Die Außenpolitik ist gemeinsam und der Führung des Staatenbundes vorbehalten. Die Politik Nordlands ist nach innen und außen verfassungsmäßig festgelegt als eine redliche Friedenspolitik auf der Grundlage sittlicher Wahrheit und Treue sowie sozialer Gerechtigkeit.

Die Friedenspolitik nach innen gründet auf der Achtung des ewigen Sittengesetzes, auf der Anerkennung und Wahrung des gleichen Grundrechtes für alle Bürger, einer fortschrittlichen Sozialpolitik (Sicherung von Arbeit, Verdienst und Lebensmöglichkeit für alle; Nationalisierung aller Bergwerke, Kraftwerke, Eisenbahnen sowie des Großgrundbesitzes an Feld, Wald und Seen, soziale Steuerpolitik unter Schonung der Schwachen) und einer gerechten Nationalitäten- und Rassenpolitik (Selbstverwaltung der nationalen Kurien, z. B. in bezug auf die öffentlichen Mittel für Schulzwecke).

Die Friedenspolitik nach außen anerkennt und achtet in vollstem Umfang die Lebensrechte fremder Völker und vertritt bzw. verwirklicht freiwillig eine Abrüstung (bis auf eine Polizeitruppe zur Aufrechterhaltung der inneren Ordnung) zugunsten einer überstaatlichen Wehrmacht, die im Dienst eines unparteiischen Organs der ›Vereinigten Staaten von Europa‹ einen gerechten Frieden unter den Staaten zu schützen übernimmt.

Verfassungsmäßig ist jedem Nordländer die Unantastbarkeit der persönlichen Würde und Rechtssicherheit,

die Freiheit des Gewissens, der Sprache und Kultur sowie der Reiigionsausübung, die Freiheit der Meinungsäußerung und schließlich die Freiheit des persönlichen Eigentums und Eigentumsgebrauchs innerhalb der durch das Gemeinwohl bestimmten und rechtlich klar festgelegten Grenzen gewährleistet.
Alle Nordländer, die an dem nationalen Unglück und der Vergewaltigung ihres Volkes nachweisbar Mitschuld tragen, bleiben, ebenso wie alle wegen gemeiner Verbrechen Verurteilten, für zwanzig Jahre von allen bürgerlichen Ehrenrechten (Wahlrecht, Recht auf Bekleidung öffentlicher Ämter) ausgeschlossen. Bis zur allfälligen Feststellung bzw. Bewährung ihrer charakterlichen und verfassungsmäßigen Zuverlässigkeit wird diese Mitschuld vorausgesetzt bei allen Funktionären der anti-nationalen und anti-sozialen Parteien und deren militärischen Selbstschutzorganisationen. Die darüber geführte Volksliste ist öffentlich.
Die gesetzgebende Gewalt Nordlands steht bis zur Festlegung der endgültigen Verfassung auf Grund allgemeiner freier Volkswahlen beim nordländischen Volkstag. Dieser besteht aus führenden Vertretern aller Stände sowie hervorragenden Persönlichkeiten der geistigen, kulturellen, religiösen Körperschaften, die erstmals ausgewählt werden vom nordländischen Friedensorden, einer Vereinigung solcher Persönlichkeiten aus allen Staatsgruppen und ehemaligen Parteien, die sich in der Vertretung der sittlichen, sozialen und politischen Grundsätze der neuen Friedenspolitik vor ihrem Volk und der Welt bewährt haben, insbesondere auch dadurch, daß sie für ihre Überzeugung und Haltung von seiten des vergangenen Systems persönliche Nachteile zu tragen hatten. Dies politische Programm ist aufgestellt für den Fall, daß mit dem Kriegsende eine Revolution ausbricht, durch die die Kontinuität des Rechts nicht mehr aufrechtzuerhalten ist.«

In diesem Manifest, zu dem Metzger sich bekennt, muß man, wie er selbst sagt, für Nordland, Deutschland, für Nordländer Deutscher, für Schweden, Norwegen, Dänemark, Finnland, Island deutsche Länder wie Preußen, Bayern, Sachsen, Württemberg, Baden usw. für antinationale und anti-soziale Parteien die NSDAP und ihre Gliederungen lesen. Es handelt sich also um den Entwurf eines Regierungssystems für Deutschland, das demokratisch-pazifistisch, wehrlos, einer Terrorarmee unserer Feinde unterworfen, kein Einheitsstaat, nicht einmal ein Bundesstaat, sondern nur ein Staatenbund sein soll, also um die Verwirklichung schlimmster Wunschträume unserer Feinde! Metzger sagt, daß er sich dachte, bei einem deutschen Zusammenbruch möge der Erzbischof Eidem, den er für deutschfreundlich hält, solche Gedankengänge bei unseren Feinden propagieren, um Deutschland eine solche Regierung an Stelle einer Feindregierung zu »retten«.

Ein ganz ungeheuerlicher Gedanke, wie ihn nur ein zutiefst defaitistischer Mensch überhaupt fassen kann. Ein schmachvoll verräterischer Gedanke, wie ihn nur derjenige zu fassen vermag, der unser nationalsozialistisches Deutschland zutiefst haßt. Ein hochverräterischer Gedanke, weil er davon ausgeht und zum Ziel hat, an die Stelle unserer arteigenen Lebensform, des Nationalsozialismus, längst überwundene volksfeindliche »Ideen« zu maßgebenden zu machen. Vor allem aber: Wer im Kriege ein solches Elaborat in die Welt setzt, einerlei aus welchen Gründen, der schwächt, wenn dieses Elaborat in die Hände unserer Kriegsfeinde kommt, unsere Widerstandskraft, der stärkt unseren Kriegsfeind. Denn dieser würde ein solches Dokument propagandistisch zweifellos gegen uns verwerten; er würde den Anschein erwecken, als gebe es Kräfte in Deutschland, die an eine Niederlage denken, und die nach einer Niederlage sich beim Feinde anschmeicheln wollen,

eine ohnmächtige undeutsche Regierung bilden, um so im Rahmen des Unterdrückungssystems unserer Feinde eine Helfershelferrolle zu spielen.
Zwar sagte Metzger, er habe bestimmt geglaubt, daß sein »Manifest« vor dem Zusammenbruch nicht in die Hände der Feinde käme, er habe darauf vertraut, daß Erzbischof Eidem, den er für deutschfreundlich und einen Mann von Diskretion halte, die Gedanken dieses »Manifestes« erst bei einem Zusammenbruch Deutschlands und dann in geeigneter Weise einflußreichen Männern beim Feinde, z. B. englischen Kirchenfürsten, zuleiten werde. Und er habe geglaubt, daß diese dann helfen könnten. Englischen Kirchenfürsten, etwa dem, der jetzt nach Moskau gereist ist? Der Volksgerichtshof ist aber davon überzeugt, daß ein Mann wie Metzger sich sehr wohl darüber Gedanken gemacht hat, daß so ein Schriftstück, wenn es einmal in der Welt ist und wenn es gar erst im Ausland ist, Wege gehen kann, die er nicht mehr kontrollieren kann. Es ist unmöglich zu glauben, daß ein denkender Mann diese Möglichkeit nicht bedacht hat. Und dennoch hat er versucht, das Schriftstück über die Grenze zu schaffen! Seine Handlung ist also eine Helfershelferhandlung für unseren Kriegsfeind (§ 91 b StGB).
Wenn Metzger jedoch wirklich fest überzeugt gewesen wäre, daß dies Schriftstück bis zum Zusammenbruch Deutschlands nicht in die Hände kommen könnte, die es gegen Deutschland benutzen, so würde auch das das Urteil des Volksgerichtshofs nicht beeinflussen. Denn die ganze Handlungsweise Metzgers ist so ungeheuerlich, daß es gar nicht darauf ankommt, ob sie sich nun juristisch als Hochverrat kennzeichnen läßt (Metzger sagt, nie habe er an Gewalt gedacht), oder ob sie juristisch Feindbegünstigung ist (Metzger sagt, er habe ja nur daran gedacht, im Augenblick des erfolgten Zusammenbruchs wirken zu wollen), oder ob seine Hand-

lungsweise Defaitismus ist (Metzger sagt, er habe auf niemanden zersetzend wirken wollen) – auf das alles kommt es nicht an: denn jeder Volksgenosse weiß, daß ein solches Ausscheren eines einzelnen Deutschen aus unserer Kampffront eine ungeheuerliche Schandtat ist, ein Verrat an unserem Volke in seinem Kampf um sein Leben, und daß ein solcher Verrat todeswürdig ist, es ist ein Verrat in Richtung auf Hochverrat, ein Verrat in Richtung auf Defaitismus, ein Verrat in Richtung auf Feindbegünstigung, ein Verrat, den unser gesundes Volksempfinden für todeswürdig hält (§ 2 StGB). Deshalb müßte Metzger wegen dieses gemeinen Volksverrates auch dann zum Tode verurteilt werden, wenn er nicht mit der Möglichkeit gerechnet hätte, daß sein Schriftstück schon im Kriege in Hände geraten kann, die es gegen uns verwerten.

Metzger versuchte heute in der Hauptverhandlung darzulegen, daß er doch nur aus guter Vorsorge für einen von ihm vorausgesehenen schlimmen Fall gehandelt habe, und auch sein Erzbischof hat ihm in einem Brief, den er an den Verteidiger gerichtet hat und den dieser verlas, bescheinigt, daß er kein Verbrecher sei, und ihn einen Idealisten genannt. Aber das ist eben eine ganz andere Welt, eine Welt, die wir nicht verstehen. Und bei uns im Großdeutschen Reich kann jeder nur nach den Grundsätzen verurteilt werden, die bei uns gelten, nach nationalsozialistischen Ansichten, die davon so himmelweit entfernt sind, daß über sie eine Diskussion auf nationalsozialistischer Basis überhaupt nicht möglich ist – und das sind die Ansichten, die Metzgers Handlungsweise zugrunde liegen –, kann, darf und will kein deutsches Gericht berücksichtigen. Jeder muß sich gefallen lassen, nach deutschem, nationalsozialistischem Maßstab gemessen zu werden. Und der sagt eindeutig, daß ein Mann, der so handelt, ein Verräter am eigenen Volke ist.

> Metzger, der sich durch seine Handlungsweise für immer ehrlos gemacht hat, mußte also zum Tode verurteilt werden.
> Weil er verurteilt ist, muß Metzger auch die Kosten zahlen.
> gez.: Dr. Freisler   Rehse

Als nach der Ablehnung des Gnadenantrags am 16. April 1944 der Priester Max Josef Metzger durch das Fallbeil hingerichtet wurde, stand noch eine Rechnung offen: Zu zahlen war für 293 Tage Gefängnis und die Durchführung der Todesstrafe.

Am 8. August 1944 beglich Metzgers Familie die offenstehende »Kostenrechnung«.

Urteil 6:
»Mit Schimpf und Schande aus unserer Mitte...«

Ungebrochen und voller Hoffnung auf eine bessere Zukunft trat die Frankfurterin Johanna Kirchner am 9. Juni 1944 in Berlin-Plötzensee ihren letzten Gang zur Hinrichtung an. Eine halbe Stunde nur hatte der Volksgerichtshof unter Vorsitz von Freisler gebraucht, um die Sozialistin zum Tode zu verurteilen.

Was hatte Johanna Kirchner getan? Nichts anderes, als denen zu helfen, die gegen den Nazi-Terror aufgestanden waren oder unter ihm unschuldig zu leiden hatten. Ihre Herkunft aus einer alten sozialdemokratischen Familie und ihre Zugehörigkeit zur sozialistischen Arbeiterbewegung schon seit ihrem vierzehnten Lebensjahr hatten ihren Charakter geprägt und ihre Haltung bestimmt. Sie war mit Karl Kirchner, dem Kommunalpolitiker und SPD-Fraktionsvorsitzenden, verheiratet, an dessen Seite sie als Berichterstatterin auf Partei- und Gewerkschaftskongressen arbeitete.

Als 1933 die Nationalsozialisten an die Macht kamen, schränkte sie ihre Arbeit, ihre Hilfe für nun noch mehr Unterdrückte in keiner Weise ein. Immer wieder war sie darauf aus, Fluchtmöglichkeiten für Verfolgte, für Antifaschisten zu schaffen, sie aus den Fängen der Gestapo zu befreien.

Bis zum Kriegsausbruch lebte Johanna Kirchner im französischen Forbach, aufs engste verbunden mit dem Kampf deutscher Hitler-Gegner, und fand Freunde unter den deutschen Kämpfern der Internationalen Brigade. Als sie nach Kriegsausbruch interniert wurde, gelang es mit Hilfe französischer Widerstandskämpfer, sie aus dem Konzentrationslager Gurs zu befreien. Später wurde sie jedoch von der Vichy-Regierung aufgrund eines Auslieferungsantrags der Gestapo übergeben.

Schon einmal, im Mai 1943, hatte sie bereits vor dem Volksgerichtshof gestanden. Das Urteil: zehn Jahre Zuchthaus. Es war damals so »milde« ausgefallen, weil einer der Beisitzer, ein Frankfurter, sich für sie einsetzte und ihre »Verfehlungen« mit ihrem Bestreben, helfen zu wollen, zu entschuldigen verstand. Nahezu ein Jahr ihrer Strafe verbüßte Johanna Kirchner im Cottbusser Zuchthaus.

Doch das Urteil wurde aufgehoben, das Verfahren gegen die Widerstandskämpferin erneut aufgenommen. Am 21. April 1944 schließlich wurde ihr Schicksal besiegelt: Der Volksgerichtshof verurteilte Johanna Kirchner nun zum Tode.

Im Namen des Deutschen Volkes

In der Strafsache gegen
die ehemalige SPD-Angestellte Johanna *Schmidt* gesch. Kirchner geb. Stunz aus Frankfurt/Main ohne festen Wohnsitz, zuletzt in Aix les Bains, Departement Savoi, Frankreich, geboren am 24. April 1889 in Frankfurt/Main,
zur Zeit in dieser Sache in Haft,
wegen Vorbereitung zum Hochverrat,
hat der Volksgerichtshof, Bes. Senat, auf Grund der Hauptverhandlung vom 21. April 1944, an welcher teilgenommen haben

als Richter:
Präsident des Volksgerichtshofs,
Dr. *Freisler*, Vorsitzender,
Volksgerichtsrat...
...
... (in Akten unleserlich! d.V.)

als Vertreter des Oberreichsanwalts:
Reichsanwalt Dr. *Franzke*

für Recht erkannt:
Die alte Sozialdemokratin Frau Johanna *Schmidt* hat in der Emigration lang mit den Volksverrätern Matz Braun und Emil Kirschmann unter Emigranten und in unserem Reich hochverräterisch gewühlt, hat im großen übelste marxistische Hochverratspropaganda betrieben, hat im großen kulturelle, wirtschaftliche, politische und militärische Spionagenachrichten landesverräterisch eingezogen und weitergegeben; und hat dazu als Nachrichtenquelle sogar ihre Tochter mißbraucht.
Mit Schimpf und Schande von unserem Reich schon vor Jahren aus unserer Mitte ausgestoßen, wird sie – für immer ehrlos – mit dem

Tode

bestraft.

Gründe:
Frau Johanna *Schmidt*, die schon seit 1907 Mitglied der SPD war und in den letzten Jahren vor unserer nationalsozialistischen Volkserneuerung als Sekretärin im Frankfurter SPD-Büro angestellt war, wanderte 1933 ins Saargebiet. Wie sie sagt, nicht, um zu emigrieren, sondern weil sie glaubte, in Frankfurt nun zunächst längere Zeit arbeitslos zu werden. In Saarbrücken nahm sie

Stellung bei einer Gesinnungsgenossin, Frau Juchacz, als Büffetaufsicht. Als die Saar sich geschlossen zum eigenen Blut und Volk bekannte und das Saargebiet wieder ins Reich zurückkehrte, wurde sie nicht von dem allgemeinen Strome der Begeisterung mit ergriffen, sondern wanderte jetzt nach Forbach, ins damalige Frankreich aus und nahm eine Stellung in einem Saarflüchtlingskomitee an, das die berüchtigten Volksverräter Matz Braun und Emil Kirschmann leiteten. Diese selbst freilich flohen bald weiter, der erste nach Paris und der letzte nach Mülhausen im Elsaß. Frau Schmidt aber als Sekretärin führte nun die Geschäfte unter der nur sehr losen Aufsicht von Braun, der nur selten von Paris hinkam, und unter der etwas festeren Aufsicht von Kirschmann, der zwei- bis dreimal wöchentlich von Mülhausen herüberkam.

Welch Geistes Kind dies Komitee war, ergibt sich daraus, daß es vom Internationalen Gewerkschaftsbüro und von der Roten Hilfe finanziert wurde! Und wie dies Büro seine Hilfsaufgabe auffaßte, kann man daraus erkennen, daß allein die Gehälter für Kirschmann und Frau Schmidt 20 bis 25% der Gesamtmittel verschlangen!

Im Rahmen der Hilfeleistungen stellte das Komitee, also Frau Schmidt, über Emigranten »Steckbriefe« und »Empfehlungen« aus, und bemühte sich auch um Aufenthaltserlaubnisse und zahlte Unterstützungen. Bei dieser Tätigkeit, die eine Art Emigranten-Rote Hilfe ist, blieb es aber nicht.

Vielmehr begann das Komitee, und in ihm Frau Schmidt als Sekretärin, in außerordentlichem Umfang hochverräterisch zersetzende Hetzpropaganda gegen unser nationalsozialistisches Deutsches Reich. Man gab eine Zeitschrift – »Saarnachrichten« – heraus, in etwa 500 Stück jede Nummer, und die Matrizen zu ihr schrieb Frau Schmidt! Außerdem verbreitete das Flüchtlings-

komitee die »Sozialistische Aktion« des Prager sozialdemokratischen Emigrantenklüngels, der »Sopade« und andere Hetzzeitschriften in je 100 bis 200 Stück. Diese fügte es der eigenen Zeitschrift bei deren Verbreitung bei. Frau Schmidt sagt selbst, daß der Hauptinhalt dieser Zeitschrift Greuelnachrichten über Deutschland waren. Und beim Versandfertigmachen all dieses Zersetzungsgiftes war Frau Schmidt mittätig! Aber sie blieb mit ihrer hochverräterischen Tätigkeit nicht außerhalb der Grenzen des Reiches. Vielmehr arbeitete sie sogar an einem Plan, von der Schweiz her in ihrer Heimatstadt, in Frankfurt am Main, die SPD wieder aufzuziehen! Sie, die durch ihre Emigration doch jedes Recht, in unseren deutschen Angelegenheiten mitzureden und mitzuarbeiten, verloren hatte!!
Neben dieser systematischen Hetze stehen einzelne ehrlose Volksverräterhandlungen, wie etwa folgende: Ein in Spanien dingfest gemachter Volksverräter von Puttkammer sollte über Italien nach Deutschland ausgeliefert werden. Ihm gelang aber die Flucht von Italien in die Schweiz. Und an der Schweizer Grenze nahm Frau Schmidt, die zu diesem Zweck dorthin gereist war, ihn in Empfang, um ihn in einem Schweizer Sanatorium unterzubringen!
Alles bisher Geschilderte wird aber überboten durch die landesverräterische Tätigkeit der Angeklagten. Kirschmann wollte für seine Hetzzeitschriften kulturelles, wirtschaftliches, politisches und militärisches Nachrichtenmaterial haben. Deshalb hatte er Frau Schmidt und anderen Mitarbeitern in der Forbacher Flüchtlingshilfeorganisation nahegelegt, solches Material zu sammeln. Frau Schmidt sollte dafür sorgen, daß dies Material bei ihr zusammenfloß, und sollte es ihm dann weiterleiten. Das tat sie auch. Und sie entwickelte dazu eine umfangreiche Tätigkeit, sprach mit Gewährsmännern, die für sie ständige Nachrichtenquellen waren, wie zum Bei-

spiel einen gewissen Harig, von Hünneckens, Niebergall, Kirn und anderen; und sandte das so gewonnene Material Kirschmann. Darunter befand sich die Mitteilung, daß ein namentlich benannter früherer Kommunist Gestapo-Vertrauensmann sei; eine Nachricht also, die im Interesse der Sicherheit unseres Reiches geheim bleiben muß. Darunter befanden sich ferner Nachrichten über Arbeitsdienstlager im Hunsrück und darüber, was auf dem »Eberkopf los sei«. Ab und zu bekam sie auch militärische Nachrichten – Sonderaufträge von Kirschmann. Etwa, zu melden, ob neue Truppen in Saarlautern eingetroffen seien, und welche Truppen in Saarbrücken seien. Auch darum bemühte sie sich. Und das alles sind nach unserer Auffassung Dinge, die man in den ersten Jahren nach der nationalsozialistischen Machtergreifung noch mehr als nachher bis zum Kriegsbeginn im Interesse unserer Landesverteidigung geheimhalten mußte, zumal wir damals noch nicht so stark waren wie nach dem Aufbau unserer Wehr.

Bis zu welchem Grade der Verkommenheit Frau Schmidt gesunken war, erkennt man daraus, daß sie sogar ihre beiden Töchter unter dem Vorwand, gemeinsam die Ferien verbringen zu wollen, aus Deutschland nach Hohwals im damals französischen Elsaß lockte, um sie dort über politische, soziale, kulturelle, wirtschaftliche und militärische Verhältnisse auszufragen; oder wie Kirschmann in seinen Briefen an sie und sie in ihren Antwortbriefen sich auszudrücken pflegte, auszuquetschen. Sie hatte nichts dagegen, daß Kirschmann auch diese Nachrichten auswertete; nur bat sie ihn, dies nicht sofort öffentlich zu tun, und zwar aus Vorsicht.

Kirschmann pflegte die Informationen, die er so bekam, journalistisch zurechtgemacht in seinem Informationsdienst zu verwerten. Dadurch wurden diese Informationen auch den französischen Dienststellen erreichbar. Und das wußte natürlich auch Frau Schmidt. Durch dies

Verhalten ist also die Hochverräterin zur Landesverräterin geworden. Und damit ist bei ihr der Abstieg in die vollkommene Ehrlosigkeit vollendet; ein Abstieg, der mit der Emigration unaufhaltsam begann, weil der entwurzelte Mensch, der sich von Volk und Land getrennt hat, auf der abschüssigen Bahn des Verrates keinen Halt mehr findet.

Gegenüber diesem Hoch- und Landesverrat (§§ 83, 89 StGB) bedeutet es nichts, daß Frau Schmidt die Nachrichtentätigkeit und überhaupt ihre Tätigkeit im Dienste des Volksverräters Kirschmann gut ein Jahr vor Kriegsbeginn einstellt; wie sie behauptet – freiwillig; und daß sie dann einen Beruf in einem Haushalt ergriff. Und für ihre Beurteilung ist es ganz bedeutungslos, daß sie von den Franzosen bei Kriegsausbruch in ein Konzentrationslager gebracht wurde. Sie sagt freilich, sie habe sich 1940 bemüht, nach Deutschland zurückzukommen, weil sie ihre Tat bereut habe, und weil sie gehofft habe, im Kriege nach Deutschland und wieder in die Gemeinschaft des Volkes zurück zu können. Wenn sie sich wirklich darum beworben hat – ernst ist es ihr darum nicht gewesen. Denn sie ist noch ein Jahr lang, ehe sie verhaftet und an die Demarkationslinie gebracht wurde, vollkommen frei in Aix les Bains gewesen. Wenn sie so ehrlich bereut hätte, und wenn ihre Sehnsucht nach Deutschland zurück so groß gewesen wäre, so wäre es ihr ein leichtes gewesen, in diesem Jahr den Weg über die Demarkationslinie ins besetzte Frankreich und damit nach Deutschland zu finden. Und ein weiteres! Selbst eine ehrliche Reue hätte der Volksgerichtshof in diesem Falle nicht berücksichtigt. Denn ein echter Verrat am eigenen Volke läßt keine Reue zu. Und jedenfalls ist die Reue bei echtem Verrat zu spät. Denn Verrat ist einer der Fälle, in denen die Tat den Täter richtet.

Unser Reich hat Frau Schmidt schon Anfang 1937 mit Schimpf und Schande aus unserer Mitte gestoßen. Und

Der Oberreichsanwalt
beim Volksgerichtshof

10 J 17/44.

Berlin W 9, den 6. [...]

Vertraulich!

Herrn Rechtsanwalt Dr. Weismann
in Berlin-Charlottenburg,
Berliner Straße 99.

Die Vollstreckung der vom Besonderen Senat des Volksgerichtshofs am
21. April 1944 erkannten Todesstrafe an der Verurteilten
Johanna S c h m i d t soll Freitag, den 9. Juni 1944, ab 13 Uhr
in dem Strafgefängnis Plötzensee in Berlin stattfinden. Der Zutritt zu der Verurteilten ist Ihnen gestattet. Nach § 454 Abs. 3
StPO. ist Ihnen ferner erlaubt, der Vollstreckung des Urteils beizuwohnen. Falls Sie dies beabsichtigen sollten, bitte ich Sie, sich
spätestens eine halbe Stunde vor dem angegebenen Zeitpunkt in dem
Strafgefängnis Plötzensee einzufinden (Dunkler Anzug).

Ich übersende Ihnen in der Anlage eine Einlaßkarte mit dem
Bemerken, daß Sie zur strengsten Geheimhaltung der bevorstehenden
Hinrichtung verpflichtet sind. Falls Sie von der Einlaßkarte keinen
Gebrauch machen wollen, bitte ich, diese zu vernichten.

Der Verurteilten werden an demselben Tage ab 11.30 Uhr
die vorgeschriebenen Eröffnungen gemacht. Auch hierbei ist Ihnen
die Anwesenheit gestattet. Ich ersuche Sie aber, vor diesem Zeitpunkt der Verurteilten auf keinen Fall von der bevorstehenden Vollstreckung des Urteils Kenntnis zu geben.

Den Eingang dieses Schreibens wollen Sie mir sofort unter
der Anschrift des Landgerichtsrats Dr. Bach - Reichsanwaltschaft
beim Volksgerichtshof, Dienststelle Potsdam, Kaiser Wilhelm Straße 8
(Landgerichtsgebäude) mit der Aufschrift "Persönlich" bestätigen.

Im Auftrage

Vollstreckung des Todesurteils Johanna Schmidt: »Strengste Geheimhaltung... und dunkler Anzug«

mit der Ausbürgerung hat sie alle Ehre bereits verloren. So blieb für den Volksgerichtshof nur übrig, sie, die alles oben Geschilderte unter dem Druck des vorgefundenen Beweismaterials vor der Polizei und heute vor Gericht eingestanden hat, für ihren Verrat mit dem Tode zu bestrafen. Denn eine andere Strafe kann um der Selbstachtung des Reiches, des Sauberkeitsbedürfnisses unseres Volkes und um des Schutzes von Reich und Volk willen nicht in Frage kommen. Weil Frau Schmidt verurteilt ist, muß sie auch die Kosten bezahlen.
gez.: Dr. Freisler

Urteil 7:
»Durch Defätismus für immer ehrlos...«

Im Namen des Deutschen Volkes

In der Strafsache gegen
den Kustos und Professor Dr. Dr. Walter *Arndt* aus Berlin,
geboren am 8. Januar 1891 in Landeshut (Schlesien)
zur Zeit in dieser Sache in Haft,
wegen Wehrkraftzersetzung,
hat der Volksgerichtshof, 1. Senat, auf die am 27. April 1944 eingegangene Anklage des Oberreichsanwalts vom 4. April 1944, in der Hauptverhandlung am 11. Mai 1944, an welcher teilgenommen haben

als Richter:
Präsident des Volksgerichtshofs
Dr. *Freisler*, Vorsitzender,
Kammergerichtsrat *Rehse*,
SS-Obersturmbannführer *Wittmer*,
SA-Oberführer *Hell*,
Ortsgruppenleiter *Kelch*,

als Vertreter des Oberreichsanwalts:
Staatsanwalt *Kurth*,

für Recht erkannt:

Walter *Arndt* ist ein gefährlicher Defaitist. Er hat um die Wende des vierten und fünften Kriegsjahres zu Volksgenossen gesagt:
es sei Schluß mit dem Deutschen Reich, wir seien schuld am Kriege, es handele sich nur noch darum, wieweit die Schuldigen bestraft würden.
Durch diesen Defaitismus ist er für immer ehrlos geworden. Er wird dafür mit dem

Tode

bestraft.

Gründe:

Walter Arndt ist mit dem Titel eines Professors Kustos des der Berliner Universität angeschlossenen Zoologischen Museums.
Er weist darauf hin, daß er mehrfach im Leben besondere Leistungen vollbracht hat, so, daß er im Weltkrieg als Sanitätssoldat bei Verwundeten, die er zu betreuen hatte, ausharrte und damit die Gefangenschaft auf sich nahm; und daß er bei Brande des Museums bei einem Terrorangriff unerschrocken löschte und dadurch das Museum rettete; und daß er bedeutende wissenschaftliche Leistungen auf seinem Arbeitsgebiet vollbracht hat.
Aber das alles kann gegenüber dem Defätismus, dessen er sich schuldig gemacht hat, nicht ausschlaggebend ins Gewicht fallen.
Der Volksgenosse Dr. Stichel, ein Arndt bekannter Zoologe, hat nämlich bekundet, daß Arndt ihm auf einem kurzen gemeinsamen Wege am 28.07.1943 gesagt

habe, jetzt sei es zu Ende mit dem Dritten Reich, es handele sich nur noch um die Bestrafung der Schuldigen, und darum, wie weit nach unten die Führenden bestraft werden würden. Seit dem Reichstagsbrandschwindel (!) habe er gewußt, daß es so kommen werde; denn auf die Dauer sei ein solches Lügenspiel nicht möglich. Auf sein – Stichels – Erstaunen habe dann Arndt geantwortet: »Nicht wahr, so etwas hat Ihnen noch niemand gesagt.«
Arndt bestreitet das nicht, sagt vielmehr nur, er könne sich nicht mehr erinnern. An solche eigenen Äußerungen sich nicht mehr erinnern – das wäre aber nur möglich, wenn man alltäglich solche Ausführungen macht und sich deshalb unter der Vielzahl der Vorfälle an die einzelnen nicht mehr erinnern kann. Und wer sich nicht selbst ähnliche Äußerungen zutraut, der erklärt sich zu einem solchen Vorwurf auch nicht mit Nichtwissen, sondern er bestreitet sie. Davon abgesehen aber hat auch Volksgenosse Dr. Stichel seine Bekundungen mit solcher Ruhe und Sicherheit vorgetragen, daß kein Zweifel sein kann: er hat die Wahrheit gesagt.
Dieser Fall des Defätismus ist aber nicht der einzige, dessen sich Arndt schuldig gemacht hat.
Seine Jugendfreundin, die Volksgenossin Frau Hanneliese Mehlhausen, bekundet, daß sie sich in Gegenwart ihrer Mutter mit ihm, als er am 4. September des fünften Kriegsjahres in Landeshut war, sich auf einem Bahnsteig getroffen habe und daß er nach der Begrüßung erzählt habe, der Bombenangriff der letztvorhergehenden Nacht sei der schwerste auf Berlin gewesen (er war gerade von Berlin gekommen, um Koffer in Landeshut unterzubringen); und es sei schlimm, daß wir alle mit darunter leiden müßten, was die anderen uns eingebrockt hätten. Sie habe darauf geantwortet: aber wir sind doch nicht am Kriege schuld. Und darauf habe er erwidert: natürlich sind wir am Kriege schuld, und jetzt

werden die, die das verschuldet haben, zur Rechenschaft gezogen. Dann sei die Sprache auf die Kriegslage gekommen. Und da habe Arndt wieder gesagt, wir gingen überall zurück. Frau Mehlhausens Mutter habe darauf erwidert, er solle doch bedenken, daß wir tief in Feindesland stehen; aber das habe er mit den Worten abgetan, das seien eben die Anfangserfolge. Und schließlich habe Arndt noch gesagt, wie in Italien Mussolini in drei Tagen erledigt worden sei, so werde es auch bei uns kommen. Und sie werde sehen, in vier Wochen sei es auch bei uns aus mit der Partei. Sie – Frau Mehlhausen – habe dann darauf hingewiesen, daß Faschismus und Nationalsozialismus doch etwas Verschiedenes seien. Aber er habe erwidert, ob sie sich noch ihres Zusammentreffens im November 1938 erinnere. Nach dem Verbrechen von damals sei er sich sofort klar gewesen, daß ein neuer Weltkrieg kommen werde. Auch diese schwer defätistischen Äußerungen bestreitet Arndt nicht etwa. Sondern er erklärt auch hier im wesentlichen, sich nicht zu erinnern. Frau Mehlhausen hat schwer unter diesen Ausführungen gelitten und schließlich das getan, was Pflicht der deutschen Frau ist: sie hat sich an ihren Kreisleiter gewandt und dann, obgleich ihr das ihrem Jugendfreund gegenüber schwerfiel, Meldung erstattet.
Ihr hat man in der Hauptverhandlung angesehen, wie schwer ihr ums Herz war, Arndt belasten zu müssen. Sie hat sicher nicht ein Wort mehr gesagt, als der Wahrheit entspricht.
Zwei verschiedenen Volksgenossen gegenüber hat also Walter Arndt sich im vierten und zu Beginn des fünften Kriegsjahres defätistisch geäußert. Er will das mit seiner Erregung entschuldigen. Kurz vor seinem Gespräch mit Dr. Stichel seien zwei deutsche Naturkundemuseen Opfer der Terrorangriffe geworden, und dann sei dem Gespräch der Sturz Mussolinis unmittelbar vorherge-

gangen. Allein, wenn ihn die Vernichtung der Museen besonders ergriff, so hätte das seinen Kampfwillen gerade stärken müssen. Und die Stunde des Verrates an Mussolini war gerade eine Stunde, in der die Festigkeit der Haltung aller Volksgenossen, besonders aber die geistig führenden Volksgenossen, deren Verantwortung besonders groß ist, sich bewähren mußte. Das Versagen in der Stunde der Bewährung kann man aber nicht damit entschuldigen, daß es eben auf eine Bewährung angekommen sei, der man nicht gewachsen sei. Und die Erregung, mit der Arndt sein Verhalten gegenüber Frau Mehlhausen und ihrer Mutter entschuldigen will, bestand darin, daß bei dem Terrorangriff der Nacht vorher in der Nähe seiner Wohnung viele Ganzvernichtungen von Häusern eingetreten seien, und daß in seiner Wohnung der Stuck heruntergefallen und die Fensterscheiben zertrümmert seien. Das ist aber kein Grund, sich so zu äußern. Was sollten denn all die tapferen Volksgenossen sagen, die vielleicht in einer solchen Nacht nicht nur all ihr Hab und Gut, sondern auch einen lieben nächsten Verwandten verloren haben?
Und wie sollte sich mit Derartigem gerade ein Mann entschuldigen können, der eine Führungsverantwortung hat? Nein, mit Arndt mußte der Volksgerichtshof gerade so verfahren wie mit anderen Defätisten (§ 5 KSSVO), die unserem kämpfenden Volk mit ihren entmutigenden Zersetzungsreden in den Rücken fallen und die sich dadurch für immer ehrlos gemacht haben.
Er mußte zum Tode verurteilt werden, damit die Siegesgewißheit und damit die Kampfkraft unserer Heimat unangetastet bleibt.
Weil Arndt verurteilt ist, muß er auch die Kosten tragen.
Dr. Freisler   Rehse

Urteil 8:
»Unsere Kraft für den Sieg angenagt...«

Im Namen des Deutschen Volkes

In der Strafsache gegen
den Pfarrer Josef *Müller* aus Großdüngen, Kreis Marienburg/Hannover, geboren am 19. August 1893 in Saalmünster, Kreis Schlüchtern,
zur Zeit in dieser Sache in Haft,
wegen Wehrkraftzersetzung,
hat der Volksgerichtshof, 1. Senat, auf die am 11. Juli 1944 eingegangene Anklage des Oberreichsanwalts in der Hauptverhandlung vom 28. Juli 1944, an welcher teilgenommen haben:

als Richter:
Präsident des Volksgerichtshofs
Dr. *Freisler*, Vorsitzender,
Kammergerichtsrat *Rehse*,
Abschnittsleiter *Ahmels*,
Stadtrat *Kaiser*,
Abschnittsleiter *Bartens*,

als Vertreter des Oberreichsanwalts:
Amtsgerichtsrat *Krebs*,

für Recht erkannt:
Josef *Müller*, ein katholischer Priester, hat zwei Volksgenossen erzählt:
ein Verwundeter habe als Sterbender gebeten, die noch einmal zu sehen, für die er sterben müsse, da habe man das Bild unseres Führers rechts, das des Reichsmarschalls links neben ihn gestellt; und da habe er gesagt: jetzt sterbe ich wie Christus.

Hierdurch und durch andere zersetzende Bemerkungen hat er unsere Kraft zum Volleinsatz für den Sieg angenagt.
Dadurch ist er für immer ehrlos geworden. Er wird mit dem

Tode

bestraft.

Gründe:

Der Volksgenosse Elektromeister Hermann Niehoff aus Großdüngen bei Hildesheim schilderte uns als Zeuge folgendes:
Anfang August 1943 habe er handwerklich beim neuen katholischen Pfarrer in Großdüngen, Josef Müller, zu tun gehabt.
Dabei habe sich ein Gespräch über die Kriegslage entwickelt. Müller habe die Lage als ernst bezeichnet, der Krieg könne leicht verlorengehen; er als alter Soldat würde bedauern, wenn die junge Kriegsgeneration so nach Hause kommen müsse wie sie einst. Er – Niehoff – habe nun nach den Folgen einer Niederlage gefragt und darauf habe Müller geantwortet: Wie auch der Krieg ausgehe – die Zollschranken würden fallen! Diese Antwort habe ihn – Niehoff – nicht befriedigt, er habe darauf hingewiesen, daß wir den Bolschewismus bekämen, wenn wir verlören. Müller habe darauf geantwortet, der Bolschewismus komme nicht, der verblutet sich. Das habe ihn – Niehoff – zu der Bemerkung veranlaßt: Wehe den deutschen Männern, die dann zum Wiederaufbau nach Rußland geholt würden. Müller habe darauf geantwortet: Das Beispiel dafür haben wir denen ja gegeben!!!
Im weiteren Verlauf sei das Gespräch auch auf die Vorgänge in Italien gekommen, dabei habe Müller den Faschismus eine Konjunkturerscheinung genannt und

erklärt, nach einem verlorenen Krieg werde der Nationalsozialismus den gleichen Weg gehen, er sei durch Arbeitslosigkeit und Inflation groß geworden, da hätten eben viele ihre Hoffnung auf ihn gesetzt.
Kurze Zeit darauf, sagte Niehoff, kam Josef Müller zu seinem kranken Vater. Er sei hinzugekommen, weil er nun mehr über Müllers Stellungnahme haben hören wollen. Müller sei aber einem Gespräch über den Krieg ausgewichen. Und jetzt habe er – Niehoff – erklärt, er wolle ihm einen Witz erzählen: ein Bauer komme nach dem Tode zu Petrus, der ihm die Wahl stelle, ob Himmel oder Hölle. Der Bauer habe zunächst die Hölle besichtigen wollen, und da sei ein Hallo gewesen, Essen und Trinken und auch Weiber. Hier habe ihn Müller unterbrochen: Den Witz kenne er, er wolle ihm nun einen Witz erzählen: Ein Verwundeter liege im Sterben und wünsche, die zu sehen, für die er sterben müsse. Daraufhin nahm man die Bilder des Führers und des Reichsmarschalls und stellte sie ihm zur Rechten und zur Linken. Und da erklärte der Verwundete: Jetzt sterbe ich wie Christus. darauf sei er – Niehoff – zum Telefon gerufen worden, und als er zurückkam, sei Müller schon fort gewesen. Müller selbst schildert den zweiten Vorfall wie Niehoff, nur habe er nicht gesagt, er wolle einen Witz, sondern er wolle ein Gleichnis erzählen.
Den ersten Vorfall bestreitet Müller in wichtigen Teilen: daß die Lage ernst sei und es ihm bitter weh tun würde, wenn die jungen Soldaten so heimkehren müßten wie die Weltkriegskämpfer, habe er gesagt. Von fallenden Zollschranken als Kriegsfolge möge er geredet haben; auch, daß der Bolschewismus nicht kommen, sondern sich verbluten werde. Daß wir den Bolschewisten das Beispiel für das Hinholen unserer Männer zum Wiederaufbau nach Rußland gegeben hätten, habe er nicht gesagt; im Gegenteil: wir hätten doch jetzt die Ostarbeiter hier, womit er habe andeuten wollen, daß ein Einsatz

unserer Männer für die Bolschewisten doch gar nicht in Frage komme. Wenn er auch über den Faschismus ähnlich wie geschildert gesprochen habe, habe er doch zum Nationalsozialismus sich ganz anders geäußert, nämlich: weltanschaulich könne er zu der Frage des Nationalsozialismus nicht Stellung nehmen. Der tatsächliche Machtfaktor der jetzigen Regierung scheine ihm durch die Inflation und die Arbeitslosigkeit und die Unfähigkeit der anderen mitgetragen zu sein!!!
Schon Müllers Schilderung dieses Vorfalls zeigt, wes Geistes Kind er ist. Diese Verkleinerung des Nationalsozialismus, die auch ihn kaum getarnt als Konjunkturerscheinung bezeichnet, spricht Bände; ebenso wie die Bemerkung, auch im Falle einer Niederlage komme der Bolschewismus nicht; und die Äußerung vom Fallen der Zollschranken als Kriegsfolge.
Wir haben aber auch nicht den geringsten Zweifel, daß über diese von Müller zugegebenen Äußerungen hinaus der Sachverhalt sich so abgespielt hat, wie Niehoff es bekundet. Man muß diesen Zeugen gesehen und gehört haben, um sicher zu sein, daß man auf ihn die Feststellungen bauen kann, fern von jeder Sucht, den Angeklagten hereinlegen zu wollen, ist er – offenbar aus besonderer Gewissenhaftigkeit – die Vorsicht selbst bei allen Bekundungen, die Müller belasten. Das oben als eine Aussage Wiedergegebene aber bekundet er mit absoluter Bestimmtheit. Er hat auch keineswegs auf Anzeige Müllers gedrängt, sondern im Gegenteil sich aus einer inneren Not, in die ihn Müllers Worte gebracht haben, an seinen politischen Leiter erst gegen dessen Versprechen gewandt, den Vorfall zunächst nicht zu melden.
Was Niehoff bekundet, ist deshalb wahr.
Viel schwerer als dieser erste Vorfall wiegt der zweite, in dessen Darstellung Müller und Niehoff in allen wesentlichen Punkten übereinstimmen.

Niehoff hat Müllers »Witz« oder »Gleichnis« so verstanden: Der Soldat sterbe wie Christus zwischen zwei Verbrechern. Das ist auch die natürliche Auslegung.
Müller aber sagt, er habe nur den Opfergedanken in dem Bilde zum Ausdruck bringen wollen; alles andere habe ihm völlig fern gelegen. Er habe sich auch gar nicht an den Zeugen, Volksgenossen Niehoff, sondern an dessen kranken Vater gewandt.
Aber das ist nicht wahr. Denn:
1. hätte er dann das »Gleichnis« Niehoffs Vater erklären müssen. Er hat aber selbst zugegeben, daß er das nicht getan hat.
2. der Soldat wollte nach dem Bilde die sehen, für die er sterben muß. Die Bilder werden aber in der Erzählung nicht vor sondern neben den Sterbenden, und zwar rechts und links, gestellt, so daß der Soldat sie also gar nicht sehen kann. Die Sinnwidrigkeit dieser Aufstellung im Verhältnis zu dem Wunsch des sterbenden Soldaten muß also eine Ursache haben.
Sie liegt offenbar im Wunsche, das Sagen-Bild von Golgatha herzustellen.
3. und dann antwortet noch der sterbende Soldat: jetzt sterbe ich wie Christus. Dies ganze Bild und die minutiöse Art, wie seine Entstehung in dem »Witz« oder »Gleichnis« geschildert wird, wäre völlig überflüssig, wenn nur der Opfergedanke an sich im Zusammenhang mit dem Tode Christi hätte zum Ausdruck gebracht werden sollen. Die natürliche Auffassung des Sinnes dieser Erzählung ist also die einzig mögliche. Neben ihr kann die, die Müller jetzt nennt, nicht bestehen.
4. Müllers Verhalten beim ersten Vorfall läßt ihn auch fähig erscheinen, volks- und reichsfeindliche Äußerungen zu tun. Dem steht nicht zwingend entgegen, daß er – was fest steht – im Weltkrieg anständig und mit Auszeichnung seine Pflicht getan hat. Auch nicht,

daß er eine Niederlage um der kämpfenden Soldaten willen bedauern würde. Und dem steht ebensowenig zwingend entgegen, daß er doch als Priester das ihm Heiligste nicht zu politischer Zersetzung benutzen kann, wie der Verteidiger meinte. Denn wer weiß, ob diese Zersetzung ihm nicht gerade ein Gebot zu sein scheint? Weltanschaulich ist er ja offenbar (s. den ersten Vorfall) mit dem Nationalsozialismus zerfallen.

Wenn nach dem allen Müller seinen »Witz«, »Gleichnis« oder »Vergleich« im natürlichen Sinne gebraucht hat, so hat er damit mit der Autorität des Priesters einen der gemeinsten und gefährlichsten Angriffe auf unser Vertrauen zu unserem Führer gerichtet, einen Angriff, der unsere Bereitschaft, uns mit aller Kraft im Gefühl unseres Rechtes in diesem großen Kampf für unser Volkes Leben einzusetzen, mindern kann. Und das tat er nicht nur einmal, denn auch die Reden, die er bei dem ersten geschilderten Vorfall führte, laufen ja in derselben Richtung (§ 5 KSSVO). Und das tat er, während wir mitten im allerschwersten Ringen standen!
Ein solches Verhalten ist nicht nur unverantwortlicher Mißbrauch der Priesterautorität, ist mehr: ist Verrat an Volk, Führer und Reich. Solcher Verrat macht für immer ehrlos.
Ein solches Attentat auf unsere moralische Kriegskraft kann – damit ähnliche Verratslüsterne abgeschreckt werden – nicht anders als mit dem

                    Tode

bestraft werden.
Weil Müller verurteilt ist, muß er auch die Kosten tragen.
gez. Dr. Freisler   Rehse.

Urteil 9:
»Für immer ehrlose Magd...«

Im Namen des Deutschen Volkes

In der Strafsache gegen
die Kranführersehefrau Emma *Hölterhoff,* geb. Maass,
aus Erkheim über Memmingen, geboren am 28. Mai 1904 in Homberg (Niederrhein),
zur Zeit in dieser Sache in gerichtlicher Untersuchungshaft,
wegen Wehrkraftzersetzung,
hat der Volksgerichtshof, Bes. Senat, auf Grund der Hauptverhandlung vom 8. November 1944, an welcher teilgenommen haben

als Richter:
Präsident des Volksgerichtshofs
Dr. *Freisler,* Vorsitzender,
Volksgerichtsrat Dr. *Greulich,*
Generalmajor der Landespolizei a. D. *Meißner,*
SA-Gruppenführer *Aumüller,*
Reichshauptamtsleiter *Giese,*

als Vertreter des Oberreichsanwalts:
Oberstaatsanwalt Dr. *Weisbrod,*

für Recht erkannt:
Frau Emma *Hölterhoff* sagte im vierten Kriegsjahr zu Soldaten, sie sollten an der Front das Gewehr wegschmeißen und sich tot stellen.
Sie hat also unsere Wehrmacht zu zersetzen gewagt, ist damit für immer ehrlose Magd unserer Feinde geworden
und wird dafür mit dem

Tode bestraft.

Gründe:
Frau Emma *Hölterhoff* ist eine etwa 40jährige Frau, Mutter von vier Kindern, die ihren Mann, wie sie sagt, auch schon seit vier Jahren draußen hat.
Bei einem Bombenangriff auf Homberg am Niederrhein, ihrem Wohnort, konnte sie zwar all ihr Hab und Gut, nämlich die Einrichtung, Wäsche und anderes, retten, mußte aber doch in die Gegend von Memmingen evakuiert werden, weil das Haus, in dem sie wohnte, beschädigt und nicht mehr bewohnbar war. Im Januar des vierten Kriegsjahres saß sie in der Wohnküche der Familie Goll, bei der sie als Evakuierte wohnte, mit Frau Goll beim Mensch-ärgere-Dich-nicht-Spiel. Im Zimmer war der Sohn der Frau Goll, der gerade vom Reichsarbeitsdienst entlassen war, und außerdem außer zwei anderen jungen Burschen auch der Grenadier Vg. Arnold Häring, der gerade auf seinem ersten Urlaub zu Hause war. Das Gespräch kam auf den Krieg, und Frau Emma Hölterhoff sagte nun, wie die Vgn. Arnold Häring und Hans Goll übereinstimmend bekunden, dem Sinne nach: Ihr seid dumm; wenn ich hinauskäme, ich würde das Gewehr wegwerfen und mich totstellen. Beide Zeugen haben im Vorverfahren weiter bekundet, daß sie außerdem unseren Führer schwer beschimpfte und daß sie ihrer Aufforderung an die jungen Burschen, darunter den Soldaten, den Satz hinzugefügt habe: »Wenn mein Mann hinauskommen würde, würde er es genau so machen.« Diese Beschimpfung des Führers und diesen letzten Satz bestreitet Frau Hölterhoff. Es ist zwar bestimmt anzunehmen, daß sie das auch gesagt hat, denn sonst würden es beide Volksgenossen nicht bekunden. Aber es war nicht notwendig, um dieser Fest-

stellung willen, die beiden Volksgenossen die weite Reise hierher machen zu lassen und die Bahn damit zu belasten, weil ja Frau Hölterhoff den Kern ihrer Äußerungen selbst eingesteht. Und dieser Kern enthält auch bereits eine Aufforderung an den Soldaten und an den, der bald Soldat werden mußte, so zu handeln. Frau Hölterhoff hat auch am Schluß der Hauptverhandlung zwar noch bestritten, daß sie auf ihren Mann hingewiesen habe, hat jedoch nicht mehr bestritten, daß sie irgendwie in Form einer Aufforderung an den Soldaten ihre Ausführungen machte.

Die Frau Verteidigerin legte Wert darauf, hervorzuheben, die Angeklagte sei doch primitiv. Die Frage, ob man so etwas tun darf, ist aber nicht eine Frage der Einfachheit oder Geschultheit des Wissens, sondern ist die Frage nach der Anständigkeit der Gesinnung und der Treue. Und die hat mit Wissen oder Primitivität nichts zu tun.

Wer so wie die Angeklagte redet, selbst wenn sie es nur ein einziges Mal getan haben sollte, der hat sich damit würdelos und für immer ehrlos zur Magd unserer Kriegsfeinde degradiert, die noch immer darauf hoffen, daß sich durch solche und ähnliche Reden eine Zersetzung von Front und Heimat bei uns vollziehen möge und wieder ein Jahr 1917, ein Jahr 1918 heraufführe!!! Wer aber derart zersetzend (§ 5 KSSVO) Agent unserer Kriegsfeinde wird (§ 91 b StGB), den müssen wir aus unserer Mitte entfernen. Denn sein Verhalten ist eine ungeheure Gefahr für unser kämpfendes Volk und damit für unseren Sieg, also für unser Leben und unsere Freiheit. In solchem Falle gilt es, nachdem die Tat einwandfrei feststeht, bei der Bemessung der erforderlichen Strafe ganz auf das Schutzbedürfnis Deutschlands zu sehen. Und dieses fordert, um eine Entwicklung wie im Ersten Weltkrieg nicht wieder aufkommen zu lassen, die Todesstrafe.

> Weil Frau Emma Hölterhoff verurteilt ist, muß sie auch
> die Kosten tragen.
> gez: Dr. Freisler　　　　　　　　　　　　Dr. Greulich

Und weil das Schutzbedürfnis Deutschlands keinerlei Aufschub duldete, ordnete der Reichsminister der Justiz Thierack bereits sechzehn Tage nach dem Urteilsspruch die Vollstreckung an. Von einer Bekanntmachung in der Presse und durch Anschlag bat er in diesem Fall ausdrücklich abzusehen. Eine einfache Frau aus dem Volk, vierfache Mutter – hier sollte auf Öffentlichkeit verzichtet werden. Thierack bejahte zwar Freislers Urteilsspruch; harte Zeiten, so befand er, erforderten nun einmal harte Strafen. Dennoch: Für eine wirksame Abschreckung potentieller Wehrkraftzersetzer war dieser Fall nicht geeignet. Am Ende konnte diese Frau noch mit Sympathien und Mitleid rechnen.

In diesem Fall sollte also ohne Öffentlichkeit vollstreckt werden. Davon setzte der Oberreichsanwalt beim Volksgerichtshof auch die Anwältin von Frau Hölterhoff, Frau Dr. Ilse Schmelzeisen-Servaes, in Kenntnis. Es handelte sich hierbei um jene willfährige Rechtsanwältin, die nur neun Tage später im Prozeß gegen die junge Margot von Schade – deren Schicksal am Beginn dieses Buches geschildert wird – erneut als Komplizin des NS-Tribunals auftreten sollte. Die Anwältin bestätigte in einem Kurzbrief an den Oberreichsanwalt beim Volksgerichtshof vom 5. Dezember den Eingang des Schreibens »betreffend Strafvollstreckung Frau Hölterhoff«. Es gab für sie keinerlei Grund zur Eile. Alles Routine für eine deutsche Rechtsanwältin.

Am 8. Dezember 1944 meldete der Oberreichsanwalt schließlich die Vollstreckung und den ordnungsgemäßen Vollzug:

»Um 11.34 Uhr wurde die Verurteilte, die Hände auf dem Rücken gefesselt, durch zwei Gefängnisbeamte vorgeführt. Der Scharfrichter Röttger *aus* Berlin *stand mit seinen drei Gehilfen bereit. Anwesend waren ferner:*
der Gefängnisbeamte Reg.-Med.-Rat Dr. Schmidt.

Nach Feststellung der Personengleichheit der Vorgeführten mit der Verurteilten beauftragte der Vollstreckungsleiter den Scharfrichter mit der Vollstreckung. Die Verurteilte, die ruhig und gefaßt war, ließ sich ohne Widerstreben auf das Fallbeilgerüst legen, worauf der Scharfrichter die Enthauptung mit dem Fallbeil ausführte und sodann meldete, daß der Urteil vollstreckt sei.
Die Vollstreckung dauerte von der Vorführung bis zur Vollzugsmeldung 8 Sekunden.«

Urteil 10:
»Gemeinsame Sache mit den verräterb des 20. Juli...«

Im Namen des Deutschen Volkes

In der Strafsache gegen
Frau Ehrengard *Frank-Schultz* geborene Besser aus Berlin-Wilmersdorf, geboren am 23. März 1885 in Magdeburg,
zur Zeit in dieser Sache in gerichtlicher Untersuchungshaft,
wegen Wehrkraftzersetzung,
hat der Volksgerichtshof, 1. Senat, auf die am 2. November 1944 eingegangene Anklage des Herrn Oberreichsanwalts, in der Hauptverhandlung vom 6. November 1944, an welcher teilgenommen haben

als Richter:
Präsident des Volksgerichtshofs
Dr. *Freisler*, Vorsitzender,
Landgerichtsdirektor *Stier*,
SS-Brigadeführer Generalmajor der Waffen-SS *Tscharmann*,
SA-Brigadeführer *Hauer*,
Stadtrat *Kaiser*,

als Vertreter des Oberreichsanwalts:
Erster Staatsanwalt *Jaager*,

für Recht erkannt:
Frau *Frank-Schultz* erfrechte sich zu der Behauptung, einige Jahre unter angelsächsischer Herrschaft seien besser als »die gegenwärtige Gewaltherrschaft«.
Sie hat also gemeinsame Sache mit den Verrätern vom 20. Juli gemacht.
Dadurch ist sie für immer ehrlos geworden.
Sie wird mit dem

Tode

bestraft.

Gründe:
Die Schwesternhelferin Vgn. Erika Roeder hat uns soeben wie schon vor der Polizei folgendes bekundet: In ihrem Lazarett habe ein Vg. Oberleutnant Wendelstein krank gelegen. Durch ihn habe sie dessen Zimmervermieterin Frau Ehrengard Frank-Schultz kennengelernt und mit ihr sei sie auch noch zusammengekommen, nachdem Oberleutnant Wendelstein bereits aus dem Lazarett entlassen worden sei.
Am 21. Juli habe sie sich telefonisch bei Frau Frank-Schultz nach dem Ergehen Wendelsteins erkundigt: Frau Frank-Schultz habe sie zu sich gebeten und habe ihr dann erzählt, Oberleutnant Wendelstein, der im OKV tätig gewesen war, sei am 20. Juli mit festgenommen worden.
Nun sei sie verabredetermaßen in etwa wöchentlichen Abständen mehrmals bei Frau Frank-Schultz gewesen, um etwas über das Schicksal des Oberleutnants Wendelstein zu hören.
Als sie das nächste Mal gekommen sei, habe sie zum

Ausdruck gebracht, es wäre doch furchtbar gewesen, wenn das Attentat geglückt wäre.
Darauf habe Frau Frank geantwortet:
»Was heißt furchtbar! Es ist ein Jammer, daß es nicht geglückt ist. Hätte der Stauffenberg doch die Aktentasche richtig aufgesetzt, daß die Explosion zur vollen Wirkung gekommen wäre! Ich verstehe nicht, wie die Leute so ungeschickt sein können. Wenn sie es nicht richtig können, sollten sie doch lieber die Finger davon lassen!«

Eine Woche später habe Frau Frank-Schultz wieder bedauert, daß das Attentat keinen Erfolg gehabt habe und davon gesprochen, die Offiziere würden nun degradiert und in ein Arbeitslager gebracht; »es ist gar nicht schade, sie werden stolz sein, dabei mitgewirkt zu haben«. Und bei einem weiteren Besuch habe sie, Schwester Erika Roeder, gefragt, was man sich denn eigentlich von dem Attentat versprochen hätte. Darauf habe Frau Frank-Schultz geantwortet:

»Dann wäre schon einige Tage Frieden. Es gäbe keine Bombenangriffe mehr. Besser einige Jahre unter englisch-amerikanischer Herrschaft als unter der gegenwärtigen Gewaltherrschaft.«

Sie habe auch davon gesprochen, daß ein neues Attentat bis zu einem bestimmten Datum im September verübt werden würde und daß es dann klappen würde. Vgn. Schwester Roeder hat das alles mit einer solch ruhigen Bestimmtheit und mit einer von Gewissenhaftigkeit zeugenden Zurückhaltung uns eben bekundet, daß wir selbst dann keinen Zweifel an der Richtigkeit ihrer Darstellung hätten, wenn nicht Frau Frank-Schultz das meiste selbst eingestanden hätte. Sie hat nämlich lediglich erklärt, die Äußerung mit dem »stolz sein« habe sie anders gemeint; sie habe sagen wollen, daß Wendelstein stolz sein könne, wenn er unschuldig in ein Arbeitslager käme. Das ist aber schon inhaltlich widersinnig und paßt auch gar nicht zu der Einstellung, die Frau Frank-Schultz bei ihren anderen Erklärungen, die sie eingesteht, gezeigt hat. Wir haben deshalb gar keinen Zweifel, daß auch insoweit die Darstellung der Vgn. Erika Roeder richtig ist.

Frau Frank-Schultz weist zu ihrer Entschuldigung darauf hin, sie sei leberkrank. Leberkrankheit führt aber nicht zu solch gemeiner niedriger Gesinnung und zu ihrer Äußerung.

Frau Frank-Schultz sagt weiter, der Oberleutnant Wendelstein, den sie, als er 18 Jahre alt war, kennengelernt habe, sei ihr sehr ans Herz gewachsen. Sie habe sich gewissermaßen als seine Mutter gefühlt. Und deshalb sei sie über seine Verhaftung erregt gewesen. Selbst wenn sie, deren einziger Sohn in Südwestafrika interniert ist, solche Gefühle gegenüber dem Oberleutnant Wendelstein gehabt haben sollte, ist das keine Begründung für ein solches verräterisches Verhalten. Viele Hunderttausende deutscher Mütter schweben oft monatelang in Ungewißheit über das Schicksal ihres vielleicht einzigen oder einzig übriggebliebenen leiblichen Sohnes. Keine kommt auf den Gedanken, ihre Sorge in solch' niederträchtigen Verrat umzusetzen.

Endlich hat Frau Frank-Schultz darauf hingewiesen, ihr Urgroßvater sei Schleiermacher und daher sei sie so religiös eingestellt. Aber erstens führt die religiöse Einstellung auch nicht zu solchem Verrat und entschuldigt ihn jedenfalls nicht. Und zweitens würde Schleiermacher, einer der Vorkämpfer im Befreiungskampfe unseres Volkes gegen Napoleon, sich im Grabe herumdrehen, wenn er wüßte, daß seine Urenkelin eine solche Verräterseele hat und außerdem sich auch noch erfrecht, sich dabei auf ihn zu berufen.

In Wirklichkeit ist zweierlei, was Frau Frank-Schultz zu ihrem Verrat getrieben hat:

1. Ihre Schwäche, die sie zum Defaitismus gebracht hat. Schwäche ist aber keine Entschuldigung, denn wir müssen alle stark sein. Und
2. ist es ihre durch und durch reaktionäre Einstellung, die in ihren Äußerungen sich Luft gemacht hat. Hat sie doch, wie die Vgn. Schwester Roeder uns weiter glaubhaft bekundet hat, auch gesagt, es sei schrecklich, daß ein Mann aus so einfachen Verhältnissen, der gar nicht aus dem Offiziersstand stamme, wie der Reichsführer-SS, eine solche Aufgabe wie die des Oberbefehlshabers des Ersatzheeres bekommen habe!!!

Frau Frank-Schultz hat nach dem allen mit den Verrätern vom 20. Juli gemeinsame Sache gemacht. Sie hat damit einen Angriff auf die seelische Kriegskraft unseres Volkes unternommen, zumal sie sich sogar bis zum Herbeiwünschen eines neuen Attentats und bis zu der Behauptung verstiegen hat, »einige Jahre anglo-amerikanischen Regimes seien besser als die gegenwärtige Gewaltherrschaft«.
Wer so handelt, der ist die personifizierte Schande selbst. Wer so handelt, hat sich als Verräter an unserem Volke und als Helfershelfer unserer Kriegsfeinde für immer ehrlos gemacht (§ 5 KSSVO, § 91 b StGB). Wer so handelt, muß aus unserer Mitte verschwinden. Würde hier ein anderes Urteil als das Todesurteil gefällt werden, so würden unsere Soldaten an der Front mit Recht zweifelnd fragen, ob denn die Eiterbasis des 20. Juli wirklich ganz herausgeschnitten ist, damit wir gesund und stark den Kampf zum Siege führen können. Weil Frau Frank-Schultz verurteilt ist, muß sie auch die Kosten tragen.
gez.: Dr. Freisler   Stier

Am 8. Dezember 1944 wurde das Urteil vollstreckt. Bereits am 23. November hatte die Schwester der zum Tode Verurteilten an den Oberreichsanwalt beim Volksgerichtshof folgenden Bittbrief geschrieben:

»Falls das Urteil an meiner Schwester, Frau Ehrengard Frank-Schultz, *geb. Besser, ohne Gnade vollstreckt wird, bitte ich darum, daß mir die sterblichen Überreste in einer Urne zur Beisetzung auf dem Friedhof, wo ihr Mann und ihre Tochter ruhen, überlassen werden.*

Es wäre für den einzigen Sohn meiner Schwester, der seit vielen Jahren in Deutsch-Südwest-Afrika als Farmer ansässig und seit Kriegsbeginn interniert ist, bei einer Rückkehr in die Heimat doch zu schmerzvoll, nicht einmal die Grabstätte seiner Mutter vorzufinden.

Aus diesem Grunde bitte ich, meinem Antrag stattzugeben.«

Der Antrag wurde abgelehnt. Ein Vertreter des Oberreichsanwalts, Staatsanwalt Jaager, teilte knapp mit:

»Die Herausgabe der sterblichen Überreste wird verweigert«...!

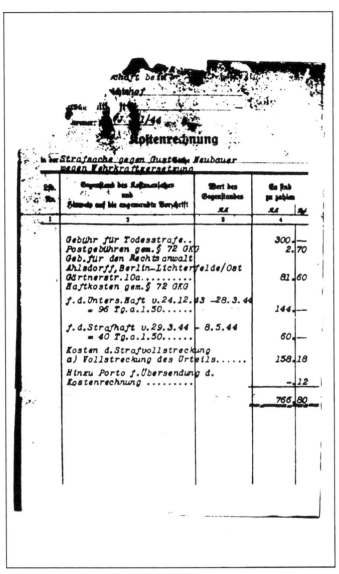

Gebühr für die Todesstrafe...

Reichsanwaltschaft
beim Volks-gerichtshof

~~Staatsanwaltschaft~~
Geschäftsnummer: 1 J 580/43

Kostenrechnung

in der Strafsache gegen Scholz wegen Wehrkraftzersetzung

Lfd. Nr.	Gegenstand des Kostenansatzes und Hinweis auf die angewandte Vorschrift	Wert des Gegenstandes ℳ	Es sind zu zahlen ℳ	₰
1	2	3	4	
A.	Gebühr gemäß §§ 49,52 d. GKG. für Todesstrafe		300	—
	Kosten der Vollstreckung		122	18
	Haftkosten für die Zeit vom 29.10.1943 bis 16.12.1943		73	50
	Porto für Übersendung der Kostenrechnung		—	12
		Zusammen:	495	80

Zahlungspflichtig:

Nachlaß der Damenschneidermeisterin Elfriede Scholz geb. Remark

zu Händen der Ehefrau Erna Brandt geb. Remark in O s n a b r ü c k , Wörthstr. 33. I.

Kostenrechnung Strafsache Scholz

Achtes Kapitel
Der 20. Juli

Die Bombe explodierte um 12.42 Uhr. Gerade hatte sich Hitler weit über den schweren Eichentisch gebeugt und auf der Lagekarte die Stellungen der Heeresgruppe Nord an der Ostfront betrachtet. Nach einem ohrenbetäubenden Knall wurden die anwesenden 24 Offiziere und Generäle, darunter Wilhelm Keitel, Chef des Oberkommandos der Wehrmacht, zu Boden geschleudert. Ein Teil der Decke stürzte herab. Vier Personen fanden den Tod, beinahe alle wurden verletzt. Der Mann aber, dem das Attentat gegolten hatte, überlebte – wieder einmal: Adolf Hitler. Er war nur leicht verletzt. Sein rechtes Hosenbein war zerrissen, sein rechter Arm hing unbeweglich herab. Zwar hatte ihn ein herabstürzendes Trümmerstück im Rücken getroffen, waren – wie sich später herausstellen sollte – durch die enorme Detonation seine Trommelfelle geplatzt, spürte er starke Schmerzen im rechten Bein – doch er hatte überlebt.

Noch am selben Nachmittag empfing er Mussolini persönlich am Bahnhof Rastenburg, nahe dem Führerhauptquartier »Wolfsschanze«.

Dorthin war an diesem heißen 20. Juli 1944 auch Oberst Claus Graf Stauffenberg, Chef des Stabes des Einsatzheeres, befohlen worden. Er sollte dem Führer persönlich über die Maßnahmen berichten, die vom Einsatzheer vorbereitet wurden, um den Vormarsch der Roten Armee aufzuhalten.

Graf Stauffenberg aber hatte nicht allein Lagepläne im Gepäck. In seiner Aktentasche lag versteckt zwischen Berichten und Notizen eine Bombe. Sie bestand aus einem Kilogramm hochexplosivem plastischem Sprengstoff und war mit einem Zeitzünder versehen. Obenauf in der Aktentasche lag ein Hemd, das die Bombe verdeckte. In den Falten des Hemdes hatte Stauffenberg eine kleine Zange verborgen, die er brauchte, um die Bombe zu zünden. Anders war es ihm wegen seiner schweren Kriegsverletzungen nicht möglich gewesen: Er hatte sein rechtes Auge, die rechte Hand und an der linken Hand zwei Finger verloren. Sorgfältig hatte Stauffenberg immer wieder den Handgriff geübt, mit dem er die Bombe zünden konnte. Die Bombe, die Hitler töten sollte.

Lange war das Attentat geplant, immer wieder verschoben worden. Die Verschwörergruppe – das waren beinahe ausnahmslos Generäle und Offiziere, die Hitler viele Jahre gefolgt waren und erst dann zu konspirieren begannen, als sich bereits abzeichnete, daß dieser Krieg nicht mehr zu gewinnen sein, das deutsche Reich in Schutt und Asche fallen würde. In dieser Gruppe von Verschwörern war Oberst Graf Stauffenberg einer der wortführenden Männer. Bei der Planung und Vorbereitung des Attentats war er federführend gewesen.

Seine ursprüngliche Absicht, sich zur Sicherheit gemeinsam mit Hitler in die Luft zu sprengen, war von seinen Mitverschwörern verworfen worden, da Stauffenberg für die Organisation des geplanten Staatsstreiches unabkömmlich schien. Nach dem Attentat sollten der »Walküre«-Plan verwirklicht und alle nationalsozialistischen Machtzentren, also die wichtigsten Dienststellen von Partei, Verwaltung, Polizei, Geheimer Staatspolizei und Schutzstaffel (SS), ausgeschaltet werden. Doch dazu kam es nicht mehr: Der zeitliche Ablauf des 20. Juli zeigt, wie und warum das Attentat scheiterte.

Vorabend: An die dreißig dem Verschwörerkreis angehörende Offiziere – unter ihnen Stauffenberg, Generalfeldmarschall Erwin von Witzleben, Generaloberst Erich Hoepner und der Wehrmachtskommandant von Berlin, Paul von Hase – finden sich zu einer letzten Besprechung zusammen. Alle erfahren, daß am nächsten Tag die Bombe gezündet werden soll. Nach der Zusammenkunft begibt sich Stauffenberg in seine Wohnung.

Kurz nach 6 Uhr: Stauffenberg verläßt in Begleitung seines Bruders Berthold seine Wohnung und läßt sich von seinem Fahrer in die Innenstadt bringen. Dort stößt dann Oberstleutnant Werner Karl von Haeften zu ihnen; sie fahren gemeinsam zum Flugplatz Rangsdorf.

7 Uhr: Eine »He 111« mit Stauffenberg und Haeften an Bord startet in Richtung Rastenburg. Die Verschwörer haben eine Aktentasche mit einer Bombe bei sich, die mit lautlos arbeitenden chemischen Zündern versehen ist. Stauffenbergs Bruder begibt sich vom Flughafen in die Bendlerstraße, wo das Reichswehrministerium und der Generalstab ihren Sitz haben.

10.14 Uhr: Stauffenberg und Haeften landen in Rastenburg. Am Flugplatz steht ein Wagen bereit, der sie beide ins Führerhauptquartier »Wolfsschanze« bringt. Im inneren Sperrkreis des Führerhauptquartiers angekommen, frühstückt Stauffenberg im Kasino und begibt sich anschließend zu General Erich Fellgiebel, den Chef des Wehrmachtsnachrichtendienstes, der in die Attentatspläne eingeweiht ist. Er soll die Verschwörer in der Berliner Bendlerstraße später vom Gelingen des Anschlags verständigen und das Führerhauptquartier von allen Nachrichtenverbindungen abschneiden.

Etwa 11.30 Uhr: Stauffenberg trifft sich mit Generalfeldmarschall Wilhelm Keitel, dem Chef des Oberkommandos der Wehrmacht. Keitel teilt Stauffenberg mit, daß die Lagebesprechung um eine halbe Stunde auf 12.30 Uhr vorverlegt wird und außerdem wegen der großen Hitze dieses Mal in der »Lagebaracke« stattfindet.

Kurz vor 12.30 Uhr: Keitel bricht zu der Besprechung auf. Stauffenberg fragt, wo er noch schnell ein Hemd wechseln könne. Der Adjutant Ernst John von Freyend geleitet ihn in einen Schlafraum. Hier schaltet der Attentäter den Säurezünder der Bombe ein. Er kommt nicht mehr dazu, auch noch die zweite mitgebrachte Bombe scharf zu machen, denn noch ehe er die erste in der Aktentasche verstaut hat, reißt Freyend plötzlich die Tür zu dem Zimmer auf und mahnt zur Eile. Stauffenberg geht nun zur Besprechung in die Lagebaracke.

Kurz nach 12.30 Uhr: Keitel und Stauffenberg betreten den Konferenzraum, wo die Besprechung bereits begonnen hat. Außer Hitler befinden sich weitere 23 Personen in der Holzbaracke. Sie haben sich um einen schweren Eichentisch mit dicker Platte und massiven Beinen versammelt und studieren die ausgebreiteten Lagepläne. Stauffenberg erhält einen Platz rechts neben Hitler. Während der Vortrag über die Lage an der Ostfront weitergeht, schiebt er die Aktentasche mit der Bombe so weit wie möglich in die Nähe Hitlers unter den Tisch.

Etwa 12.37 Uhr: Fünf Minuten, bevor die Bombe explodiert, verläßt Stauffenberg unauffällig den Raum. Unterdessen stellt ein Besprechungsteilnehmer die Aktentasche mit der Bombe auf die von Hitler abgewandte Seite des schweren Eichentischbeins, weil sie ihn beim Betrachten der Karten stört.
  Die Bombe explodiert um 12.42 Uhr. Doch Hitler überlebt.
  Noch am Abend desselben Tages findet der Putsch ein blutiges Ende. In der Berliner Bendlerstraße, wohin sich Stauffenberg und Oberleutnant von Haeften kurz nach dem Attentat abgesetzt haben, stürmen gegen 11 Uhr abends hitlertreue Offiziere das Büro der Verschwörer. Hier haben sich Stauffenberg, sein Bruder Berthold, von Haeften, Beck, Peter Graf Yorck von Wartenburg, Eugen Gerstenmaier und Albrecht Mertz von Quirnheim versammelt.
  Die Männer werden entwaffnet und für verhaftet erklärt. Der pensionierte Generaloberst Beck bittet darum, sich selbst erschießen zu dürfen. Er richtet zweimal die Pistole an seine Schläfe, doch beide Schüsse sind nicht tödlich. Ein Feldwebel gibt ihm den »Gnadenschuß«.
  Generaloberst Friedrich Fromm fordert als Chef eines selbsternannten Standgerichts die Verschwörer auf, rasch noch eine Notiz für ihre Angehörigen niederzuschreiben. Er geht in sein Büro, kehrt nach fünf Minuten zurück und verkündet:

»Es werden Oberst im Generalstab von Mertz, General Olbricht und...«, er deutet auf Stauffenberg, *»der Oberst, den ich mit Namen nicht mehr nennen will, und der Oberleutnant von Haeften zum Tode verurteilt.«*

Gegen Mitternacht: Die vier Männer werden in den Hof der Bendlerstraße geführt. Wehrmachtsfahrzeuge geben mit ihren Scheinwerfern Licht für die Exekution. Nacheinander werden Olbricht, Haeften, Stauffenberg und dann Mertz vor einen Sandhaufen gestellt und erschossen. Der Aufstand der Offiziere ist beendet.

Nicht jedoch die Rache Hitlers. Hatte er unmittelbar nach dem Anschlag zunächst unerwartet gefaßt reagiert, sogar wie geplant Mussolini am Bahnhof empfangen und ihn durch die zerstörte Baracke geführt, so überfiel ihn später ein Anfall rasender Wut. Tobend drohte er allen Verschwörern und ihren Familien schrecklichste Vergeltung an. Noch in der Nacht zum 21. Juli ertönte seine Stimme über alle deutschen Rundfunksender:

»Deutsche Volksgenossen!
Wenn ich heute zu Ihnen spreche, dann geschieht es besonders aus zwei Gründen; erstens, damit Sie meine Stimme hören und wissen, daß ich selbst unverletzt und gesund bin, zweitens, damit Sie aber auch das Nähere erfahren über ein Verbrechen, das in der deutschen Geschichte seinesgleichen sucht.

Eine ganz kleine Clique ehrgeiziger, gewissenloser und zugleich verbrecherischer, dummer Offiziere hat ein Komplott geschmiedet, um mich zu beseitigen und zugleich mit mir den Stab der deutschen Wehrmacht auszurotten...

Der Kreis, den diese Usurpatoren darstellen, ist ein denkbar kleiner. Er hat mit der deutschen Wehrmacht und vor allem auch mit dem deutschen Volk nichts zu tun. Es ist ein ganz kleiner Klüngel verbrecherischer Elemente, die jetzt unbarmherzig ausgerottet werden...

Diesmal wird so abgerechnet, wie wir das als Nationalsozialisten gewöhnt sind.«

Die Abrechnung begann mit einer umfangreichen Verhaftungswelle, gefolgt von brutalen Folterungen.

Dem deutschen Volk sollte nicht entgehen, wie man mit Verschwörern, Widerständlern und Verrätern – kurz allen ehrlosen Verbrechern – verfahren würde.

Noch immer war die große Mehrheit der Deutschen berauscht von den lautstarken Parolen und den Erfolgen des »großdeutschen« Aufstiegs. Gleichgeschaltete Massenmedien sorgten dafür, daß trotz sichtbarer und spürbarer Kriegsfolgen der Glaube an Reich, Partei und Führer noch immer ungebrochen war. Gewissensqualen durchlitten nur wenige Volksgenossen, oppositionelles Handeln war Sache einer nur verschwindend kleinen Minderheit. Sie alle konnten oder wollten nicht erkennen, in welchem Umfang die NS-Führung ihre Ideale verraten und mißbraucht hatte, ihr Leben einem totalen Krieg rücksichtslos opferte. Noch immer folgten Millionen der Hakenkreuzfahne, noch immer jubelten die meisten der Deutschen dem Führer zu, glaubten sie an einen bevorstehenden »Endsieg«. Und sie atmeten auf, als sie erfuhren, daß der Führer das Attentat überlebt hatte.

Schon einen Tag nach dem mißlungenen Attentat, am 21. Juli 1944, berichtete der Chef des Sicherheitsdienstes, SS-Gruppenführer Kaltenbrunner, in einem geheimen Lagebericht der Parteikanzlei in München über »erste stimmungsmäßige Auswirkungen des Anschlags auf den Führer«. An den »sehr geehrten Parteigenossen Bormann« schickte er folgenden Bericht:

»Nach den bisher vorliegenden Meldungen aus verschiedenen Reichsteilen ist die erste Durchsage des Großdeutschen Rundfunks nur von einem kleinen Teil der Bevölkerung gehört worden. Die Kunde hat sich jedoch von Mund zu Mund wie ein Lauffeuer weiterverbreitet, wobei die Nachricht selbst unter stockfremden Menschen auf den Straßen oder Geschäften weitergereicht wurde...

In allen Berichten wird übereinstimmend darauf hingewiesen, daß die Meldung von dem Attentat im gesamten Volk schockartig stärkste Bestürzung, Erschütterung, tiefe Empörung und Wut ausgelöst hat. Aus mehreren Städten (z. B. Königsberg und Berlin) wird gemeldet, daß die Frauen in Läden und auf offener Straße in Tränen ausbrachen und zum Teil völlig fassungslos waren. Die Freude über den glimpflichen Ausgang war außerordentlich groß. Mit einem Aufatmen wurde überall festgestellt: ›Gott sei Dank, daß der Führer lebt‹...

Teilweise überschattete eine gewisse Niedergeschlagenheit die Freude über die Rettung des Führers. Die Volksgenossen wurden sich schlagartig einer sehr gefährlichen und ernsten Lage bewußt. Überall stoße man nach dem ersten Schrecken und nach dem ersten Trost, daß dem Führer nichts Schlimmes passiert ist, auf eine große Nachdenklichkeit...

Überall werden die Folgen, die sich ergeben haben würden, wenn der Anschlag gelungen wäre, als unausdenkbar bezeichnet. Die Volksgenossen stellten zum Teil düstere Betrachtungen darüber an, welches unausdenkbare Urteil über unser Volk gekommen wäre. Der Tod des Führers würde nach der Meinung vieler Volksgenossen in der jetzigen Situation den Verlust des Reiches bedeutet haben. ›Das hat uns gerade noch gefehlt. Das wäre das Ende‹, ist eine immer wieder anzutreffende Ansicht...

Viele Volksgenossen waren aber von vornherein der Ansicht, daß der Anschlag aus der engsten Umgebung des Führers heraus geschehen sein müsse, wobei sich – ähnlich wie im Fall Mussolini – eine immer vermutete Opposition innerhalb der Wehrmacht und eine Clique reaktionärer Generale in den Besitz der Macht zu setzen versuchte. Es handelte (sich) vielleicht um die Gruppe der Generale, die der Führer in letzter Zeit abgesetzt habe, die nach Meinung der Bevölkerung für den ›Verrat von Minsk‹, für den Zusammenbruch des Mittelabschnitts der Ostfront und für andere Rückschläge verantwortlich zu machen sei...

Die Rettung des Führers aus der tödlichen Gefahr hat in allen Volkskreisen tief bewegt. Ein großer Teil des Volkes betrachtet es als sichtbaren Beweis für das Walten der Vorsehung, daß der Führer lebend davongekommen ist. Es besteht ein tiefer Glaube, daß mit dem Führer trotz aller Schwierigkeiten, die sich in den letzten Monaten aufgetürmt haben, alles gut ausgeht. Vielerorts wurden Äußerungen festgestellt, die besagen, daß der Führer im Schutze einer höheren Macht stehen müsse...

Außerordentlich groß sei die Bereitschaft, jede Kriegsanstrengung auf sich zu nehmen und ›nun erst recht‹ alles für den Sieg zu tun. Zahlreiche Volksgenossen wollten jetzt in unmittelbarer Weise für den Krieg und für den Sieg eingesetzt werden. Insbesondere wird in der Arbeiterschaft (z. B. in Berlin) gefordert, daß jetzt wirklich totaler Krieg geführt werden möchte, daß ein äußerster

Einsatz erfolgt, und zwar auch der Kreise, die sich bisher einer energischen Mitarbeit (beispielsweise im Frauenarbeitseinsatz) weitgehend entzogen hätten. Häufig anzutreffen ist der Wunsch, daß jetzt mit dem inneren Feind ›rücksichtslos aufgeräumt‹ werden sollte...«

Hitler selbst bestimmte die weitere Vorgehensweise gegen alle Personen, die irgendwie mit dem Attentat in Verbindung gebracht werden konnten:

»Diesmal werde ich kurzen Prozeß machen. Diese Verbrecher sollen nicht vor ein Kriegsgericht, die kommen vor den Volksgerichtshof. Sie dürfen gar nicht groß zu Wort kommen. Und innerhalb von zwei Stunden nach der Verkündung des Urteils muß es sofort vollstreckt werden. Die müssen sofort hängen, ohne jedes Erbarmen.«

Zunächst hatte er an einen öffentlichen Schauprozeß gegen die Verschwörer gedacht – mit Film und Rundfunk. Doch Himmler, zwischenzeitlich zum Befehlshaber des Ersatzheeres ernannt, riet ab. Immerhin, so führte er an, hätte sich die Situation geändert, die Lage sei nicht mehr wie 1939 oder 1940. »Sie haben recht, Himmler«, stimmte Hitler schließlich zu, »wenn ich den Prozeß öffentlich mache, muß ich die Kerle auch öffentlich reden lassen. Vielleicht kann einer von ihnen gut reden und stellt sich womöglich als Friedensbringer des deutschen Volkes hin. Das kann gefährlich werden.«

Aber Hitler dachte keinen Augenblick daran, auf eine demonstrative Strafaktion gegen die Putschisten zu verzichten. Nicht allein aus Rachsucht, sondern auch, weil er sich davon einen gerade in dieser Zeit notwendigen Prestigeerfolg versprach, sollte mit »diesen Verbrechern« kurzer Prozeß gemacht werden – vor dem Volksgerichtshof. Sein fanatischster Blutrichter sollte die Prozesse leiten: »Freisler wird das schon machen. Das ist unser Wyschinski«, soll Hitler bei einer seiner Lagebesprechungen gesagt haben. Ihm vertraute er.

Mit dem Namen Wyschinski waren die russischen Schauprozesse verbunden. Der Stalin-Getreue hatte in der Zeit des »Großen Terrors« als Generalstaatsanwalt (1935–1939) fungiert und in zahlreichen »Säuberungsprozessen« Tausende in die jahrzehntelange Verbannung oder in den Tod geschickt, darunter die Kampfgefährten Lenins, Sinowjew, Kamenew und Bucharin.

Daß Hitler den Präsidenten des Volksgerichtshof mit dem Stalin-Ankläger verglich, ist aufschlußreich. Schon einmal hatte er erklärt, Freisler sei »in seiner ganzen Art ein Bolschewik«.

Für die bevorstehenden Prozesse gegen die Männer und Frauen des 20. Juli schien Freisler für Hitler jedenfalls der berufenste Richter zu sein.

Mit den 20.-Juli-Prozessen begann der letzte große Auftritt des Roland Freisler. Im großen Saal des Kammergerichts in Berlin fand er die Bühne, die er sich immer gewünscht hatte. Und der Führer selbst hatte ihm den Weg zu diesen monatelangen Auftritten geebnet. Jetzt ging es nicht um kleine, namenlose Wehrkraftzersetzer und Feindfunkhörer, sondern um Generäle und Offiziere, um prominente Zivilisten. »Das Strafgericht, das jetzt vollzogen werden muß«, forderte Propagandaminister Goebbels, der am 25. Juli von Hitler wunschgemäß zum »Reichsbevollmächtigten für den totalen Kriegseinsatz« ernannt worden war, »muß geschichtliche Ausmaße haben«. Jetzt konnte Freisler seinem Führer nachhaltig demonstrieren, daß es vor der NS-Rechtsprechung keine Standesunterschiede gab. Ob namenlos oder prominent, vor dem Gesetz waren alle Verräter und Verschwörer gleich. Sie alle verdienten nur eines: den Tod.

Am 7. August begann der Prozeß gegen die ersten acht Angeklagten wegen Beteiligung an dem Attentat. Er war der Auftakt zu einer Lawine weiterer Verfahren. In den folgenden Wochen und Monaten sollten noch mehrere hundert wirkliche oder vermeintliche Widerstandskämpfer des Hoch- und Landesverrats angeklagt, vor den Volksgerichtshof gestellt und dort meist zum Tode verurteilt werden.

Eigentlich wäre es nach dem Gesetz ohnehin rechtens gewesen, die Verschwörer, soweit sie Offiziere waren, vor das Reichskriegsgericht zu stellen. Doch Hitler hatte erhebliche Einwände gegen diese Institution; er mißtraute der Wehrmachtsjustiz ohnehin. Gerade in den letzten Kriegsjahren hatten einige – Hitlers Meinung nach zu eigenständige, von Interessen der Wehrmacht geleitete – Urteile seinen Unmut geschürt.

Also setzte er sich diesmal über die Zuständigkeit des Reichskriegsgesetzes hinweg. Er berief einen »Ehrenhof« mit dem Befehl, diejenigen Offiziere aus der Wehrmacht auszustoßen, bei denen nach dem Ergebnis einer Voruntersuchung eine Verurteilung zu erwarten sei. Auf diese Weise gelang Hitler zweierlei: Er erweckte den Eindruck, als würde er nach dem Militärstrafrecht verfahren; in Wirklichkeit ging es ihm jedoch darum, die Verschwörer allesamt vor ein seiner Meinung nach zuverlässiges Gericht zu stellen: den Volksgerichtshof. Der »Ehrenhof« funktionierte reibungslos. Die Angeklagten – Generalfeldmarschall von Witzleben, Generaloberst Hoepner, Generalmajor Stieff und Generalleutnant von Hase – wurden aus der Wehrmacht ausgeschlossen. Nun saßen sie im vollbesetzten großen Saal des Berliner Kammergerichts in der Elseholzstraße, wo mittlerweile die VGH-Prozesse stattfanden, weil das Gebäude des Volksgerichtshofs in der Bellevuestraße bei einem Bombenangriff zerstört worden war. Mit schneidender Stimme eröffnete Freisler den Prozeß:

»Der Volksgerichtshof des Großdeutschen Reiches tritt zusammen, und zwar in ordnungsmäßiger Besetzung als Erster Senat mit dem Präsidenten des Volksgerichtshofs als Vorsitzer, dem Senatspräsidenten Günther Nebelung als Ersatzvorsitzer, dem General der Infanterie Reinecke, dem Gartentechniker und Kleingärtner Hans Kaiser, dem Kaufmann Georg Seuberth als ehrenamtlichen beisitzenden Richtern, dem Bäcker Emil Winter und dem Ingenieur Kurt Wernicke als ehrenamtlichen Ersatzrichtern, dem Volksgerichtsrat Lemmle als hauptamtlichem beisitzendem berichterstattendem Richter, dem Oberlandesgerichtsrat Dr. Köhler als hauptamtlichem berichterstattendem Ersatzrichter. Der Herr Oberreichsanwalt Lautz ist selbst erschienen; er erscheint in Begleitung des Oberstaatsanwalts Dr. Görisch. Als von mir bestellte Pflichtverteidiger sind erschienen, Herr Rechtsanwalt Dr. Weißmann, Herr Rechtsanwalt Dr. L. Schwarz, Herr Rechtsanwalt Justizrat

Dr. Neubert, Herr Rechtsanwalt Dr. Gustav Schwarz, Herr Rechtsanwalt Dr. Kunz, Herr Rechtsanwalt Dr. Dr. Falck, Herr Rechtsanwalt Hugo Bergmann und Herr Rechtsanwalt Boden.«

Danach kam es – bereits nach wenigen Minuten – zum ersten Eklat. Nachdem Freisler den Oberreichsanwalt bat, Anklage gegen Erwin von Witzleben zu erheben, trat dieser vor Freisler, die Hand zum »deutschen Gruß« erhoben. Bisher wurde in der nicht selten verklärenden Geschichtsschreibung des Widerstandes vom 20. Juli diese Tatsache verschwiegen.

Freisler reagierte mit aufbrausender Stimme:

»Sie sind Erwin von Witzleben. Ich würde an Ihrer Stelle den deutschen Gruß nicht mehr anwenden. Den deutschen Gruß wenden Volksgenossen an, die Ehre haben. Das soll ein Urteil nicht vorausnehmen. Ich würde mich an Ihrer Stelle schämen, den deutschen Gruß noch anzuwenden.«

Danach wurde Witzleben nach seinem Geburtsort und Geburtstag befragt. Ebenfalls die Angeklagten Hoepner, Stieff, von Hagen, von Hase, Bernardis, Klausing und von Wartenburg. Nun las Oberreichsanwalt Lautz die Anklage vor:

»Gegen die Angeklagten von Witzleben, Hoepner, Stieff, von Hagen, von Hase, Bernardis, Klausing und von Wartenburg erhebe ich Anklage wegen folgender Tat: Sie haben im Inlande im Sommer 1944 als Teilnehmer an einer zahlenmäßig unbedeutenden Führerclique mutlos gewordener Offiziere es unternommen, den Führer durch feigen Mord zu töten, um sodann unter Beseitigung des nationalsozialistischen Regimes die Gewalt über Heer und Staat an sich zu reißen und den Krieg durch würdeloses Paktieren mit dem Feinde zu beenden. Als Hoch- und Landesverräter haben Sie sich gegen folgende gesetzliche Vorschriften vergangen... «

Nachdem die einschlägigen gesetzlichen Bestimmungen vorgetragen worden waren, faßte Freisler zusammen.

»Diese Anklage ist die ungeheuerste, die in der Geschichte des deutschen Volkes je erhoben worden ist. Der Oberreichsanwalt behauptet also, Grundlagen dafür zu haben, daß Sie die ungeheuerlichste Verratstat begangen haben sollen, die unsere Geschichte kennt. Unsere Aufgabe ist es heute, festzustellen, was Sie getan haben, und dann unserem deutschen Rechtsempfinden entsprechend ein Urteil zu fällen. Ich werde mit jedem von Ihnen das durchsprechen, was ihm zur Last gelegt wird. Dabei werde ich zunächst davon ausgehen, den Werdegang eines jeden von Ihnen knapp zu behandeln. Inwiefern eine nähere Schilderung des früheren Werdeganges uns interessiert, wird sich erst herausstellen, wenn wir wissen, was Sie getan haben. Es gibt nämlich Taten derart grausigen Verrats, daß vor ihnen alles, was jemand vorher im Leben begangen hat, verlöscht. Falls sich herausstellen sollte, daß Sie solche Taten begangen haben, ist es also möglich, daß uns Ihr Vorleben dann gar nicht mehr interessiert.

Angeklagter Helmuth Stieff, treten Sie vor! Zunächst sage ich das, was auch für alle anderen Angeklagten gilt. Zwar ist die Anklage, die jeder von Ihnen hat, eine der wichtigsten Grundlagen unseres jetzigen Wahrheitssuchens, aber sie hat einen besonderen Zweck, den Zweck nämlich, daß wir uns alle auf die heutige Hauptverhandlung vorbereiten konnten.

Deshalb ist es für Sie nicht zum Nachteil, wenn ich Sie auffordere, nunmehr, soweit Sie das können, Auge in Auge die Sache zu behandeln. Ehe ich jedoch in die Verhandlung eintrete, stelle ich die Frage, Herr Oberreichsanwalt, ob Sie einen besonderen Antrag wegen der Öffentlichkeit stellen wollen?«

Es folgte ein Antrag von Lautz, die Öffentlichkeit auszuschließen. In einer Überprüfung wurde festgestellt, daß alle Anwesenden kraft ihres Amtes ein »dienstliches Interesse« an diesem Prozeß hatten. Freisler schloß also nur die »allgemeine« Öffentlichkeit aus, weil es möglich schien, daß auch über Staatsgeheimnisse gesprochen würde. Die Anwesenden im Saal – allesamt Funktionsträger des NS-Regimes sowie Offiziere der Wehrmacht – durften indes bleiben. Freisler belehrte sie:

»Dies ist also eine nichtöffentliche Sitzung des Volksgerichtshofes. Wer irgend etwas über eine nichtöffentliche Sitzung weiterträgt, macht sich nach unserem Gesetz schwer strafbar.«

Danach begann Freisler mit den Vernehmungen der Angeklagten. Jetzt ging es darum, mit den Verschwörern »kurzen Prozeß« zu machen. Jetzt kam Freislers große Stunde...

Obwohl Tenor und Taktik von Freislers Verhandlungen stets die gleichen waren, fast immer zu dem vorausbestimmten Resultat, dem Todesurteil, führten, bedeutete dieser erste »20. Juli«-Prozeß für Freisler doch so etwas wie eine neue Herausforderung. Ging es hier nicht um eine besonders hochkarätige Gruppe von Verschwörern? Erforderte nicht die dramatische Kriegssituation – um die Freisler wußte – eine noch nachhaltigere Demonstration kämpferischer Entschlossenheit? Und schließlich: Hatte nicht der Führer selbst große Erwartungen an seine Richtertätigkeit geknüpft?

Freisler sollte Hitler nicht enttäuschen. Das Stenogramm, das im Auftrag des Volksgerichtshofs von Reichstagsstenographen erstellt wurde, belegt: Obwohl die Todesurteile bereits feststanden, ließ Freisler keine Möglichkeit aus, die Angeklagten zu erniedrigen, zu demütigen, sie mit rüdem Spott zu überziehen. Ein gnadenloses Tribunal. Im Mittelpunkt stand er selbst. Als Herr über Leben und Tod. Und er entschied sich fast ausnahmslos für den Tod. So, wie es der Führer von ihm erwartete.

In seinem Schlußwort forderte Oberreichsanwalt Lautz wie erwartet in knappen Ausführungen für alle Angeklagten die Todesstrafe. Dies tat er beinahe teilnahmslos. Die Verteidiger hielten sich auffallend zurück. Witzlebens Anwalt stellte in seinem Schlußwort fest: »Die Tat des Angeklagten steht, und der schuldige Täter fällt mir ihr.«

Danach ergriffen Klausing, Bernardis und Stieff kurz das Wort und baten um die Vollstreckung des Todesurteils durch Erschießen. Diesem Wunsch schlossen sich am nächsten Tag – außer Yorck von Wartenburg – auch die anderen Beschuldigten an. Noch vor seiner Urteilsverkündung lehnte Freisler den Wunsch der Angeklagten ab. Sie sollten hängen.

Am Nachmittag verlas er das Urteil. Der Saal war bis zum Bersten gefüllt, es herrschte eine gespannte Ruhe. Nur Freislers schneidende Stimme durchdrang den hohen Raum:

»Im Namen des Deutschen Volkes! Eidbrüchige, ehrlose Ehrgeizlinge, Erwin von Witzleben, Erich Hoepner, Hellmuth Stieff, Paul von Hase, Robert Bernardis, Peter Graf Yorck von Wartenburg, Albrecht von Hagen, Friedrich Karl Klausing, verrieten, statt mannhaft wie das ganze deutsche Volk dem Führer folgend den Sieg zu erkämpfen, so wie noch niemand in unserer ganzen Geschichte, das Opfer unserer Krieger, Volk, Führer und Reich. Den Meuchelmord an unserem Führer setzten sie ins Werk. Feige dachten sie, dem Feinde unser Volk auf Gnade und Ungnade auszuliefern, es selbst in dunkler Reaktion zu knechten. Verräter an allem, wofür wir leben und kämpfen, werden sie alle mit dem Tode bestraft. Ihr Vermögen verfällt dem Reich. Dieses Urteil des Volksgerichtshofes des Großdeutschen Reiches begründe ich wie folgt: Ein Schurkenwerk, das alle Schranken sprengt und jedes Maßes spottet, ist geschehen. Im schwersten Kampf um Freiheit und Leben ringt unser Volk am Schlusse des fünften Kriegsjahres. Da reißt eine Explosion englischen Sprengstoffes und englischen Zündwerkes einen Abgrund des Entsetzens in uns allen und in jedem von uns auf. Den Führer wollte man uns rauben, feige meucheln. Die Kraft des Volkes hat es abgewehrt. Sein Wachbataillon wischte die Verräter weg, und eine Springflut der Empörung eilte durch alle Gaue unseres großen Reiches. Ein Strom der Liebe und Treue erfaßt die Seele jedes Deutschen: Der Führer lebt! Wir sahen hier die Lageskizze und die Bilder des gesprengten Raumes gestern im Gerichtssaal. Ein Wunder hatte das Schicksal unseres Volkes vollbracht, das in diesem Chaos von Splittern und in diesem Gewirr von Trümmern unseren Führer zwei Meter von dem Sprengkörper entfernt erhalten hat. Der Druck der Explosion wollte ihn offenbar nicht erfassen. Dann, als wir es erfahren hatten, schwuren wir uns alle, zur Ausschöpfung des letzten Funkens unserer Kraft uns nun zu erheben, treu unserem Führer nun total diesem Siege und damit dem Leben uns entgegenzukämpfen.

Wir kennen den Verlauf des ungeheuren Geschehens alle in großen Zügen. Der Führer selbst hat es uns in jener Nacht gesagt, in jener Ansprache an uns, in der wir seine Stimme erkennen sollten. Dann, wie es im ganzen herging, Reichsminister Goebbels hat es uns in seinem großen Rechenschaftsbericht, wie er ihn selbst nannte, gesagt. Ich brauche das alles hier heute nicht noch einmal zu wiederholen. Wir haben nun heute acht von jenen Lumpen vor uns, die an diesem Schurkenwerk beteiligt waren, acht, die der Führer seinem Volksgerichtshof überantwortet hat. Ehrlos sind sie alle aus dem Heere ausgestoßen worden, für immer ehrlos durch ihre Tat und in ihrer Ehrlosigkeit gezeichnet und gebrandmarkt vor der Nation, so wie noch niemand je im deutschen Volk.«

Danach schilderte Freisler aus seiner Sicht den Anteil der acht Angeklagten an dem Attentat:

»Das also ist das, was wir von allen acht Verrätern festzustellen haben, die uns gestern zur Aburteilung überwiesen worden sind, und von denen wir alles wissen. Wir haben nur das festgestellt, was jeder der Angeklagten hier in der Hauptverhandlung bekannt hat. Nichts ist in den Feststellungen enthalten, soweit ich es nicht ausdrücklich hervorgehoben habe, was nicht durch das eigene Geständnis der Angeklagten bewiesen wäre. Es kann kein Zweifel sein: Das, was wir feststellen, ist bei jedem von ihnen das Mindestmaß ihrer Schuld. Diese Schuld sprengt jedes Maß. Gewiß, die Schande dieser Tat, die bei jedem von ihnen gleich, nämlich vollkommen ist, kann man teilen, in Bestimmungen und Worte fassen, aber sie ist für alle gleich groß. Es ist der Verrat an unserem freien, starken deutschen Gemeinschaftsleben, an unserer Lebens- und Wesensart, unserem Nationalsozialismus. Es ist die vermessene Begier, an die Stelle unserer inneren Freiheit die Knechtung durch die Reaktion zu setzen. Der Hochverrat in diesem Handeln ist gewiß, die schäbige Feigheit, die moralische Selbstentmannung des Feiglings, der im Kampfe den Siegglauben verliert, statt zu wissen: Davon hängt der Sieg ab, daß unser Glaube unerschütterlich stark und vollkommen ist. Gewiß und wahr ist die Hilfe, die sie unseren Feinden zu leisten sich nicht scheuen, einer wie alle ... Es gibt nämlich niemand, der nicht wüßte, daß, wer uns den Führer rauben will, uns damit den schwersten Schlag versetzt, der uns in unserem Ringen um unser Leben gegenüber unseren Feinden ver-

setzt werden kann. Es ist auch Landesverrat, ein Landesverrat furchtbarster Form, der schon als solcher alle Maße des Gesetzes sprengt... Es ist darin enthalten die schäbige Feigheit der Defaitisten, von denen ich gar nicht näher zu reden brauche... Es ist die Treulosigkeit an dem Führer... Es ist der Mord an dem, der unser Leben mit seinen Sorgen Tag und Nacht führt... der Mord an dem, zu dem wir alle aufschauen, damit wir ihm nachmarschieren können in die Welt der Freiheit! Es ist der Verrat an sich, an allem, was im deutschen Volke ist, an den Toten dieses Krieges, an den Toten der Bewegung. Es ist der vollkommenste Verrat, den unsere Geschichte je gesehen hat... Es gibt in der ganzen Geschichte – ich habe sie in den letzten Tagen noch einmal durchdacht – keinen Fall, ich habe keinen gefunden – in dem in den siebzig Generationen vor uns, die wir auf die äußeren Vorgänge durchforschen können, dergleichen je geschehen, je geplant wäre.

Die Angeklagten können nicht erwarten, daß ihnen gegenüber irgendwie von dem Maß zurückgewichen wird, das als das schwerste Maß der Dokumentierung der Schande festgestellt ist, daß auch nur um ein Jota davon zurückgewichen wird... Als sich seinerzeit unser Reich das Gesetz schuf, wonach in Fällen besonders schimpflicher Tat die Vollstreckung der Todesstrafe durch den Strang erfolgen könnte, hatte es eine furchtbare Terrortat im Jahre 1933 im Auge, eine Terrortat auch von großer Gefahr für unser Leben. Wir sind uns heute sicherer. Die Tat, unter deren Eindruck damals dieses Gesetz erlassen wurde, verblaßte gegenüber der Tat, die diese Angeklagten, zunächst also diese acht Angeklagten vollbrachten. Damit haben wir gesagt, was hier zu sagen ist... Hier gibt es nur eins, den Tod.

Wir stellen fest: Es ist die schimpflichste Tat, die je unsere Geschichte gesehen hat. Wir kehren zurück in das Leben, in den Kampf. Wir haben keine Gemeinschaft mehr mit ihnen. Das Volk hat sich von ihnen befreit, ist rein geblieben. Wir kämpfen. Die Wehrmacht grüßt: Heil Hitler! Wir grüßen alle: Heil Hitler! Wir kämpfen mit unserem Führer, ihm nach für Deutschland. Wir haben die Gefahr jetzt abgeschüttelt. Wir marschieren mit totaler Kraft hin bis zum totalen Sieg.

Damit ist diese Sitzung des Volksgerichtshofes des Großdeutschen Reiches beendet.«

Das Urteil wurde noch am selben Tag vollstreckt. Die Verurteilten wurden mit auf den Rücken gefesselten Händen in den Hinrichtungsraum der Haftanstalt Berlin-Plötzensee gebracht und dort nacheinander auf grauenvolle Weise in Fleischerhaken erhängt. Gemäß der Weisung Hitlers: »Sie sollen gehängt werden wie Schlachtvieh!«

Der Todeskampf der Verurteilten soll, angeblich auf Hitlers persönlichen Wunsch, gefilmt worden sein. Der Kameramann Erich Stoll schilderte nach dem Krieg, wie die Aufnahmen entstanden waren:

»Wir wurden zum Volksgerichtshof geführt, und dort wurde uns erklärt, daß wir so unauffällig wie möglich Tonfilm- und Situationsaufnahmen von dem Prozeß herstellen sollten. Wir richteten daraufhin eine provisorische Beleuchtung ein und bauten Tonkameras hinter den dort befindlichen Türen auf, um durch ein Loch die Aufnahmen zu machen. Ein anderer Kameramann mußte im Saal Situationsaufnahmen machen und die allgemeine Atmosphäre aufnehmen. Der ehemalige Reichsfilmintendant Hans Hinkel bestimmte von den Kameraleuten, wer welche Aufnahmen zu machen hatte. Er ließ sich auch jeweils die gedrehte Meterzahl angeben, damit jeder Meter abgeliefert wurde. Mit Begeisterung hat der Präsident des Volksgerichtshofes Dr. Freisler die Zustimmung zu den Filmaufnahmen gegeben und sich dafür eingesetzt, daß ja alles aufgenommen wurde. Die Aufnahmen begannen damit, daß die Angeklagten hereingeführt und ihnen nach Abnahme der Handfesseln die Plätze zugewiesen wurden. Dann kamen die Richter unter dem Vorsitz des Präsidenten Dr. Freisler, und der Prozeß begann. Jeder wichtige Angeklagte mußte mit Ton aufgenommen werden. Von den weniger wichtigen wurden nur stumme Aufnahmen gemacht. Nach der ersten Pause erkundigten sich der Reichsfilmintendant und der Präsident des Volksgerichtshofes, wie die Aufnahmen geworden seien. Wir mußten dem Präsidenten mitteilen, daß er den Angeklagten gegenüber zu laut geschrien habe, so daß es dem Tonmeister nicht möglich war, den Ausgleich zwischen der schreienden Stimme und der leisen Stimme des Angeklagten herzustellen. Leider wiederholte bei den anderen Vernehmungen der Präsident des Gerichtshofes sein Schreien, so

daß die Aufnahmen technisch nur als ungenügend bezeichnet werden konnten.«

Nach Fertigstellung wurde der Film – der insgesamt etwa 50 000 Meter lang und vom Propagandaministerium auf 15 000 Meter zusammengeschnitten war – der Öffentlichkeit vorgeführt, wenn auch nicht, wie anfangs von Hitler erwogen, in der »Wochenschau«, sondern vor NS-Organisationen und Gauleitern.

In den schon zitierten Kaltenbrunner-Berichten wurde am 20. August 1944 betont, die Verhandlungsführung Freislers habe beim größten Teil der Bevölkerung einen starken Eindruck hinterlassen.

»In weiten Kreisen der Arbeiterschaft wurde die scharfe, teilweise ironische und äußerst schlagfertige Art des Vorsitzenden mit Freude und Genugtuung zur Kenntnis genommen. Die Kritik, die der Vorsitzende an dem verbrecherischen Vorhaben der Angeklagten übte, entsprach durchweg der Empörung der Bevölkerung über das gemeine Verbrechen. Mit besonderem Abscheu wurden Einzelheiten der Vorbereitung besprochen, so vor allem der Plan der Verräter, das Attentat anläßlich einer Vorführung durchzuführen.«

Freilich mußte Kaltenbrunner auch einräumen, daß es – insbesondere »in Kreisen der Intelligenz und Rechtswahrer« – nicht an kritischen Stimmen fehlte. Die »billige Art«, in der der Vorsitzende die Angeklagten beschimpft und lächerlich gemacht habe, entspreche »nicht ganz der Würde des höchsten deutschen Gerichtshofes« und erinnere viele an »frühere sowjetische Schauprozesse«.

Weiter hieß es in dem Bericht vom 20. August 1944:

»Insbesondere sind eine Reihe von Äußerungen erfaßt worden, in denen beanstandet wurde, daß der Vorsitzende sich mit dem Angeklagten Hoepner in eine Diskussion darüber einließ, ob die Bezeichnung ›Esel‹ oder ›Schweinehund‹ die angemessene Bezeichnung für ihn sei.

Andere weisen darauf hin, daß es sich bei einigen der Angeklagten doch um Persönlichkeiten handele, die wegen ihrer Verdienste und wegen ihrer Tüchtigkeit gerade im nationalsozialistischen Staat zu höchsten Ehren und Auszeichnungen gelangt seien. Es sei doch seltsam, daß diese Männer, die noch vor nicht allzulanger Zeit vom Führer selbst befördert und deren Taten in der Presse als Heldentaten gefeiert worden seien, nun als töricht, vertrottelt und unentschlossen dargestellt würden... Es müßten Zweifel in die Personalpolitik in den höchsten Führungsstellen gesetzt werden, da man diese Männer ja jahrelang in hohen und bedeutungsvollen Stellen belassen habe...«

Die Berichte Kaltenbrunners waren an Martin Bormann adressiert, aber für Hitler bestimmt, und dieser war mit der Prozeßführung Freislers durchaus zufrieden. Hatte er nicht selbst darauf bestanden, den Angeklagten auch nicht die geringste Erleichterung zu gewähren? Hatte er nicht die härtesten Urteile, den Tod der Verräter gefordert? Freisler hatte seine Rolle als »Wyschinski« erledigt, wie Hitler es sich vorgestellt hatte. Er war der Blutrichter der Stunde.

Der erste Prozeß gegen die Verschwörer vom 20. Juli war nur ein Auftakt gewesen. Zunächst wurden gegen zahlreiche Generäle und Offiziere verhandelt, die mit den Verschwörern des 20. Juli in Verbindung standen oder mit ihnen sympathisierten. Die meisten von ihnen wurden ebenfalls zum Tode verurteilt und hingerichtet.

Der Liquidierung des militärischen Widerstands – dessen prominente Vertreter nicht selten selbst jahrelang das Hitler-Regime begeistert unterstützt, der Wehrmacht in vorderster Reihe gedient und so die NS-Greuel erst ermöglicht hatten – folgte die Niederschlagung des politischen Widerstands.

Am 7. und 8. September 1944 begann mit dem Prozeß gegen Carl Goerdeler eine ganze Reihe von Prozessen gegen die »zivilen Verschwörer«.

Für Freisler war Goerdeler, ehemaliger Oberbürgermeister von Leipzig, der für den Tag des Hitler-Anschlags zahlreiche Notstandsverordnungen und Rundfunkreden entworfen hatte, der »Kopf und Motor« der Verschwörung. Mit ihm waren angeklagt: der sozialdemokratische Gewerkschaftsfunktionär Wilhelm Leuschner, der ehemalige deutsche Botschafter in Rom,

Ulrich von Hassell, der Berliner Anwalt Josef Wirmer und Dr. Paul Lejeune-Jung, ein Industriemanager, der von 1924 bis 1930 Reichstagsabgeordneter der Deutschnationalen Partei war und im »Goerdeler-Kabinett« als Wirtschaftsminister vorgesehen war.

Freisler nutzte wie schon im ersten Prozeß den Gerichtssaal als politische Bühne. Er allein beherrschte die Verhandlungen, monologisierte, brüllte, erteilte das Wort – sprach das Urteil. Zur Verhandlungsführung im Goerdeler-Prozeß sei der folgende Prozeßbericht des Reichsjustizministers Dr. Thierack vom 8. September 1944 an den Sekretär des Führers im Führerhauptquartier, Reichsleiter Bormann, erwähnt:

»Die Verhandlungsführung des Vorsitzers war bei den Angeklagten Wirmer und Goerdeler unbedenklich und sachlich, bei Lejeune-Jung etwas nervös. Leuschner und von Hassell ließ er nicht ausreden. Er überschrie sie wiederholt. Das machte einen recht schlechten Eindruck, zumal der Präsident etwa 300 Personen das Zuhören gestattet hatte. Es wird noch zu prüfen sein, welche Personen Eintrittskarten erhalten haben. Ein solches Verfahren in einer solchen Sitzung ist sehr bedenklich. Die politische Führung der Verhandlung war sonst nicht zu beanstanden. Leider redete er aber Leuschner als Viertelportion und Goerdeler als halbe Portion an und sprach von den Angeklagten als Würstchen. Darunter litt der Ernst dieser gewichtigen Versammlung erheblich. Wiederholte längere, nur auf Propagandawirkung abzielende Reden des Vorsitzers wirkten in diesem Kreise abstoßend. Auch hierunter litt der Ernst und die Würde des Gerichts. Es fehlt dem Präsidenten völlig an eiskalter überlegener Zurückhaltung, die in solchem Prozeß allein geboten ist ... Heil Hitler.«

Alle fünf Angeklagten wurden wegen Hochverrats, Defätismus, Wehrkraftzersetzung und Feindbegünstigung zum Tode verurteilt, Lejeune-Jung, Wirmer und von Hassell noch am selben Tag hingerichtet. Leuschner wurde zunächst in ein Konzentrationslager gebracht, wo man ihn 20 Tage nach dem Urteil ermordete. Goerdeler sollte zunächst für die Gestapo »am Leben bleiben«, denn man versprach sich von weiteren Verhören nützliche Informationen über Aufbau und Struktur der Widerstandsgruppen. Doch am 2. Februar 1945 war auch er für die Gestapo überflüssig geworden: Wie seine Mitverschwörer wurde er liquidiert.

Während die Alliierten ihre Luftangriffe verstärkten, Deutschland unter den fortwährenden Bombardierungen in Trümmer sank, fällte der Volksgerichtshof, allen voran Freisler, Todesurteil auf Todesurteil.

Am 20. Oktober 1944 verhandelte er gegen Dr. Julius Leber, Dr. Adolf Reichwein, Hermann Maass und Gustav Dahrendorf. Die vier Beschuldigten hatten die Anklageschrift erst am Vorabend des Prozesses erhalten. Eine Verteidigung war damit unmöglich. Ohnehin standen die Urteile bereits fest. Außer Dahrendorf wurden alle zum Tode verurteilt. Besonders makaber: Nicht nur die Volksgerichtshof-Prozesse wurden heimlich gefilmt, auch die Vollstreckung der Urteile. Hitler selbst wünschte Filmaufnahmen von den barbarischen Exekutionen. Während der Scharfrichter und seine Gehilfen ihr blutiges Handwerk verrichteten, lief die Filmkamera ohne Pause...

Auf die zahlreichen Nachfolgeprozesse gegen Sozialisten und Gewerkschaftler, gegen Mitglieder des »Kreisauer Kreises« sowie gegen eine Vielzahl weiterer Verschwörer soll hier nicht ausführlich eingegangen werden. Hierzu sei auf die umfangreiche Literatur im Anhang verwiesen. Nachkriegshistoriker hierzulande haben den Attentätern des 20. Juli außerordentliche Aufmerksamkeit entgegengebracht und ihre Taten gewürdigt. Freilich: Häufig geriet die Geschichtsschreibung des Widerstands gegen die NS-Diktatur dabei einseitig.

Tatsache ist: Die mit dem »20. Juli«-Attentat verknüpften oppositionellen Gruppen und Zirkel waren in ihrer weltanschaulichen, politischen und ethischen Programmatik heterogen. So einig sie sich in der Absicht waren, das Hitler-Regime zu beenden, so unterschiedlich waren doch ihre Auffassungen über die dazu erforderlichen Maßnahmen. Mitglieder des »Kreisauer Kreises« etwa lehnten lange Zeit einen Tyrannenmord an Hitler aus christlicher Überzeugung ab und konnten sich erst spät zu den Attentatsplänen durchringen. Viele – vor allem aus dem militärisch-oppositionellen Verschwörerkreis –

waren jahrelang in das NS-Regime eng verstrickt gewesen, hatten ihm gedient – auch in verbrecherischer Weise.

So waren die Pläne der Attentäter des 20. Juli auch ein letzter, verzweifelter Versuch von Teilen der deutschen Generalität und des Offizierskorps, zu retten, was noch zu retten war.

Ein Beispiel von vielen: Arthur Nebe, Chef des Reichskriminalpolizeiamtes. Bereits 1931 war er der NSDAP beigetreten und hatte rasch Karriere gemacht: SS-Gruppenführer, Generalleutnant der Polizei. Er war einer der Männer, die Georg Elser – einen Schreinergesellen von der Schwäbischen Alb, der bereits im September 1939 im Münchner Bürgerbräukeller einen mißglückten Bombenanschlag auf Hitler durchgeführt hatte – in den Räumen der Berliner Gestapo verhörten. Elser wurde überführt, ins Konzentrationslager verschleppt und wenige Tage vor Kriegsende ermordet.

Nebe – ganz glühender Nationalsozialist – meldete sich 1941 freiwillig nach Rußland, um als Führer der »Einsatzgruppe B« hinter der Front für Angst und Schrecken zu sorgen, wo seine Truppe hauptsächlich als Exekutionskommando auftrat. Ihre Opfer: überwiegend Juden, die bis dahin überlebt hatten. Dieser fanatische Mann tauchte im Jahre 1944 im Verschwörerkreis auf, wo er dazu ausersehen war, Offiziere der Berliner Kriminalpolizei für zukünftige militärische Aktionen zu rekrutieren.

Wann und aus welchen Gründen Nebe sich der Opposition anschloß, ist nicht bekannt. Am 3. März 1945 wurde er zum Tode verurteilt, einen Tag später gehängt.

Nebe war nur eine der widersprüchlichen Figuren, von denen es zahlreiche gab. Bis heute ist die Frage der Motive für den »Rollenwechsel« zahlreicher 20.-Juli-Verschwörer nur unzureichend beantwortet worden.

Die Widerstandsmythologie hatte und hat kaum Platz für eine differenzierte Sichtweise abseits jeglicher Glorifizierung. So gilt der »20. Juli« bis heute als Synonym für ein »anderes, demokratisches Deutschland«, als »moralischer Lichtblick« im verbrecherischen Nazi-Regime. Beides ist in dieser unzulässigen Pauschalierung fragwürdig. Mehr noch: Im Vergleich mit der großen Anzahl vieler Deutscher, die als Kommunisten, Sozialisten oder Gewerkschafter, als radikale Christen oder als Freidenker, allein oder in Gruppen, ohne Rang oder Namen,

Widerstand leisteten und dafür verfolgt, eingesperrt, ermordet oder ins Exil getrieben wurden, ist die Würdigung des »20. Juli« geradezu unverhältnismäßig. Eine Mystifizierung weniger, die den Blick auf die vielen verstellt.

Die Hervorhebung der »Männer vom 20. Juli« war auch eine der Lebenslügen im Nachkriegsdeutschland. In der Adenauer-Republik gab es keinen Platz für den opfervollen links-oppositionellen Widerstand gegen die Nazi-Diktatur...

Zurück in das Schreckensjahr 1944: Freisler nutzte die »20. Juli«-Prozesse als Bühne der Abschreckung. Hier, in den Schauprozessen, sollten all jene eine letzte nachhaltige Lektion erhalten, die an »Verrat« dachten. Verrat an der deutschen Sache – am »Endsieg«. Eine Zuhörerin erinnerte sich später an Freislers Auftritt:

»Roland Freisler, der Meister-Akteur von größter Bühnenwirksamkeit, mit ununterbrochener, nie nachlassender Leistungsfähigkeit, durch 10 Stunden... sprühend, glitzernd, gleißend, von enormer Sprachgewalt und Modulationsfähigkeit, einmal väterlich milde, verständnisvoll, dann wieder scharf inquisitorisch, sachlich kühl, plötzlich wieder wie ein Blitz einschlagend und zupackend. Die Angeklagten sind Spielzeuge seines Geistes. Er jongliert mit Menschenschicksalen und gibt die Wendung, Beleuchtung und Farbe, die er braucht, um aus einer Bedeutungslosigkeit einen effektvollen Akt zu gestalten und ihn auf die beabsichtigte und schon vorher geplante und skizzierte Tragödie hinzuführen.«

Nur ganz selten wurde die Dramaturgie für einen Augenblick gestört. Als Freisler am 9. September 1944 im schon genannten Prozeß gegen Goerdeler und vier weitere Angeklagte die Todesurteile verkündete, erwiderte einer von ihnen, der Rechtsanwalt Josef Wirmer: »Wenn ich hänge, habe ich nicht die Angst, sondern Sie!« Freisler schäumte: »Bald werden Sie in der Hölle sein!« Der gläubige Katholik, den Tod vor Augen, antwortete mit ruhiger Stimme: »Es wird mir ein Vergnügen sein, wenn Sie bald nachkommen, Herr Präsident.«

Freisler sollte nicht einmal mehr sechs Monate zu leben haben...

Neuntes Kapitel
Das Ende

Deutschland, im September 1944: Das »Tausendjährige Reich« fiel von Tag zu Tag sichtbarer in Schutt und Asche. Die alliierten Luftangriffe wurden für die deutsche Bevölkerung immer verlustreicher. Im Westen war die Invasion unaufhaltsam im Vormarsch, die Rote Armee hatte das flüchtende Ostheer zur Reichsgrenze zurückgedrängt und stand bereits an der Weichsel.

Trotz allem: Noch hoffte die Mehrheit der Deutschen auf die Kriegswende, noch vertraute sie auf die Schlagkraft der Wehrmacht, noch sahen sie Hitler im Nimbus seiner früheren Siege. Die Menschen in den Luftschutzkellern, die Soldaten an der Front - sie sagten sich: Hat der Führer bislang nicht immer recht behalten? Wenn er Vergeltung ankündigt, dann wird sie auch kommen. Haben wir - redeten sie sich in einer Mischung aus Niedergeschlagenheit und Wut, erfahrenen Leiden und Täterschaft, gegenseitig Mut zu - haben wir nicht diese neue Wunderwaffe, mit der wir es unseren Gegnern doppelt und dreifach zurückzahlen?

»Haltet aus!« appellierte lautstark die NS-Propaganda und erinnerte die Volksgenossen unaufhörlich an ihre »unbesiegbaren Tugenden«: an Opferbereitschaft, Vaterlandsliebe, Mut, Entschlossenheit - und Gehorsam...

Ganz im Sinne der NS-Kriegspropagandisten hatte das mißlungene Attentat vom 20. Juli das Regime noch einmal psychologisch gestärkt. Hitlers Überleben war - wieder einmal - als Vorsehung, als Beweis dafür benutzt worden, wie ungebrochen der Siegeswille des Führers sei. Und tatsächlich war nach Hitlers Rundfunkansprache, nachdem die Deutschen die Stimme des Führers wieder gehört hatten, die Moral im Reich schlagartig gestiegen. Mehrheitsmeinung und NS-Propaganda stimmten weitgehend überein.

Illusionen wurden als Realitäten betrachtet. Noch lebte der Führer, noch lebte Deutschland. Noch herrschte – wenn auch gedämpfte – Zuversicht, noch war der Wille zum Durchhalten vorhanden.

Freilich: Am Nachmittag des 11. September überschritten erste US-Soldaten die Reichsgrenze bei Trier. Das Westheer war zerschlagen. Ein Führer-Erlaß vom 25. September befahl nun die Aufstellung des Deutschen Volkssturms. Alle »waffenfähigen« Männer zwischen 16 und 60 Jahren, sofern sie bisher vom Wehrdienst freigestellt waren, wurden zu den Waffen gerufen – für die Alliierten ein Zeichen militärischer Schwäche, ein Signal dafür, daß die Wehrmacht definitiv am Ende war. Das Parteiblatt *Völkischer Beobachter* äußerte am 11. November 1944 unter der Überschrift »Das Weltgeschehen läßt sich nicht errechnen« gegenüber seinen Lesern immerhin erste Zweifel und gab zu, daß vom Standpunkt der vernunftsmäßigen Analyse Deutschland den Krieg nicht mehr gewinnen könne.

Hitler selbst war längst von Krankheit gezeichnet. Er litt an Depressionen, Kopfschmerzen und Grippeanfällen, seine Körperhaltung war die eines alten Mannes. Der Verfall war – besonders nach der Nachricht von der Luftlandung der Alliierten am 17. September – offensichtlich. Mit Beruhigungs- und Aufputschmitteln hielt er sich auf den Beinen, reagierte auch jetzt noch zornig auf jegliche Einwände an seinen Entscheidungen, die er weiterhin starrsinnig und verbissen als die einzig richtigen betrachtete. Wutanfälle wechselten mit Depressionen. Sein Mißtrauen und sein Argwohn gegenüber anderen steigerten sich ins Krankhafte.

Im Herbst 1944 setzte nicht nur Hitlers Agonie, sondern auch die Agonie des Dritten Reichs ein. Ende November wurde als weitere Notmaßnahme ein »Wehrmachtshelferinnenkorps« gebildet. Zunächst freiwillig, dann durch Einberufung, wurden jüngere Frauen und Mädchen ab dem achtzehnten Lebensjahr als Unterstützung für die Wehrmachtstruppen herangezogen. Die Nachricht von der Ardennenoffensive, der Tatsache, daß sich die Wehrmacht den Kriegsgegnern noch einmal offensiv entgegenstellte, weckte bei vielen Deutschen noch einmal letzte Hoffnungen. Trotz Bombenangriffen in der Heimat, trotz schwerster Opfer, glaubten auch jetzt noch viele an einen möglichen Sieg. Joseph Goebbels wußte die düstere Lage propagandistisch zu nutzen. Am 10. Dezember 1944 sprach er in einem Leitartikel der Wochenzeitung *Das Reich* den Volksgenossen Mut zu:

»Wir kämpfen jetzt mit dem Rücken an der Wand. Das ist selbstverständlich sehr gefährlich, bietet aber auch eine ganze Reihe von Vorteilen.« Die bevorstehende Weihnacht solle – so Goebbels – *»ein Fest der starken Herzen«* werden.

Solche Durchhalteparolen prasselten nunmehr beinahe ebenso häufig wie die tödlichen Bombenhagel auf die deutsche Bevölkerung herab. Im *Völkischen Beobachter* appellierte am 17. Dezember 1944 der Kriegsberichter Herbert Reinecker unter dem Titel »Der Führerglaube der jungen Soldaten« einmal mehr an die deutschen Tugenden: »Der junge Soldat ist dem Führer treu«, schrieb Reinecker – ein Mann, der es nach dem Krieg zum erfolgreichsten Kriminalautor hierzulande bringen und für den Widerstandsfilm »Canaris« einen Bundesfilmpreis erhalten sollte –, »weil er sich selber und seinem Schicksal treu ist. Es ist ihm undenkbar, nachzudenken, aufzugeben oder vor Schwierigkeiten zu kapitulieren.« Solchermaßen propagandistisch gerüstet und ideologisch geblendet, starben Tausende junger Soldaten einen »deutschen« Tod. Das »Tausendjährige Reich« indes fiel immer mehr in sich zusammen...

Der Krieg war dorthin zurückgekehrt, wo er Jahre zuvor entfacht worden war. Davon blieb auch der Volksgerichtshof nicht verschont. Bereits im November 1943 war das Gerichtsgebäude bei einem Luftangriff erheblich zerstört worden, so daß man gezwungen war, einen Teil des Tribunals nach Potsdam zu evakuieren, wo man im dortigen Landgericht Raum fand.

Die Senate waren in den letzten Monaten verstärkt im gesamten Reich unterwegs, um ihre Bluturteile zu fällen. Ganz im Sinne von Reichsjustizminister Thierack, der als fanatischer Nationalsozialist gerade jetzt die »politische Führungsaufgabe« des Volksgerichtshofs unterstrich und für härteste Strafen eintrat. In einem Brief vom 18. Oktober 1944 wandte er sich an Freisler und bat den »sehr geehrten Herrn Präsident«, doch sein Augenmerk besonders auf die Durchführung und Urteile der Prozesse zu richten, da die Bedeutung des Volksgerichtshofs »für das Halten der inneren Front« erheblich gestiegen sei.

»Die Tätigkeit des Volksgerichtshofs«, schrieb Thierack, »darf sich nicht allein darin erschöpfen, die vor ihm Angeklagten der verdienten Strafe zuzuführen, sondern er muß darüber hinaus eine politische Führungsaufgabe erfüllen.«

Wie diese auszusehen habe, erläuterte er seinem vielbeschäftigten VGH-Präsidenten eindringlich:

»Diese liegt darin, daß das Volk nicht nur die Urteile des Volksgerichtshofs als richtig anerkennt, sondern darüber hinaus erfährt, warum gerade diese Strafe notwendig wurde. Die Verhandlungsführung der Senatsvorsitzer leidet oft darunter, daß in besonders wichtigen politischen Verfahren die politische Wertung der Tat in Rücksicht auf die Lage des Volkes und des Reiches nicht immer genügend aufgezeigt wird...

Der Vorsitzer muß in seiner Verhandlungsführung begründen können, warum gerade diese Tat für das Volk und für das Reich besonders gefährlich oder besonders schwer ist. Es muß jeder der an der Verhandlung Beteiligten mit der inneren Überzeugung den Sitzungssaal verlassen, daß nicht nur die Strafe richtig war, sondern auch warum sie richtig war. Das gilt vor allem auch für sogenannte Defätistensachen, die jetzt in erhöhtem Maße verhandelt werden müssen. Es dürfen ebensowenig Redereien aufkommen, wie die, daß die Verhandlung vor einem bestimmten Senat den sicheren Tod bringt, oder wie die, daß die ›Öffentlichkeit‹ in ihren juristischen Definitionen überspannt sei. Wenn solche Redereien auftreten, so kann ihnen nur durch eine überlegene, ruhige und – wenn es angebracht ist – durch eine eiskalte Verhandlungsführung begegnet werden. Hierbei ist das Volk stets zu belehren, warum die Hetzer in diesen schweren Monaten des Krieges den Tod verdienen, nicht aber Schwätzer. Es sei denn, daß es kein dummes Geschwätz war, sondern in seiner Bedenkenlosigkeit gefährlich wurde...«

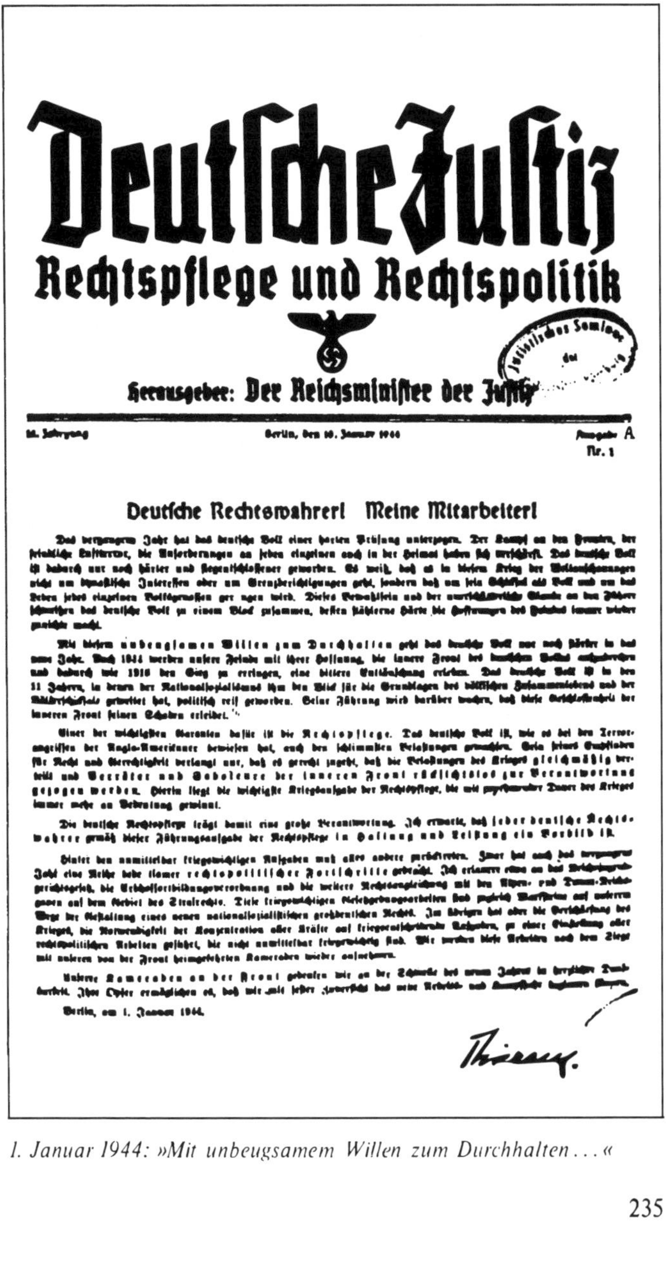

1. Januar 1944: »Mit unbeugsamem Willen zum Durchhalten...«

Thierack bat Freisler abschließend, darauf zu achten, daß nur solche Richter den Vorsitz erhielten, die »den in Frage stehenden Stoff auch politisch völlig meistern«. Keine Frage: Das »Halten der inneren Front« benötigte eine noch konsequentere Justiz, und der Volksgerichtshof, als Tribunal in der »vordersten Linie«, sollte hierbei besonders effizient vorgehen. Dies betraf auch Vereinfachungen im Verfahren, beispielsweise die Begnadigungspraxis. So sollten die Todesstrafen für Wehrkraftzersetzung nicht nochmals untersucht werden, auch auf die Gefahr hin, daß mitunter ein Unschuldiger hingerichtet werden könnte. Die Kriegssituation verlange einfach – so Thierack –, daß die Prozesse rasch abgeschlossen und die Urteile konsequent vollstreckt würden. Tatsächlich ging mit der Verschlechterung der zivilen und militärischen Kriegssituation die radikale Verschärfung der Strafurteile einher. Besonders für politische und militärische Vergehen waren Todesurteile an der Tagesordnung.

Der Volksgerichtshof: markanter Ausdruck eines gnadenlosen Unrechtssystems, das selbst nach dem Tod seiner Opfer nicht zum Stillstand kam. Im Gegensatz zu früher wurden nun selbst die Leichen der Hingerichteten nicht mehr an die Verwandten übergeben, sondern verbrannt oder den medizinischen Fakultäten der Universitäten überlassen.

Freisler, als Präsident und Richter dieses ungebremsten menschenfeindlichen Rigorismus, war die treibende Kraft. Trotz der Kriegswirren schien er arbeitswütig wie immer. Er hielt – wenn auch wegen der immer häufiger zerstörten Verkehrswege in geringerer Zahl – Vorträge, führte die Präsidialgeschäfte des Volksgerichtshofs und übernahm als Richter des Ersten Senats den Vorsitz in zahllosen Prozessen. Dabei zog er weiterhin alle wichtigen Verfahren in seinen eigenen Ersten Senat. Der letzte Geschäftsverteilungsplan im VGH, den Freisler für 1945 festlegte, zeigt, daß er auch Anklagen, die normalerweise von anderen Senaten behandelt wurden, seinem Senat zuordnete, vor allem dann, wenn es sich um Verratsprozesse handelte.

Thierack war Freislers Vorgehen keineswegs entgangen. Schon im November 1943 hatte er ihn in einem Brief ersucht, den anderen Senaten mehr Verfahren zu übertragen. Doch Freisler hatte sich über Thieracks Einwände hinweggesetzt. Nach wie vor zog er alle interessanten Verfahren an sich, vor allem nach dem 20.-Juli-Attentat.

Deutschland im Herbst 1944: Die NSDAP mit ihren noch immer über acht Millionen Mitgliedern war am Nullpunkt ihres Ansehens, viele Parteigenossen trugen nicht mehr ganz so selbstbewußt ihre Uniform. Auch ihnen konnte nicht entgehen, daß der Traum vom »Tausendjährigen Reich« immer mehr in Schutt und Asche versank. Zwei Möglichkeiten gab es für sie, diese ernüchternde Wirklichkeit zu verarbeiten: Entweder sie marschierten weiterhin im Gleichschritt den alten Idealen hinterher, radikalisierten sich in dem Maße, wie sich die Kriegssituation zu ihren Ungunsten verschlechterte, oder aber sie versuchten, sich von der Partei abzusetzen, um nach dem bevorstehenden Ende als politische Saubermänner, sogar als – wie sich später nicht selten zeigen sollte – Widerstandskämpfer gegen die NS-Diktatur dazustehen.

Freisler gehörte zu jenen, die auch jetzt noch – trotz innerer Zweifel – kompromißlos, ja, fanatisch hinter Partei und Führer standen. So schrieb er am 26. Oktober 1944:

»In seinem Innersten muß man zugeben, daß es nicht mehr unmöglich ist, daß Deutschland den Krieg verlieren könnte. Die Vergeltungswaffen haben nicht den heiß erwarteten Erfolg gebracht. Selbst Reichsminister Goebbels teilt diese Meinung, aber nach den ihm zugänglichen Informationen ist der Einsatz von Waffen in Vorbereitung, die in ihrer Vernichtungsmacht alles bisher Bekannte in den Schatten stellen werden. Auch dürfen wir den Zeitfaktor nicht außer acht lassen. Wir müssen aushalten, koste es, was es wolle; je länger wir unsere Stellungen halten, desto schneller wird dieses unnatürliche Bündnis zwischen Anglo-Amerikanern und den Sowjets zerbrechen. Die Vorherrschaft der Russen in Mitteleuropa kann nicht im Interesse der Anglo-Amerikaner liegen, geschweige in dem der jüdischen Kapitalisten des Westens. Wenn ich mir die Entwicklung der letzten Jahre betrachte, dann fühle ich mich gezwungen, meinen Glauben an eine weltweite jüdische Verschwörung gegen Deutschland fallenzulassen. Dieser Glaube ist eine zu

einfache Anschauung. Zwischen dem jüdischen Proletariat Osteuropas, aus dem sich die jüdische Intelligenz rekrutiert und das alles versucht, um die bolschewistische Weltrevolution herbeizuführen, und den weitgehendst assimilierten Juden Englands und Amerikas, die keinerlei Interesse an einer Revolution haben, am wenigsten an einer bolschewistischen, gestützt auf die Macht Sowjetrußlands, zwischen diesen beiden Gruppierungen besteht eine unüberbrückbare Kluft. Die Profitgier der einen widerspricht den Zielen ihrer östlichen Rassegenossen.«

Und Freisler schrieb weiter:

»Aber wenn wir diesen Krieg verlieren sollten, was das Genie des Führers und die Vorsehung verhüten mögen, und was ich heiß erhoffe, selbst dann müssen wir mit fliegenden Fahnen untergehen. 1815 hatte man geglaubt, die Ideen der Französischen Revolution besiegt zu haben. Daß dem nicht so war, hat uns die Geschichte und all das, was jetzt in Frankreich vor sich geht, gelehrt. Sie haben überlebt, und trotz Zeiten entsetzlicher Schwäche sind sie zum Bestandteil des französischen Lebens und nationalen Denkens geworden.

Die Idee des Nationalsozialismus wurde im tiefsten Elend geboren, und sie triumphierte entgegen allen Erwartungen. Doch man kann eine Nation nicht von Grund auf in wenig mehr als einem Jahrzehnt ändern, noch in dieser kurzen Zeitspanne ihr gesellschaftliches Gefüge vollkommen erneuern. Die gegenwärtigen Verhandlungen vor dem Volksgerichtshof haben mir das klar gezeigt. Auch ich war überrascht von den Ausmaßen der Verschwörung. Was ich eine kleine Clique zu sein glaubte, war wesentlich weiter angelegt, als ursprünglich angenommen. Aber gerade die Feigheit vieler der Führer der Verschwörung wird dem deutschen Volk die unendliche Überlegenheit des Nationalsozialismus gezeigt haben, verglichen mit Zielen und Programmen, denen jeder Idealismus und revolutionäre Schwung fehlt. Männer, die in ihrer Geisteshaltung der wilhelminischen Epoche und dem Weimarer System angehören, versuchten, in Deutschland die Macht zu übernehmen, ein Bündel rückwärts orientierter alter Männer, von denen mancher, wie dieser Kerl Goerdeler, nichts anderes nach ihrer Verurteilung zu tun haben als Denkschriften anzufertigen und von sich aus weitere Auskünfte zu geben, die zahllose andere in dieses reaktionäre Komplott mit hineinziehen. Auf diese Art und Weise mögen sie wohl ihr Leben ein paar Monate verlängern, ihrem verdienten Schicksal aber entkommen sie nicht. Angesichts des Ausmaßes der Verschwörung, das da jetzt dem deutschen Volk bekannt ist, hört man, daß nun die Revolution ihre Kinder verschlinge. Nichts wäre falscher, als die gegenwärtigen Ereignisse aus dieser Sicht zu beurteilen. Nicht die Revolution verschlingt ihre Kinder, sondern die nationalsozialistische Revolution spuckt all jene aus, die niemals zu dieser Revolution gehörten, alle jene, die ausgemerzt werden müssen, um die Revolution zu ihrem letzten Ende zu führen. Sie gehörten niemals zu uns, sie wollten nicht zu uns gehören, sie waren ein Fremdkörper im nationalsozialistischen Deutschland.

In diesem Sinne ist der Volksgerichtshof, wie 1792 in Frankreich, heute zum wahren revolutionären Tribunal geworden, nötig zur Reinigung der Nation.

Was bleibt, wird im Kern nationalsozialistisch sein, wie es so viele Volksgenossen heute schon sind, und selbst wenn vom Feinde schon geschlagen, wird er Sorge dafür tragen, daß sie und ihre Nachkommen, ganz gleich unter welchem Namen und in welcher Form, Nationalsozialisten bleiben, bis der Moment kommt, an dem unsere Hakenkreuzbanner wieder entfaltet werden können, um über unseren Städten, über unserem Vaterland zu wehen. Was auch die Zukunft bringen mag, der Nationalsozialismus wird triumphieren. Der Nationalsozialismus, die Kriegseinwirkungen eines Krieges, den unser Führer nicht erwünscht hat, die Nachkriegswehen, sie alle zusammen zeigen, daß sie gesellschaftlich Deutschland eingeebnet haben und noch werden, daß sie fortfahren werden, Klassenschranken und Unterschiede wegzufegen. Alle Deutschen befinden sich jetzt in einem Boot, wir alle müssen uns nun im Gleichtakt in die Ruder hängen, um den Sieg zu erringen oder im schlimmsten Falle den Wiederaufstieg zu garantieren und mit ihm den letzten und größten Triumph ... «

Sätze eines Verblendeten? Durchhalteparolen eines Fanatikers? Keine Frage, Freisler war auch jetzt noch, im Oktober 1944, glühender Nationalsozialist. Zwar empfand auch er es als

Last, unter extrem schwierigen Umständen seine Prozesse zu einem Urteilsspruch zu bringen, da sie fortwährend durch Luftangriffe der Alliierten unterbrochen werden mußten; zwar hatte er – wie so viele – seine Frau und seine beiden Söhne längst zu Bekannten auf dem Land außerhalb Berlins in Sicherheit gebracht, doch konnten auch die Trümmer der Zerstörung seine beinahe religiöse Bindung an den Nationalsozialismus nicht in Frage stellen oder gar lösen. Mit dieser »Bis zum bitteren Ende«-Haltung stand Freisler keineswegs allein.

Am Silvesterabend des Jahres 1944 erklang aus den Rundfunklautsprechern die Stimme des Staatsschauspielers Heinrich George, seit 1943 Generalintendant der Berliner Bühnen. Sein »Preußisches Bekenntnis« von Carl von Clausewitz, geschrieben im Jahre 1812, endete – unterlegt von Geigen – mit den Worten: »... daß ich mich nur glücklich fühlen würde, einst in dem herrlichen Kampf um Freiheit und Würde des Vaterlandes einen glorreichen Untergang zu finden!« Danach läuteten die Glocken des Kölner Doms das neue Jahr ein.

1. Januar 1945: Gerade fünf Minuten waren im neuen Jahr vergangen, als sich Hitler im Rundfunk an das Volk wandte. Er beschwor die Wiederauferstehung der Städte, die soziale Neugestaltung, die aus den Trümmern sich erheben werde. »Ein Volk«, so tröstete er die Deutschen zum Jahresbeginn, »das in Front und Heimat so Unermeßliches leistet, so Furchtbares erduldet und erträgt, kann niemals untergehen. Im Gegenteil: Es wird aus diesem Glutofen von Prüfungen sich stärker und fester erheben als jemals zuvor in seiner Geschichte...«

Hitlers unverdrossene Siegeszuversicht mochte so manchen Volksgenossen neuen Mut gegeben haben.

Aber nur zwölf Tage später, am 12. Januar 1945, brach die Weichselfront völlig zusammen. Das Ostheer flüchtete heim ins Reich. Da nützte es kaum, daß Heinrich Himmler einen Aufruf gegen »Drückeberger« erließ und Frauen und Mädchen aufforderte, »hartnäckige Feiglinge mit dem Scheuerlappen« zur Front zu prügeln.

Am 1. Februar 1945 überquerte die zahlenmäßig weit überlegene Rote Armee die Oder. Der Angriff auf Berlin, die einst so machtvolle Reichshauptstadt der Nationalsozialisten, war nur mehr eine Frage von Tagen. Das Ende stand unmittelbar bevor.

Währenddessen inszenierten die NS-Juristen am Volksgerichtshof nach wie vor Tribunale gegen Verbrechen wie »Abhören feindlicher Radiosender«, »Plünderung nach Bombenangriffen« oder »Defätismus« und dergleichen. Ihr Eifer ließ auch jetzt keineswegs nach. Beinahe Tag für Tag verkündeten blutrote Plakate im ganzen Reich »Im Namen des Volkes« Todesurteile. Und »Hitlers Deutsche« nahmen davon kaum Notiz. Entweder glaubten sie noch immer an ein Wunder und fanden das gnadenlose Vorgehen gegen »alle diese Verbrecher« richtig und notwendig, oder aber sie waren zu sehr mit ihren eigenen Problemen beschäftigt. Der Krieg ließ ihnen keine Zeit für Trauer, Mitgefühl und Scham.

Im Mittelpunkt der VGH-Tribunale standen – neben den fortwährenden Prozessen gegen »Namenlose« – noch immer die »Prominenten« der 20.-Juli-Opposition. So wurden die Prozesse gegen die Mitglieder des »Kreisauer Kreises« fortgesetzt, soweit gegen sie nicht bereits verhandelt worden war. Todesurteile waren an der Tagesordnung.

Am 9. Januar hatte bereits ein weiterer Prozeß begonnen. Auf der Anklagebank saßen Helmuth James Graf von Moltke, Eugen Gerstenmaier, Franz Sperr, Dr. Franz Reisert, Fürst Fugger von Glött, Dr. Theodor Haubach, Oberstleutnant Theodor Steltzer, Pater Dr. Alfred Delp sowie der Journalist Niklaus Gross. Sie alle hatten an Versammlungen und Zusammenkünften des »Kreises« teilgenommen. Doch war ihr Engagement höchst unterschiedlich:

Moltke hatte auch mit Goerdeler und Stauffenberg direkt in Kontakt gestanden, Delp hingegen gerade an einem einzigen Treffen des »Kreises« in München teilgenommen. Für Freisler spielte dies keine besondere Rolle. So konzentrierte er sich in der Verhandlung auch auf Delp, mit dem er sich heftige Wortgefechte lieferte. Freislers antikatholische und antijesuitische Einstellung machte aus Delp bereits einen Todeskandidaten, bevor der Prozeß begonnen hatte. Seine wütenden Angriffe auf den Jesuitenpater, der auch während des Prozesses keinen

Hehl aus seiner Gesinnung machte, waren nur der unüberhörbare Beweis einer tiefsitzenden Ressentiments. Moltke wurde ebenfalls von Freisler heftig attackiert. Vor allem Moltkes Erklärung, er habe sich an der Widerstandsbewegung nur für den Fall einer feindlichen Besetzung beteiligt, brachte Freisler in Rage. Wenn er eines tief verachtete, dann Feigheit. Und in den Augen Freislers war eine solche Entschuldigung nichts als Feigheit: Auch Moltke war damit sicherer Todeskandidat.

Zwei Tage nach Prozeßbeginn, am 11. Januar 1945, waren die Urteile gesprochen worden, nachdem man zuvor die Prozesse gegen Haubach (SPD-Mitglied und seit 1942 im Kreisauer Kreis), Gross (von Beruf Bergmann und als engagierter christlicher Gewerkschaftler ebenfalls »Kreisauer«) sowie Steltzer (Generalstabsoffizier und langjähriger Freund Moltkes) auf einen späteren Termin verschoben hatte.

Moltke und Delp wurden wegen Wehrkraftsersetzung, Feindbegünstigung, Vorbereitung zum Hochverrat und Nichtanzeige bevorstehender Verbrechen zum Tode verurteilt. Ebenfalls Franz Sperr, einst Generalstabsoffizier, der erst später Kontakt mit dem Kreisauer Kreis gehabt hatte und nun wegen des Vergehens einer »Nichtanzeige bevorstehender Verbrechen« mit dem Tode bestraft wurde. Reisert, Gerstenmaier und Fürst Fugger kamen mit Gefängnisstrafen davon. Moltke und Sperr wurden am 23. Januar hingerichtet, Delp am 2. Februar, am selben Tag wie Goerdeler.

Die beiden Angeklagten Haubach und Gross, gegen die am 15. Januar zusammen mit Steltzer verhandelt worden war, wurden ebenfalls an diesem Tag hingerichtet. Nur Steltzers Exekution wurde aufgrund einer Intervention Himmlers aufgeschoben – und so überlebte er den Krieg.

Während Deutschland von Tag zu Tag mehr in der Bombenlast der Alliierten unterging, verrichteten die Volksgerichtshof-Hinrichter ohne Unterlaß ihr blutiges Handwerk. Wollten sie das bevorstehende Ende nicht wahrhaben, oder spornte sie ihr fanatischer Wahn noch einmal zu einem blutigen Rachefeldzug gegen all jene an, die sie für den bevorstehenden Untergang verantwortlich machten? Beinahe jeder zweite Angeklagte war in den Prozessen seit Januar zum Tode verurteilt worden. Blinder Eifer trieb die Schergen in Robe zur mörderischen Eile. Auch am 3. Februar 1945, einem Samstag.

Freisler verhandelte an diesem Tag gegen Ewald von Kleist-Schmenzin, der zwar keiner Widerstandsgruppe als Mitglied angehörte, sich jedoch als Oppositioneller gegen das Hitler-Regime verstand und zu zahlreichen Personen des Widerstands Kontakt gehabt hatte. Über Stauffenbergs Pläne war er informiert worden, und auch auf Goerdelers Liste war sein Name als politischer Berater zu finden.

Kleist-Schmenzin trat offensiv vor Freisler. Er habe, so führte er aus, von Beginn an Hitler und den Nationalsozialismus bekämpft; dies habe er als eine Verpflichtung gegenüber Gott betrachtet.

Doch Freisler hatte offenbar kein Interesse an einem Disput. Statt dessen unterbrach er nach dieser Aussage die Sitzung und schlug vor, die Verhandlung gegen Fabian von Schlabrendorff vorzuziehen. Warum, ist bislang nirgendwo beantwortet worden. Kaum hatte er damit begonnen, wurde Luftalarm ausgelöst, das Verfahren unterbrochen.

Dieser 3. Februar 1945 – der Tag, an dem die amerikanische Luftwaffe ihren bisher schwersten Angriff auf Berlin flog, bei dem 700 Bomber, begleitet von Jagdflugzeugen, über 3000 Tonnen Sprengstoff auf die Stadt abwarfen – brachte für mehr als 20 000 Menschen den Tod. Opfer eines grausamen Krieges, der nun dorthin zurückkehrte, wo er begonnen hatte: in das Machtzentrum des Nationalsozialismus. Eines der Opfer: Roland Freisler.

Über sein Ende gab es lange Zeit drei Versionen. Die erste stammt von Fabian von Schlabrendorff, jenem Mann, der als letzter Angeklagter vor Freisler stand und der den Krieg überleben sollte. In einem Buch erinnerte er sich später an den 3. Februar 1945:

Kurz nach Beginn der Hauptverhandlung gegen ihn seien die Alarmsirenen ertönt. Man habe sich in den Keller des Gerichtsgebäudes begeben. Der Präsident mit den Akten in der Hand und seine Beisitzer seien in der einen Ecke des Schutzraumes gestanden. In der anderen habe er sich selbst mit der Bewachungsmannschaft befunden. Da plötzlich sei das

Gebäude von einer schweren Bombe getroffen worden. Ein Deckenbalken sei durchgebrochen und habe Freisler erschlagen.

Nach der zweiten Version soll Freisler während einer Autofahrt vom Reichsjustizministerium zum Volksgerichtshof von einer Bombe getroffen worden sein.

Die dritte und wahrscheinlichste Version beschreibt folgenden Ablauf: Der Oberstabsarzt Dr. Rolf Schleicher war gerade auf dem Weg zum Reichsjustizminister Thierack, um dort wegen eines Todesurteils für seinen Bruder Rüdiger Schleicher, den Ministerialrat im Reichsluftfahrtministerium, zu intervenieren. Freisler hatte am Tag zuvor diesen sowie Klaus Bonhoeffer, den Bruder des Pastors Dietrich Bonhoeffer, zusammen mit Friedrich Perels und Hans John zum Tode verurteilt. Wegen des Bombenangriffs mußte Schleicher unterwegs im U-Bahn-Tunnel am Potsdamer Platz mit vielen anderen Fahrgästen warten. Bei ihm waren seine Schwägerin und deren Tochter. Sie wollten wegen des Todesurteils mit Oberreichsanwalt Lautz gemeinsam sprechen. Als der Bombenhagel nachgelassen hatte und die todbringenden Staffeln endlich abgezogen waren, wurde nach einem Arzt gerufen. Schleicher meldete sich, und man führte ihn auf den Hof des nahe gelegenen Volksgerichtshofs. Dort zeigte man ihm einen »hohen Prominenten«, der beim Versuch, über den Hof zu laufen, von einem Bombensplitter getroffen worden war. Doch der Mann lebte nicht mehr. Schleicher bückte sich und blickte dem Toten ins Gesicht. Es war jener Mann, der tags zuvor seinen Bruder zum Tode verurteilt hatte: Roland Freisler.

Er weigerte sich, einen Totenschein auszustellen, und verlangte, zum Reichsjustizminister vorgelassen zu werden. Als er schließlich mit ihm sprechen konnte, gab sich Thierack sehr bestürzt über den Tod Freislers, versprach aber Schleicher, zunächst die Vollstreckung des Todesurteils an seinem Bruder aufzuschieben. Nach Einreichung eines Gnadengesuches, so machte er ihm Hoffnung, solle das Urteil nochmals geprüft werden.

Doch alle Bemühungen sollten vergebens bleiben. Wochen später, in der Nacht vom 22. auf den 23. April 1945, sollte Rüdiger Schleicher mit weiteren 16 Todeskandidaten von einem Erschießungskommando des Reichssicherheitshauptamtes hingerichtet werden. Unter ihnen Bonhoeffer, John und Perels.

Freisler, der Mörder in Robe, war tot. Drei Tage später, am 5. Februar 1945, schrieb Reichsjustizminister Thierack einen Beileidsbrief an die trauernde Witwe, an die »Sehr verehrte Frau Freisler«:

»Mit tiefer Erschütterung habe ich von dem schweren Schicksalsschlag Kenntnis erhalten, der Sie und Ihre Familie getroffen hat. Mitten aus rastloser Tätigkeit, unmittelbar vor neuen schweren Aufgaben stehend, ist Ihr Gatte abberufen worden. Die Größe des Verlustes für die Justiz wird bereits in den wenigen, seitdem verflossenen Stunden offenbar.

Ein Mensch voller Ideen, ein nimmermüder Arbeiter, ein von der Größe der deutschen Sendung, von der Gerechtigkeit und von dem Sieg der deutschen Sache zutiefst überzeugter Nationalsozialist und ein getreuer Gefolgsmann des Führers ist mit ihm aus unserer Mitte gerissen worden. Es liegt gewiß eine besondere Tragik darin, es bedeutet zugleich aber auch Symbol für die Erfüllung dieses kämpferischen Lebens, daß Ihr Gatte an seiner Wirkungsstätte gefallen ist, zu der er aus einem besonderen Verantwortungsgefühl als Präsident des seiner Führung anvertrauten höchsten politischen Gerichts noch während des Angriffes geeilt war.

Indem ich Ihnen, sehr verehrte Frau Freisler, das Beileid der deutschen Justiz ausspreche, darf ich Sie zugleich auch meiner persönlichen Anteilnahme versichern. Möge Ihnen der Gedanke, daß Ihr Gatte in Ihren Söhnen fortlebt, die Kraft geben, Sie zu trösten.

Heil Hitler! Ihr sehr ergebener...«

Es folgte die Unterschrift Thieracks. Die am selben Tag vom Presseamt des Reichsjustizministeriums verbreitete Pressenotiz, versehen mit der Aufforderung an die Redaktionen, »von weiteren Kommentierungen der vorstehenden Meldung und eigenen Zusätzen durch die Zeitungen Abstand zu nehmen«, umfaßte nur wenige Zeilen. Unter dem Titel »Dr. Roland Freisler gefallen«, wurde knapp gemeldet:

»Mit Roland Freisler verliert die deutsche Rechtspflege einen ihrer hervorragendsten Vorkämpfer...«

Danksagung der Witwe Freislers

»Bei dem Terrorangriff vom 3. Februar auf die Reichshauptstadt ist der Präsident des Volksgerichtshofes, NSKK-Brigadeführer Dr. jur. Roland Freisler, gefallen. Dr. Freisler, der im 52. Lebensjahr stand, war Mitglied der NSDAP seit dem Jahre 1925 und Träger des Goldenen Ehrenzeichens der Partei. Er gehörte dem Deutschen Reichstag an und war Preußischer Staatsrat. Weitesten Kreisen des deutschen Volkes war Dr. Freisler als ein unermüdlicher Vorkämpfer für ein nationalsozialistisches deutsches Recht bekannt.«

So schlicht wie die Pressemeldung war auch die Beerdigungsfeier. Allein seine Familie, einige Kollegen vom Volksgerichtshof und eine Handvoll NS-Funktionäre waren auf dem Friedhof von Berlin-Dahlem zur Bestattung erschienen. Das Reichsjustizministerium hatte einen Vertreter geschickt. Thierack demonstrierte auf diese Weise sein ambivalentes, zuletzt sogar ablehnendes Verhältnis gegenüber Freisler. Er hatte in ihm immer einen unliebsamen, zuweilen gar unberechenbaren

Juristen gesehen. Er schätzte dessen konsequente nationalsozialistische Gesinnung, dessen unbedingte Loyalität gegenüber dem Führer. Dennoch war stets eine Kluft zwischen ihm und Freisler geblieben. Unterstellte er ihm heimliche Ambitionen auf den Stuhl des Reichsjustizministers? Nun war Freisler tot, und der Beileidsbrief an Freislers Witwe war für ihn eine reine Formsache. Doch Thieracks Abwesenheit bei Freislers Begräbnis offenbarte noch einmal seine tiefe Abneigung gegenüber diesem Mann.

Es stellte sich nun die Frage, wer Nachfolger werden sollte. Schließlich wurde Dr. Harry Haffner, zuvor Generalstaatsanwalt von Kattowitz und wie sein Vorgänger ein fanatischer NS-Jurist, zum VGH-Präsidenten ernannt. Am 14. März 1945 schrieb Goebbels in sein Tagebuch: »Vorläufig richten wir in Berlin noch keine Standgerichte ein, obschon wir eine frontnahe Stadt geworden sind. Solange der Volksgerichtshof noch in Berlin bleibt, glaube ich, mit ihm auskommen zu können.«

Unter Haffners Präsidentschaft erledigten die VGH-Juristen ihr blutiges Handwerk weiterhin mit gnadenloser Systematik. Auch auf die Angeklagten, die sich nach dem Tod Freislers neue Hoffnungen gemacht hatten, wartete beinahe ausnahmslos das Todesurteil. Freisler war tot, sein Geist jedoch lebte weiter in den Köpfen seiner Kollegen, die dem toten Hinrichter in nichts nachstanden. Am 15. März 1945 verurteilte der VGH-Vizepräsident Dr. Crohne auch Kleist-Schmenzin wegen Hochverrats zum Tode. Es nützte ihm auch nichts, daß er sich als »Feind des Parlamentarismus« bezichtigte und anführte, zwei seiner Söhne dienten in der Wehrmacht. Am 9. April – während die Granaten der Alliierten bereits in Berlin einschlugen – wurde Kleist-Schmenzin enthauptet.

April 1945: Deutschland lag in Trümmern. Amerikanische, sowjetische und britische Truppen besetzten die deutschen Städte. Das Kriegsende stand unmittelbar bevor. Noch am 20. April, an Hitlers 56. Geburtstag, posaunte Goebbels über alle verbliebenen Reichssender: »Der Führer wird seinen Weg bis zu Ende gehen, und dort wartet auf ihn nicht der Untergang seines Volkes, sondern ein neuer glücklicher Anfang zu einer Blütezeit des Deutschtums ohnegleichen.« Am selben Tag zeichnete Hitler – gesundheitlich stark mitgenommen – im Garten der Berliner Reichskanzlei Männer des »Volkssturms« mit dem »Eisernen Kreuz« aus. Eine letzte, verzweifelte, verlogene Zeremonie.

Der Volksgerichtshof übersiedelte von Potsdam nach Bayreuth, um dort seine Todesurteile weiter und bis zum bitteren Ende zu verhängen. Doch es kam zu keinem Prozeß mehr. Am 30. April eroberten Einheiten des 756. Schützenregiments der Roten Armee die Reichshauptstadt Berlin. Am Abend, nach letzten erbitterten Gefechten, flatterte auf der Kuppel des Gebäudes die rote Sowjetfahne.

Wenige Stunden später beging Adolf Hitler im Bunker der Reichskanzlei gemeinsam mit seiner frisch angetrauten Frau, Eva Braun, Selbstmord. Hitlers Kammerdiener entdeckte seinen Herrn blutüberströmt mit einer Pistole in der Hand. Daneben Eva Braun, die sich vergiftet hatte. Gemeinsam mit Hitlers Sekretär, Reichsleiter Martin Bormann, hüllte er die Leichen in Decken und trug sie die engen Bunkertreppen hoch ins Freie. Im Garten der Reichskanzlei wurden die Leichen mit Benzin übergossen und angezündet. Am Abend vergruben Leibwächter die verkohlten Überreste in einem Granattrichter, dazu auch zwei vergiftete Hunde Hitlers.

Einen Tag später nahmen sich Joseph Goebbels und seine Ehefrau Magda vor der Reichskanzlei das Leben, nachdem sie zuvor ihre sechs Kinder mit der Beruhigung »Der Doktor gibt euch jetzt eine Spritze, die jetzt alle Kinder und Soldaten bekommen« dem SS-Arzt Helmut Kunz übergeben hatten, der das tödliche Morphium spritzte. Das Goebbels-Ehepaar hatte im Garten der Reichskanzlei Giftampullen geschluckt, sich mit Benzin übergießen und von der Ordonnanz in Flammen schießen lassen.

Selbst sein eigener Tod war auf diese Weise von Goebbels mit Bedacht inszeniert worden, ganz im Stile vieler Veranstaltungen, für die er als Propagandaminister in den Jahren zuvor verantwortlich gewesen war. Nun war der Prophet seinem Messias wieder nahe.

Hitler-Deutschland war besiegt. Das millionenfache Morden war endlich vorbei. Das Kriegsende in den ersten Maitagen des Jahres 1945 bedeutete auch das Ende eines der finstersten Kapitel der deutschen Rechtsgeschichte – das Ende des Volksgerichtshofs. Ein blutiges Terror-Tribunal hatte aufgehört zu existieren.

Und Freisler, der wie kein anderer für dieses Tribunal stand? Lebte er weiter als diabolische Legende? Was war er für ein Mensch? Ein Psychopath? Ein fanatischer Nazi-Richter? Oder einer, der die Gesetze nur konsequent anwandte, die man ihm an die Hand gab? Gesetze einer menschenverachtenden Justiz, eines mörderischen Regimes? Freislers Psychogramm ist vielschichtig und keineswegs eindeutig. Grund genug, noch einmal der Frage nachzugehen: Wer war dieser Mann?

Freisler war ein überzeugter, ja glühender Nationalsozialist – bis zuletzt. Schon vor seiner Ernennung zum VGH-Präsidenten war er ebenso unermüdlich wie unerbittlich für ein neues nationalsozialistisches Recht eingetreten. Für ihn zählte nicht allein das Vergehen, die Tat – für ihn zählte vor allem die Geisteshaltung. Schon die Absicht, ein politisches Verbrechen zu begehen, so hatte er immer wieder in seinen zahllosen Aufsätzen deutlich gemacht, sei der vollbrachten Tat gleichrangig. Freisler ist insofern der Schöpfer eines »Gesinnungsstrafrechts«.

Gemäß seiner Rechtsauffassung stand der Richter im Mittelpunkt. Er war der Führer, der die Verhandlung leitete, die beteiligten Kollegen und ehrenamtlichen Richter beherrschte, schließlich das Urteil sprach. Freisler führte seine Prozesse im Tribunalstil: tyrannisch, lautstark, theatralisch. Er leitete die Sitzungen autoritär und losgelöst vom Gesetz. Seine Strafen hatten nur ein Ziel: das Ausmerzen des politischen Gegners. Dennoch war nicht jeder, der vor ihm stand, gleich verloren. Freislers Verhandlungsstil war willkürlich und voreingenommen. Sein größtes Vorurteil betraf vor allem den katholischen Klerus, mit Protestanten verfuhr er etwas nachsichtiger. Sein zweiter Angriffspunkt war das Weltjudentum, freilich im Vergleich zu den fanatischen Tiraden anderer NS-Prominenter in gemäßigter Form. Das Schlimmste, was sich ein Angeklagter in seinen Augen erlauben konnte, war der Versuch, sich aus seiner

Schuld herauszureden. Wer dagegen »mann-haft« auftrat, dem konnte Freisler zumindest noch Respekt zollen. Ein durchgängiger Verhandlungs- und Urteilsstil ist bei ihm nicht festzustellen. So konnte er einerseits Angeklagte und Zuhörer durch ungewohnte Leutseligkeit und Großzügigkeit überraschen, sie durch Schlagfertigkeit, ja Witz für sich einnehmen, Angeklagte unerwartet freisprechen oder zu einer geringen Freiheitsstrafe verurteilen. Andererseits konnte er für geringfügige Verfehlungen die Todesstrafe aussprechen. Freisler mochte den Disput im Gerichtssaal, hier sah er eine Möglichkeit, sein breites Allgemeinwissen öffentlich zu demonstrieren und seine geschliffene Rhetorik einzusetzen. Wortgefechten ging er nicht aus dem Weg. Im Gegenteil, sie spornten ihn in besonderer Weise an, oft bis hin zu eitlen, effekthascherischen Monologen. Bei allem blieb Freisler eine unberechenbare, undurchschaubare Persönlichkeit, die starke Gegensätze in sich vereinigte. Er war kein vernunftbezogener Mensch, von einem ausgeglichenen Gemütszustand konnte ebensowenig die Rede sein wie von einem festen Charakter.

So unberechenbar seine Psyche, so scharf war sein Verstand. Freisler galt nicht nur als ein Mann mit umfassendem Wissen und von juristischer Brillanz, sondern er besaß auch eine überaus ausgeprägte Intelligenz. Wie aber kommt es, daß sein zweifelsohne hoher Intellekt aussetzte, sobald es um Führer, Partei und Vaterland ging? Der Historiker Hansjoachim W. Koch nannte ihn einen »wahren Gläubigen«, und tatsächlich war sein Verhältnis zu seinem Idol Hitler von geradezu kritikloser Hörigkeit geprägt.

Glaubte Freisler wirklich alles, was er in seinen Urteilen in penetranter Wiederholung immer wieder als das Wesensmerkmal des Nationalsozialismus hinstellte? War er tatsächlich von der Unübertrefflichkeit und Fehlerlosigkeit des Dritten Reiches so überzeugt? War ihm der Endsieg wirklich eine unumstößliche Gewißheit? Diese Fragen werden nicht einfach zu beantworten sein, Zweifel sind angebracht. Freisler waren zahlreiche Informationsquellen zugänglich, die den meisten Deutschen verschlossen blieben. Ihm standen die Lageberichte der Geheimen Staatspolizei, der Polizei und der Justizorgane zur

Verfügung, die ihm Einblicke gewährten und Rückschlüsse auf die wirkliche Situation ermöglichten. Freisler war häufig auf Reisen, traf mit unterschiedlichen Funktions- und Würdenträgern aus Regierung, Partei, Wehrmacht, Wirtschaft, Justiz und Verwaltung zusammen, so daß er sich auch über die Grenzen des Reichs hinaus ein Bild über die außenpolitische und militärische Lage machen konnte. Freisler gehörte also zu den bestunterrichteten Männern seiner Zeit, weshalb er sich angesichts seines Wissens und seiner Einsichten über das Trügerische dessen, was er so sehr idealisierte, klar sein mußte. Wenn er trotz allem so nachhaltig, ja fanatisch, am Nationalsozialismus festhielt und jede Kritik daran geradezu als den Tod verdienendes Sakrileg betrachtete, dann kann es dafür nur psychologische Gründe geben.

Freisler war bis zuletzt ein unbeugsamer und kompromißloser Nationalsozialist, der auch dann keinerlei Konzessionen machte, als das Ende des Hitler-Regimes unmittelbar bevorstand. Den Weg, den der Volksgerichtshof einmal eingeschlagen hatte, die Ausmerzung jeglicher Gegner, diesen kompromißlosen Weg wollte er bis zuletzt einhalten, ohne Rücksicht darauf, wie schrecklich das Ende auch sein würde. Ein Abweichen von dieser Linie wäre ihm als Verrat vorgekommen. In seinen letzten Prozessen, vor allem in den Urteilen gegen die Oppositionellen des 20. Juli, wurde seine fanatische Grundhaltung noch einmal besonders deutlich: Wer wie jene am Nationalsozialismus und am »Endsieg« zweifelte, sabotierte die »deutsche Sache« und machte sich mit dem »Gegner gemein«. Sie alle traf die gnadenlose Rachsucht Freislers.

Handelte es sich dabei um eine Projektion eigener Zweifel? Versuchte er, sein psychologisches Dilemma, den Untergang einer nationalsozialistischen Welt erleben zu müssen, an die er so sehr geglaubt hatte und noch immer zu glauben versuchte, dadurch aufzulösen, daß er seine eigenen mühsam verdrängten Zweifel stellvertretend und unbarmherzig bei anderen strafte?

Für viele – auch für Thierack – galt Freisler, vor allem in der Bewertung seines Wirkens in den letzten Kriegsjahren, als geistig abnorm. Aber war er das wirklich? Oder ist dies nur eine bequeme Ausrede für alle, die an der Schuld mitgetragen hatten und nun versuchten, mit der Fabel einer Geisteskrankheit Freislers wiederum sich selbst zu exkulpieren?

Tatsache ist: Die Radikalisierung des Rechts und die maßlose Urteilspraxis des Volksgerichtshofes begann keineswegs mit der Berufung Freislers zum VGH-Präsidenten. Im Einklang mit dem Recht, wie es auf der Grundlage der Ermächtigungsgesetze geschaffen worden war, erfüllte er allein die Forderungen von Führer und Partei, selbst dann, wenn die Gesetze von der Verfassung abwichen. Freisler setzte nur die Tendenz fort, die sein Vorgänger Thierack bereits nach Kriegsausbruch propagiert und angewandt hatte. Als Vorsitzender des Ersten Senats hatte Thierack alle wichtigen Fälle an sich gezogen, und Freisler führte diese Praxis nun konsequent fort. Freislers VGH-Ära fiel in eine Zeit, als Deutschland immer mehr in eine Kriegsdefensive geriet. Daraus, nicht zuletzt auch aus den zahlreichen Nacht-und-Nebel-Fällen und den 20.-Juli-Prozessen, erklärt sich der dramatische Anstieg der Todesurteile, der bereits unter der Präsidentschaft Thieracks begonnen hatte.

Die Radikalisierung der Justiz war das Spiegelbild der Radikalisierung des Krieges, und Freisler war dazu berufen, an »vorderster Heimatfront« gnadenlose Urteile zu fällen. In einer Atmosphäre, zu der er selbst beigetragen hatte, mußte ein Mensch wie Freisler dem Wahn verfallen, daß alles, was geschah, rechtens sei. In der Manipulation einer unkontrollierten Unrechtsmaschinerie war er Meister. Ein Meister des Todes.

Das Urteil des Nürnberger Militärgerichtshofs nannte Freisler »den düsteren, brutalsten und blutigsten Richter der gesamten deutschen Justizverwaltung« und rechnete ihn mit Himmler, Heydrich und Thierack zu den Männern, »deren desperate und verabscheuungswürdige Charaktere der Welt bekannt« seien.

Dieser Beurteilung soll nicht widersprochen werden. Nur: Nach 1945 wurde Freisler ebenso zum Sündenbock der deutschen Justiz wie zu ihrem Alibi gemacht. Die überlebenden NS-Juristen benutzten die Dämonisierung Freislers, um ihre eigene Schuld auf dessen Rücken abzuladen.

So konnten sie sich als Juristen fühlen, die in schweren Zeiten allein ihre Pflicht getan haben, so wie es das Gesetz nun einmal vorgeschrieben habe. Und es war ihnen möglich, sich mehr als Verführte, als Opfer, denn als Täter und Mithandelnde zu sehen. Ihr schlechtes Gewissen – sofern sie eines hatten – ließ sich damit beruhigen, ihre Schuldgefühle ließen sich auf andere übertragen. Ein fanatischer Blutrichter wie Freisler eignete sich als Projektionsfigur besonders gut.

Roland Freisler: Er war ein mörderischer Jurist in einer mordgeschwängerten Zeit. Einer Zeit, in der nicht allein Freisler, sondern mit ihm die gesamte Justiz zu Henkern und Handlangern eines todbringenden Regimes geworden waren. Nein, er war nicht die diabolische Figur eines aufgestiegenen Bösewichts aus einer jenseits gelegenen Hölle. Er kam aus der Mitte des Reichs. Er war ein gnadenloser Deutscher seiner Zeit – und die Deutschen hatten ihn möglich gemacht.

Zehntes Kapitel
Keine Stunde Null

Spätsommer 1945. Aus einem Volk von Jublern war ein Volk von Stummen geworden. Aber empfanden die Deutschen, die Opfer und Täter zugleich waren und so viel Leid über andere Völker gebracht hatten, so etwas wie Scham? Oder fühlten sie sich nur auf der Verliererseite? Konnten sie begreifen, was geschehen war, was sie mitgemacht und zugelassen hatten? Die Stunde Null sollte auch die Stunde der notwendigen »Säuberung« der Deutschen werden.

Dazu trafen sich in Potsdam die drei Regierungschefs der Siegermächte und unterschrieben ein Dekret, in dem es hieß:

»Alle Mitglieder der nationalsozialistischen Partei, welche mehr als nominell an ihrer Tätigkeit teilgenommen haben, ... sind aus den öffentlichen und halböffentlichen Ämtern zu entfernen. Diese Personen müssen durch Personen ersetzt werden, welche nach ihren politischen und moralischen Eigenschaften fähig erscheinen, an der Entwicklung wahrhaft demokratischer Einrichtungen in Deutschland mitzuwirken...«

Ein Volk stand vor einer politischen und moralischen Reinigungsprozedur durch die Siegermächte. Und das, was die Siegermächte Entnazifizierung nannten, war als Vorbedingung für eine kollektive Rehabilitierung der Deutschen konzipiert. Mit dem Dekret sollte die Säuberung ehemaliger NSDAP-Mitglieder auch in geordnetere Bahnen gelenkt werden, denn schon hatte in den einzelnen Besatzungszonen auf höchst unterschiedliche Weise die Verfolgung und Erfassung früherer Nazis begonnen. Lokale »antifaschistische Komitees« verhinderten, daß ehemalige NS-Funktionäre untertauchten, gelegentlich kam es sogar zu Racheakten. Daran aber hatte der »Alliierte

Kontrollrat« keinerlei Interesse. Die Entnazifizierung sollte einheitlich und allein in der Zuständigkeit des Kontrollrats durchgeführt werden. Anfang 1946 wurde eine weitere Direktive erlassen, in der genau definiert und kategorisiert war, welche Personen aus welchen Ämtern und Stellungen entfernt werden sollten. Eine zusätzliche Verordnung im Oktober 1946 legte gemeinsame Richtlinien für ganz Deutschland zur Bestrafung von Kriegsverbrechern sowie von Nationalsozialisten fest, die das NS-Regime gefördert und unterstützt hatten.

Ein schwieriges Unterfangen. Wer war Täter, wer nur ein Mitläufer? Hatte nicht jeder eine Ausrede, eine Erklärung? Damit die »Potsdamer Grundsätze« auch in die Praxis umgesetzt werden konnten, einigte man sich zunächst auf fünf Gruppen zur »Heranziehung von Sühnemaßnahmen«: Hauptschuldige – Belastete (Aktivisten, Militaristen und Nutznießer) – Minderbelastete – Mitläufer – und Entlastete (Personen, die vor Spruchkammern nachweisen konnten, daß sie unschuldig waren).

Ein Volk auf dem Prüfstand. Die Siegermächte gingen in ihren Besatzungszonen nun daran, die desillusionierten Hitler-Deutschen zu »säubern«. Ein Volk, das sich zwar als Verlierer fühlte, aber nicht unbedingt als schuldig.

Mit großem Elan begannen die Amerikaner. Sie verteilten einen sechsseitigen Fragebogen, der von den Deutschen auszufüllen war. Auf 131 Fragen – vom Körpergewicht über Vermögensverhältnisse, Militärdienst, Auslandsreisen, Vorstrafen bis hin zu religiösen Bindungen – wurden eindeutige Antworten verlangt. Unvollständigkeit und Auslassungen standen unter Strafe. Kernstück des Fragebogens waren die Punkte 41 bis 95, unter denen wahrheitsgetreue Angaben über die Mitgliedschaften in nationalsozialistischen Organisationen gefordert wurden. Richter, Staatsanwälte und Rechtsanwälte mußten zudem einen Ergänzungsbogen ausfüllen, dessen erste Frage der Mitgliedschaft zum Volksgerichtshof galt. Weiterhin wurde nach Kontakten zur Gestapo, nach Art und Zahl der Führung oder Beteiligung an Prozessen sowie nach Einzelheiten der bisherigen Justizkarriere gefragt.

Anfang Dezember 1945 waren bei den amerikanischen Dienststellen mehr als 13 Millionen Fragebogen eingegangen.

Die Säuberung beschränkte sich darauf, die Angaben wenn möglich zu überprüfen und auf diese Weise die belastete NS-Spreu vom unbelasteten Weizen zu trennen. Die schlimmsten Nazis fielen in die Kategorie »automatischer Arrest«, andere wurden aus ihren Arbeitsverhältnissen entfernt, harmlose Mitläufer durften ihre Arbeitsplätze und Ämter behalten.

In der französischen und der britischen Zone beschränkte man sich in erster Linie darauf, die personellen Eliten des NS-Systems auszuwechseln. Es galt, die Aufrechterhaltung der Versorgung und Verwaltung nicht zu gefährden, und so praktizierte man die Säuberung nicht allzu streng. Im Vordergrund standen nicht juristische, sondern pragmatische Lösungen. In der britischen Zone beispielsweise trat neben die Bezeichnung »politisch nicht tragbar« und »politisch tragbar« die Zwischenbewertung »tragbar mit Amtsveränderung«. Das half, viele personelle Engpässe zu lösen.

Insgesamt brachten die Entnazifizierungsprozeduren vielfältige Probleme mit sich. Einerseits verursachte die Säuberung empfindlichen Personalmangel, nicht allein in den Führungspositionen; andererseits störten beispielsweise die Internierungslager, in denen im Frühjahr 1946 weit über 100 000 Deutsche der Kategorie »automatischer Arrest« inhaftiert waren, den Demokratisierungsanspruch der westlichen Besatzungsmächte.

Am konsequentesten wurde die Säuberung ehemaliger Exponenten des NS-Regimes in der sowjetischen Besatzungszone durchgeführt, denn hier verfolgte man im Zusammenhang mit einer grundlegenden »antifaschistisch-demokratischen« Umwälzung einen radikalen personellen Neubeginn. Freilich, auch dort rückte bereits ab 1947 der Gedanke der Rehabilitierung in den Vordergrund, vor allem, wenn es sich um einfache NSDAP-Mitläufer handelte. Die Justiz sollte sich ausführlich mit den Vergehen der Aktivisten beschäftigen – doch gab es noch Richter?

Bereits im September 1945 hatte die sowjetische Militäradministration den Aufbau einer demokratischen Justiz befohlen, worin ehemalige NS-Juristen keinen Platz finden sollten. Beinahe 90 Prozent des Justizpersonals wurden danach entlassen. Um das entstandene Vakuum rasch zu füllen, wurden sogenannte Volksrichterschulen errichtet, wo Laien in Schnellkursen die Rechtsprechung erlernten.

Weitaus laxer war in dieser Frage eine Anordnung der britischen Militärregierung, nach der immerhin 50 Prozent der jeweils eingesetzten Richter und Staatsanwälte Mitglieder der NSDAP gewesen sein durften. Diese Klausel, damals als »Huckepack-Regelung« bezeichnet, hatte den Vorteil, daß ein Unbelasteter jeweils einen früheren Parteigenossen mit in den Justizdienst hineintragen konnte.

Insgesamt jedoch war bereits Ende 1947 das Interesse vor allem der Alliierten an der Entnazifizierung erkennbar erlahmt. Die Säuberung von außen, in Anspielung an die Nürnberger Prozesse gegen die NS-Prominenz auch »Nürnberg des kleinen Mannes« genannt, war gescheitert. So wurden die Aufgaben bald den neu errichteten Bundesländern übertragen, die zu diesem Zweck jeweils dafür Spruchausschüsse bildeten. Mit zweifelhaftem Erfolg.

Noch immer waren viele Deutsche der Meinung, der Nationalsozialismus sei im großen und ganzen eine gute Sache gewesen, die allenfalls schlecht durchgeführt worden sei. Nun sollten diese Deutschen in Eigenregie ihre Entnazifizierung organisieren.

Doch alle Versuche, die anständigen Deutschen von den Nazis, die anständigen Nazis von den schlimmen Deutschen zu trennen, erwiesen sich als unmöglich. Kaum einer mochte als Belastungszeuge auftreten, an Entlastungszeugen dagegen herrschte kein Mangel. Die Deutschen fühlten sich durch die Niederlage schon genug bestraft. Schuldbewußtsein, Sühnebedürfnis oder Scham hatten keinen Platz.

Die »wahren Schuldigen« sollten bestraft, die gutgläubigen Nazis aber – das war die vorherrschende Meinung – in Gnaden entlassen werden. So setzte sich ein Nazi-Begriff durch, der sich allein auf exponierte Parteifunktionäre, auf NS-Verbrecher und KZ-Schergen reduzierte, nicht aber auf Zellenleiter und Blockwarte, auf Kassenverwalter und Unterführer, die alle doch nur das »Beste für Deutschland und das deutsche Volk« gewollt hatten. Und auch die Komplizen in herausragenden

Positionen, die Offiziere, die Wirtschaftsmanager, die Bürokraten, die Professoren und die Juristen – sie alle fielen durch das grobe Raster der Entnazifizierung.

Diejenigen, die jetzt die gigantische Selbstreinigung vornahmen – die Vertreter der neugeschaffenen Parteien –, waren zwar unbelastet, aber überfordert – und jene, die in den Spruch- und Berufungskammern ihren Juristenverstand bereits wieder für die »deutsche Sache« einsetzten, einigte vor allem das Bedürfnis, mit der NS-Vergangenheit endlich Schluß zu machen.

Viele Richter, geübt in Anpassungsfähigkeit und Opportunismus, die jetzt mit den »Entsorgungsarbeiten« der Vergangenheit betraut waren, begriffen – wen konnte es wundern – die ihnen übertragene Säuberung ganz positivistisch vor allem als Prozedur zur Rettung der eigenen Karriere – und der ihrer Zunftkollegen.

Sie bemühten sich redlich, daß kein Kollege brotlos wurde. Wem die Unbedenklichkeit bescheinigt wurde, der zählte nicht länger als belastet. Wer unter Hitler grausame Strafen und Todesurteile ausgesprochen hatte, der mußte nicht unbedingt ein Nationalsozialist gewesen sein. Waren sie nicht lediglich Vollstreckungsbeamte, die geltendes Gesetz angewandt hatten? Und Treue zum Gesetz konnte doch wohl niemanden zum Kriminellen machen? Diese Logik sollte in den nächsten Jahren zur eisernen Rechtsüberzeugung werden, wann immer – selten genug – die Rolle der NS-Justiz zu verhandeln sein sollte.

Die Formel von der bloßen Pflichterfüllung kursierte unter den ehemaligen NS-Juristen, häufig mit dem Hinweis, damit Schlimmeres verhindert zu haben. Eine Rechtfertigung, die bereits im Nürnberger »Juristenprozeß« nicht ohne Erfolg strapaziert worden war.

Im dritten von insgesamt zwölf Prozessen, die von den Amerikanern im Lauf des Tribunals gegen die Hauptkriegsverbrecher durchgeführt wurden, hatten sich am 17. Februar 1947 sechzehn deutsche Juristen wegen Kriegsverbrechen, Verbrechen gegen die Menschlichkeit und Organisationsverbrechen zu verantworten. Die Juristen, für die Anklagevertreter »die Verkörperung dessen, was im Dritten Reich als Justiz angesehen wurde«, standen stellvertretend für die gesamte deutsche

Justiz vor Gericht. Freilich, die exponiertesten Vertreter waren ohnehin nicht mehr zur Verantwortung zu ziehen: Reichsjustizminister Gürtner war bereits 1941 gestorben, sein Nachfolger Thierack hatte nach Kriegsende in einem englischen Straflager Selbstmord begangen, ebenfalls Reichsgerichtspräsident Bumke, der nach dem Einmarsch der US-Armee in Leipzig seinem Leben ein Ende setzte. Nun waren also sechzehn prominente Repräsentanten der Justiz angeklagt worden, für die man hinreichendes Beweismaterial hatte herbeischaffen können. Für das Reichsjustizministerium standen der ehemalige Staatssekretär und zeitweilige kommissarische Justizminister Dr. Franz Schlegelberger, der ranghöchste Angeklagte, sowie die beiden Staatssekretäre Curt Rothenberger und Ernst Klemm vor Gericht, außerdem der Generalstaatsanwalt Joël und weitere drei Ministerialdirigenten. Zwei Angeklagte schieden wegen Haftunfähigkeit und durch Selbstmord vorzeitig aus dem Verfahren aus. Für den Bereich der Staatsanwaltschaft hatten sich der frühere Oberreichsanwalt beim Volksgerichtshof, Ernst Lautz, und Reichsanwalt Paul Barnickel zu verantworten, für die Sondergerichte drei Vorsitzende aus Nürnberg und Stuttgart, für den Volksgerichtshof schließlich der Präsident des Vierten Senats Günther Nebelung sowie ein Laienrichter.

Sie alle waren exemplarische Justiztäter. Es ging in diesem Prozeß ohnehin weniger darum, Einzeltaten nachzuweisen – die gleichwohl ausführlich zur Sprache kamen –, sondern es ging darum, zu zeigen, daß die Justiz bis zuletzt Teil und Komplize des nationalsozialistischen Terrorsystems gewesen war. Hauptanklagepunkte waren die »Justizmorde und andere Greueltaten, die sie dadurch begingen, daß sie Recht und Gerechtigkeit in Deutschland zerstörten und dann in leeren Hüllen der Rechtsformen zur Verfolgung, Versklavung und Ausrottung von Menschen in einem Riesenausmaß benützten«, wie es die Anklagevertretung formulierte.

Die Beweisaufnahme fiel für die deutsche Justiz ebenso vernichtend aus wie für die einzelnen Angeklagten. Hier standen nicht allein fanatische Nationalsozialisten wie Freisler oder Thierack, sondern vielmehr exemplarische Vertreter des konservativen Juristenstandes vor Gericht, aber gerade diese Tatsache offenbarte die tiefe Verstrickung der Justiz mit dem braunen Terror-Regime. Sie entpuppten sich als Prototypen willfähriger Juristen, ohne die die nationalsozialistischen Machthaber nicht überlebensfähig gewesen wären.

Insgesamt wurden 138 Zeugen gehört, über 2 000 Beweisanträge geprüft. Nach zehnmonatiger Prozeßdauer – nachdem sich das Gericht ausgiebig mit den vielfältigen Untaten der Justiz beschäftigt hatte, den »Nacht-und-Nebel-Erlassen«, der Polenstrafrechtsverordnung, der Kooperation zwischen Justiz und SS sowie Gestapo – zog die Anklagevertretung schließlich das Fazit:

»Die Angeklagten sind solch unermeßlicher Verbrechen beschuldigt, daß bloße Einzelfälle von Verbrechenstatbeständen im Vergleich dazu unbedeutend erscheinen. Die Beschuldigung, kurz gesagt, ist die der bewußten Teilnahme an einem über das ganze Land verbreiteten und von der Regierung organisierten System der Grausamkeit und Ungerechtigkeit unter Verletzung der Kriegsrechte und der Gesetze der Menschlichkeit, begangen im Namen des Rechts und unter der Autorität des Justizministeriums mit Hilfe der Gerichte. Der Dolch des Mörders war unter der Robe des Juristen verborgen.«

Schlegelberger, den das Gericht eine »tragische Figur« nannte, hatte sich – wie auch die anderen Angeklagten – damit zu rechtfertigen versucht, er sei nur auf dem Posten geblieben, um Schlimmeres zu verhindern. Dies war jene absurde Rechtfertigungsthese, zu der in den nächsten Jahren noch viele NS-Täter greifen sollten.

Am 3. und 4. Dezember 1947 wurden die Urteile verkündet: Schlegelberger, Klemm und zwei weitere Angeklagte wurden zu lebenslanger Haft verurteilt, die anderen Angeklagten erhielten Freiheitsstrafen zwischen fünf und zehn Jahren.

Milde Urteile für Schreibtischtäter und exemplarische Mörder in Roben – ohnehin mit geringem Interesse am Vollzug: Beinahe alle Verurteilten wurden vorzeitig aus der Haft entlassen. Schlegelberger sollte ebenfalls bereits 1951 wieder ein freier Mann sein.

Auch wenn der Nürnberger Juristenprozeß einer der wenigen, vielleicht sogar der ernsthafteste Versuch war, das Justizsystem des Dritten Reiches zu erhellen und zu brandmarken, so war die strafrechtliche Ahndung des Unrechts der NS-Justiz gescheitert. Mehr noch: Das Verfahren hatte keinerlei reinigende Wirkung auf die deutsche Juristenzunft. Im Gegenteil. Viele sahen in Nürnberg eine »Sieger- und Vergeltungsjustiz« am Werk und solidarisierten sich mit den Kollegen. Hatten sie denn nicht alle nur ihre Pflicht erfüllt?

Die meisten dachten wie ihr Kollege, der Ex-Marinerichter und spätere Ministerpräsident Hans Karl Filbinger, der später einmal aussprach, was alle ehemaligen NS-Juristen schon frühzeitig für sich reklamierten: »Was damals rechtens war, kann heute nicht Unrecht sein.«

Ein schlechtes Gewissen wegen ihrer Komplizenschaft in der Nazi-Zeit konnten die Juristen so kaum entwickeln. Die Verantwortung für das, was geschehen war, bürdeten sie der politischen Führung auf. Bereits 1947 lieferte der Strafrechtsprofessor Eberhard Schmidt – einer der großen juristischen Lehrer der Nachkriegszeit – auf dem Juristentag die dazu passende Entschuldigungsformel:

»Nicht die Justiz, sondern ganz allein der Gesetzgeber hatte die Fahne des Rechts verlassen. Und mit der Verantwortung für die Folgen dürfen heute weder Rechtslehre noch Justiz beladen werden, da diese ganz allein den um jeden rechtlichen Halt gekommenen Gesetzgeber trifft.«

Neu waren diese Töne nicht. Wie seinerzeit die Weimarer Richter, die nicht der Republik, sondern dem »Staat« gedient hatten, so fühlten sich auch die ehemaligen Richter des Dritten Reiches nun nicht mehr als NS-Komplizen, nein, sie hatten angeblich allein der »Staatsidee« gedient. Dabei war keineswegs zu leugnen, daß die meisten Richter Mitglied der NSDAP gewesen waren oder aber dem NSRB, dem Nationalsozialistischen Rechtswahrerbund, angehört hatten. Doch die Entnazifizierung hatte längst nicht mehr Vorrang, und ein »einfacher« Parteigenosse gewesen zu sein, galt nicht mehr als Makel.

Hatte man überhaupt eine andere Chance? Wollte nicht jeder letztlich nur in Ruhe seine richterliche Laufbahn unbehindert absolvieren? Hatte man nicht allein seine Pflicht getan, als Richter, Staatsanwalt, Justizbeamter? Einem Richter, der behauptet, er habe nur die Staatsräson im Auge gehabt, konnte nichts geschehen. Oder anders ausgedrückt: Ein überzeugter Nazi konnte nach dieser Argumentation durchaus eine edle Gesinnung haben.

Selbst NS-Juristen, die sich im Hitler-Deutschland besonders eifrig hervortaten, mußten um ihre Nachkriegskarriere nicht bangen. Tausende von belasteten Richtern wurden also nicht nur verschont, sie durften wieder amtieren. So kehrten sie rasch an die Richtertische zurück, besetzten die Stühle als Landgerichts- und Oberlandesgerichtspräsidenten, fanden Unterschlupf in den Justizministerien. Von dieser Richtergeneration war kaum ein Beitrag zur Vergangenheitsbewältigung zu erwarten. Verständlich: Zahlreiche Richter hatten zuvor dem braunen Terror-Regime gedient und hätten erst einmal selbst entnazifiziert werden müssen. Doch keine Krähe hackt der anderen ein Auge aus.

Das Dilemma aus den Anfängen der Weimarer Republik wiederholte sich, als man glaubte, die alten Köpfe seien notwendig, um eine funktionierende Verwaltung und Justiz aufzubauen. Auch jetzt gab es keinen politischen Neubeginn.

Am 8. Oktober 1950 erinnerte selbst ein Mann wie Thomas Dehler, unter den Nazis wegen seiner Rasse aus dem Staatsdienst entlassen und nun liberaler Justizminister im Adenauer-Kabinett, bei der Einweihung des neuen obersten deutschen Gerichts, des Bundesgerichtshofs, in seiner Rede »an die ausgezeichneten Leistungen des Reichsgerichts« und wünschte sich, »daß der Geist dieses Gerichts auch die Arbeit des Bundesgerichtshofs durchwaltet«. Folgerichtig schrieb dessen Ministerialrat Dr. Georg Petersen in der Festschrift, es sei das Ziel der Bundesregierung, »frühere Mitglieder des Reichsgerichts, denen seine Tradition bekannt ist, in den Bundesgerichtshof zu berufen«.

Sowohl die institutionelle wie auch die personelle Kontinuität war damit gesichert. Im Bonner Justizministerium agierten

Juristen, die schon dem NS-Regime willfährig gedient hatten: Da war Dr. Josef Schafheutle, ein Mann, der bereits 1933 im Reichsjustizministerium mit dem politischen Sonderstrafrecht beschäftigt und somit einer der emsigsten Zuarbeiter Freislers war; da gab es einen Dr. Ernst Kanter, einst Richter beim Reichskriegsgericht, ehe er 1943 Militärrichter in Dänemark wurde und dort an Todesurteilen beteiligt war. Seiner Nachkriegskarriere war diese Tatsache keineswegs hinderlich: 1958 wurde Kanter Präsident des 3. Strafsenats des Bundesgerichtshofs.

Aber warum sollte für das Justizministerium nicht dasselbe gelten wie für andere Ministerien, beispielsweise das Auswärtige Amt, wo beinahe zwei Drittel der Beschäftigten ehemalige Nationalsozialisten waren und nun die Auslandspolitik der Deutschen besorgten.

Adenauer beschwichtigte Kritiker mit dem Argument, man könne »doch ein Auswärtiges Amt nicht aufbauen, wenn man nicht wenigstens an den leitenden Stellen Leute hat, die von der Geschichte von früher etwas verstehen«. Beispielsweise Leute wie sein Kanzleramtssekretär Dr. Hans Globke, der nicht nur an der Ausarbeitung des »Blutschutzgesetzes« und des »Erbgesundheitsgesetzes« von 1935 beteiligt war, sondern sich auch als Kommentator der Rassengesetze hervorgetan hatte. Als Rassenschandespezialist hatte er auch 1942 an der Wannsee-Konferenz über die »Endlösung« der Judenfrage teilgenommen. Seiner Nazi-Karriere folgte nun eine steile Karriere nach dem Krieg.

Die Adenauer-Republik sicherte Unzähligen die Kontinuität ihrer zweifelhaften Laufbahnen. Beispielsweise Dr. Friedrich Karl Vialon, einem Mann, der im Reichskommissariat Ostland die Ausplünderung und Versklavung der Juden geleitet hatte – auch er brachte es zum Staatssekretär, erst im Bundesfinanzministerium, später im Bundeskanzleramt. Oder Dr. Heinz-Paul Baldus, der während des Nazi-Regimes in der Rechtsabteilung der Kanzlei des Führers gewissenhaft »seine Pflicht« erfüllt hatte. Auch für ihn fand sich höchstrichterliche Verwendung: als Senatspräsident am Bundesgerichtshof.

Und noch ein Mann mit Vergangenheit hatte es zu einem der ranghöchsten bundesdeutschen Juristen gebracht: Wolfgang Fränkel. Einst hatte er bei der Reichsanwaltschaft als unbarmherziger NS-Jurist mit dafür gesorgt, daß Urteile gegen Juden, Polen, Tschechen und Franzosen verschärft wurden. Seiner Nachkriegskarriere hatte das keineswegs geschadet: 1962 wurde er zum Generalbundesanwalt ernannt.

Auf den Gedanken, aufgrund seiner Mitwirkung an der NS-Justiz aus Gründen politisch-moralischer Glaubwürdigkeit auf das Amt zu verzichten, kam Fränkel nicht.

Wie konnte er auch? Nach seiner Ernennung präsentierte er sich gegenüber der Presse als überzeugter Gegner jeglicher Diktatur. Widerspruch regte sich kaum. Zwar hatten DDR-Behörden – wie so häufig – auch im Falle Fränkel unanfechtbares dokumentarisches Material zu dessen NS-Laufbahn vorgelegt, doch wenn es um Aufarbeitung der Vergangenheit ging, nahm man von den DDR-Gerichten nicht gern Hilfe in Anspruch. Der »kalte Krieg« bot so den besten Schutz für die Täter von einst.

Freilich: Eine Vorbildfunktion in Sachen »Vergangenheitsbewältigung« konnte auch für demokratisch gesinnte Westjuristen die DDR-Justiz nicht sein. Schließlich hatte es 1950 die »Waldheimer Prozesse« gegeben, ein Schnellverfahren, in dem im Stile der NS-Justiz zahlreiche Todesurteile gegen ehemalige Nationalsozialisten gefällt worden waren. Den Angeklagten wurden die elementarsten Rechte verweigert: Es gab weder eine Beweisaufnahme noch eine Verteidigung. Entlastungszeugen wurden nicht gehört, die Öffentlichkeit war nur in wenigen Schauprozessen zugelassen. Die meisten Waldheim-Angeklagten waren eher NS-Mitläufer als Täter. Doch dies interessierte die neuen DDR-Staatsanwälte und Richter nicht. Die häufigsten Vorwürfe lauteten auf »Verbrechen gegen die Menschlichkeit« und »wesentliche Förderung« des Hitler-Regimes. Die Angeklagten wurden meist zu Zuchthausstrafen von zehn Jahren und mehr verurteilt, 24 Todesurteile wurden in der Nacht vom 3. auf den 4. November 1950 vollstreckt.

Aber nicht nur in den »Waldheim-Prozessen« hatte die »Sozialistische Einheitspartei Deutschlands« (SED) Regie geführt und die Justiz als verlängerten Machtapparat instrumentalisiert. Was sich in den Gerichtssälen des jungen »Arbeiter-

und Bauernstaates« vollzog, waren – keineswegs nur in politischen Straftaten – häufig stalinistische Schauprozesse, die jeglicher Rechtsstaatlichkeit entbehrten. Die Angeklagten hatten kaum Rechte, eine freie Anwaltschaft gab es nicht, Staatsanwälte benutzten den Gerichtssaal als ideologische Tribüne, die Richter ließen sich von Partei und Staatssicherheit die Urteile vorbereiten und vorgeben. Mit einer unabhängigen Justiz hatte dies nichts zu tun.

»Die Strafjustiz sei eine politische Tat«, propagierte Hilde Benjamin, gnadenlose Richterin in zahllosen Schauprozessen. Mit Dr. Ernst Melzheimer, Erster Generalstaatsanwalt der DDR (der als Kammergerichtsrat bereits der NS-Justiz gute Dienste geleistet hatte), gehörte sie zu den besonders fanatischen Vollstreckern der SED-Dogmen. Angeklagte schrie und brüllte sie nieder – nicht anders, als Jahre zuvor mit Angeklagten vor dem Volksgerichtshof verfahren wurde. Hilde Benjamin empfahl sich mit ihren Terror-Urteilen für größere Aufgaben: Sie wurde (bis 1967) DDR-Justizministerin.

Diese DDR-Justiz konnte also weder Vorbild noch Partner für die westdeutsche Justiz sein. Ein Glück für viele ehemalige NS-Täter, deren Akten in der DDR lagerten und die sich im Westen deshalb unbesorgt ihrer Nachkriegslaufbahn widmen konnten.

Deutsche Karrieren, ob in Justiz, Politik, Wirtschaft, Wissenschaft oder Verwaltung – die Seiten dieses Buches würden nicht ausreichen, alle Namen der braunen Täter und Schreibtischtäter zu nennen, die in der Adenauer-Republik rasch wieder Schlüsselstellungen einnahmen. Anstoß an der Re-Nazifizierung nahm ohnehin kaum jemand. Im Gegenteil: Die meisten Deutschen wollten von der Vergangenheit nichts mehr wissen, ganz im Sinne ihrer gewählten Volksvertreter. Nicht nur Adenauer in den fünfziger Jahren, auch danach hatten westdeutsche Politiker mit griffigen Formulierungen ihre Landsleute immer wieder dazu aufgefordert, doch mit der »ewigen Vergangenheitsbewältigung« abzuschließen. So Franz-Josef Strauß, der schon früh darin eine »gesellschaftliche Dauerbüßeraufgabe« erkennen wollte und feststellte, die Deutschen seien »eine normale Nation, die das Unglück hatte, schlechte Politiker an der Spitze ihres Landes zu haben«. Hitler als Betriebsunfall?

Er und viele andere appellierten an die Deutschen, »aus dem Schatten Hitlers herauszutreten«. Lautstark propagierten sie die »Deutschland-als-Opfer«-Version, in der sich alle mit allen versöhnen sollten – so, als habe es kaum Täter und Taten gegeben, sondern einzig und allein Opfer. Die Deutschen als ein Volk von Betrogenen?

Die geschichtsklitternde Formel, die Deutschen seien »Hitlers Opfer« gewesen, das Dritte Reich ein Werk einer Bande von Verbrechern – das war zwar eine seltsame, aber durchaus entlastende Variante, die keineswegs nur konservativen Politikern als Selbstrechtfertigung diente.

Bald galten ehemalige SS-Männer wieder als anständige Leute, konnten KZ-Schergen sich auf »Befehlsnotstand« berufen, hieß das neue Nationallied der Deutschen: »Wir haben nichts gewußt.« Und es gab noch immer Rechtfertigungen. »Nicht alles, was war, war falsch gewesen...«, so dachten – kaum waren die Trümmer des NS-Regimes zur Seite geräumt – viele, ja die meisten Deutschen.

In den wenigen – meist sich mühsam hinschleppenden – NS-Prozessen, etwa den Prozessen gegen Schergen der Konzentrationslager Auschwitz und Majdanek, wo Hunderttausende ermordet worden waren, zeigten die Justizbehörden und Gerichte nur geringes Interesse an der Verfolgung und Verurteilung der Schuldigen. Gerade diese großen Nachkriegsprozesse gerieten häufig in strafprozessualer Hinsicht zur Farce. Den Angeklagten waren Morde, zwingende Voraussetzung für eine Verurteilung, kaum nachzuweisen. Da existierten keine Zeugen mehr, da beriefen sich die Täter immer wieder auf Befehle. Eine Richterschaft sprach wieder Recht, die NS-Täter mit besonderer Nachsicht behandelte, vor allem bei der Strafzumessung. Nicht selten dauerte es Jahre, bis überhaupt ein Urteilsspruch gefällt werden konnte. Unter Staatsanwälten kursierte damals der makabre Spruch: »Ein Toter gleich zehn Minuten Gefängnis.«

Aber nicht nur KZ-Schergen konnten mit Nachsicht rechnen. Das zweifelhafte 131-Gesetz, das der Bundestag 1951 mit großer Mehrheit verabschiedet hatte und das auch das Bundesverfassungsgericht eine »soziale Tat« nannte, garantierte ehemaligen Nationalsozialisten die Wiederverwendung in bundesdeutschen Behörden, zumindest jedoch eine ordentliche Pension. Die Folge: Ob in Wirtschaft oder Industrie, an Universitäten, in der Bundeswehr oder der Justiz – überall saßen »bewährte Fachkräfte« der untergegangenen Nazi-Diktatur in leitenden Positionen. Während das 131-Gesetz von Beginn an mit Eifer angewandt worden war, hatte man es mit der »Wiedergutmachung« der Opfer nicht sehr eilig. Erst fünf Jahre nach dem 131-Gesetz wurde ein »Bundesentschädigungsgesetz« geschaffen, das allen Antragstellern eine peinliche Prozedur zumutete. Aus Mangel an Durchführungsbestimmungen konnten die Opfer der Nazis nur dann Zahlungen erhalten, wenn sie nachwiesen, daß sie keine Straftaten begangen, keiner Gewaltherrschaft Vorschub geleistet, keine Grundsätze der Vereinten Nationen und des Völkerrechts je verletzt – und keiner Nazi-Organisation angehört hatten. Vergleichbares mußten die wiedereingestellten und gut versorgten Nazi-Beamten nicht nachweisen, die »131er« waren völlig unabhängig von ihrer wirtschaftlichen Lage zu versorgen. Wer im Entnazifizierungsnetz dennoch hängengeblieben war, hatte einen Entzug seiner Beamtenrechte nicht zu befürchten. Auch wurden Ernennungen und Beförderungen in der Zeit von 1933 bis 1945 berücksichtigt, freilich mit Einschränkungen: Ausschlaggebend war keineswegs die Unterzeichnung eines Todesurteils, sondern die Tatsache, ob während dieser Zeit gegen beamtenrechtliche Vorschriften verstoßen worden war.

So ging eine ganze Juristengeneration wohlversorgt in den frühzeitigen Ruhestand. Täter in Roben, die sich frei von Schuld fühlten und ihre nationale – und häufig auch persönliche – Vergangenheit für »bewältigt« hielten. So wurde der »Niedergang des Rechts nicht verarbeitet, sondern vergoldet«, wie es Rolf Lamprecht im *Spiegel* sarkastisch formulierte.

»Die Maschine soll wieder laufen«, hatte Adenauer gesagt. Und sie lief. Der Publizist Ralph Giordano hat in seinem Buch *Die zweite Schuld oder Von der Last Deutscher zu sein* die umfassende kollektive Verdrängung der NS-Vergangenheit eindrucksvoll beschrieben, also das sozialpsychologische Fundament der Aufbauleistung der Adenauer-Republik. Die geschichtsfälschende Formel »Wir waren Hitlers Opfer« hatte nicht allein in den Zeiten der Entnazifizierung Gebrauchswert für ehemalige Parteigänger und Gefolgsleute. Beinahe alle Deutschen – von einer kleinen Minderheit abgesehen – sahen sich als Opfer. Keiner wollte mehr Täter gewesen sein, niemand den Tätern Hilfe geleistet, zugesehen und weggesehen haben. »Sie wollten nicht wahrhaben, daß sie den Nazis mit erstaunlichem Eifer und Begeisterung gefolgt waren, nicht nur am Anfang, auch später, als unmißverständlich klar wurde, wohin Hitler und seine Leute steuerten«, so Heleno Saña in seinem eindrucksvollen Psychogramm »Die verklemmte Nation – Zur Seelenlage der Deutschen«.

Nach 1945 begann eine deutsche Geschichte, die zwar offiziell die Nazi-Verbrechen nicht leugnen konnte, aber im privaten Alltag empfanden die meisten Deutschen die ständige Erinnerung an das Dritte Reich beinahe als beleidigend. Adenauer unterstützte die Deutschen in dieser Schutzhaltung. Das große »Wiedereingliederungswerk der Täter« (Giordano) konnte so ohne erwähnenswerte Proteste stattfinden.

Vor allem innerhalb und mit der Justiz. In der gesamten Bundesrepublik kehrten beinahe alle Richter und Staatsanwälte, die bis 1945 im Justizdienst gestanden hatten, in die Justiz zurück. Gab es keine Alternative für diese personelle Kontinuität?

Anders als in der DDR hatte man sich dafür entschieden, alle am wirtschaftlichen Wieder- und politischen Neuaufbau mitarbeiten zu lassen. Auch die Täter von gestern. Auch die Juristen. Das trübste Kapitel der deutschen Geschichte endete so mit einem »umfassenden Resozialisierungswerk«, wie es Jörg Friedrich formulierte.

Dies ist auch die Antwort auf die Frage, weshalb die Verfolgung von NS-Verbrechen so schleppend in Gang kam und sich in den folgenden Jahren durch unübersehbares Desinteresse auszeichnete. Es wurde nichts getan, um die zahllosen Nazi-Verbrecher zur Rechenschaft zu ziehen, und es wurde noch weniger unternommen, wenn es sich dabei um einen Richterkollegen handelte. Ohnehin reagierte die Justiz nur auf Anzeigen, von selbst stellte sie keinerlei Nachforschungen an. Sie widmete sich lieber den Dieben und Betrügern der neuen Wirtschaftswunder-Republik als den NS-Richtern und KZ-Schergen Hitler-Deutschlands. Die Vergangenheit – so schien es – war für die Nachkriegsjustiz eine »vergangene« Episode. Politik und Justiz leisteten hier Hand in Hand eine äußerst fragwürdige Entsorgungsarbeit. Natürlich distanzierten sich deren Exponenten in den Sonntagsreden vom Nationalsozialismus; es gab einige symbolträchtige Inszenierungen, etwa den Auschwitz-Prozeß, dessen lange Dauer jedoch schon ein Skandal war; doch niemand kann behaupten, daß die strafrechtliche Aufarbeitung der NS-Vergangenheit je ernsthaft unternommen wurde.

Zahlen verdeutlichen das: Zwischen 1945 und 1965 wurden bei den Staatsanwaltschaften der Bundesrepublik insgesamt gegen 61 716 Beschuldigte Ermittlungen wegen Verdachts der Beteiligung an NS-Kriegsverbrechen geführt. Ganze zehn Prozent davon, nämlich 6115, führten zu rechtskräftigen Urteilen – und die Verurteilten wurden häufig nach wenigen Haftjahren vorzeitig entlassen.

Und: Unter allen rechtskräftigen Urteilen fand sich kein einziges gegen einen ehemaligen Angehörigen des Volksgerichtshofs. Das Terror-Tribunal als NS-Institution war nicht Gegenstand einer Verhandlung in Nürnberg gewesen, und auch jetzt, da es Sache der Deutschen war, eines ihrer trübsten Kapitel der Justizgeschichte aufzuhellen und die noch lebenden Blutrichter zur Rechenschaft zu ziehen, blieben die notwendigen Schritte aus.

Die einzige Gelegenheit, sich von den Schatten der Vergangenheit zu lösen, bot der Fall des – nach Freisler – meistbelasteten VGH-Richters, des ehemaligen Kammergerichtsrats Hans-Joachim Rehse.

Die Ermittlungen gegen den ehemaligen Beisitzer des Freislerschen Ersten Senats, dem er von 1941 bis 1945 angehört hatte, begannen 1962. Damals hatte die Staatsanwaltschaft München bereits gegen ihn ermittelt, das Verfahren jedoch mit der gängigen Begründung eingestellt, dem Beschuldigten könne kein bewußter Tötungsvorsatz nachgewiesen werden. Zwei Tage später erstattete Dr. Robert M.W. Kempner, der frühere Chefankläger im Nürnberger Kriegsverbrecherprozeß, Strafanzeige bei der Staatsanwaltschaft Berlin gegen die Beteiligten an der Verfolgung der Oppositionellen des 20. Juli 1944 – auch gegen Rehse. An mindestens 231 Todesurteilen war dieser gnadenlose Jurist beteiligt, wegen sieben Fällen erhob die Staatsanwaltschaft nun beim Landgericht Berlin am 20. Januar 1967 Anklage. Sie legte ihm zur Last, in den Jahren 1943 bis 1944 durch selbständige Handlungen aus »niedrigen Beweggründen« in drei Fällen Menschen getötet und in weiteren vier Fällen einen Tötungsversuch unternommen zu haben, indem er als berufsmäßiger Beisitzer am Volksgerichtshof in sieben Verfahren der Todesstrafe zugestimmt hatte, die nachweislich in drei Fällen vollstreckt wurde.

Am 3. Juli 1967 verurteilte das Landgericht Berlin den ehemaligen Blutrichter wegen Beihilfe zum Mord in drei Fällen und Beihilfe zum versuchten Mord in vier Fällen zu insgesamt fünf Jahren Zuchthaus. In der Urteilsbegründung hieß es zwar, der eigentliche Täter der VGH-Justizmorde sei Freisler gewesen, der auf den Ersten Senat »einen beherrschenden Einfluß« ausgeübt habe, doch habe es der Beisitzer Rehse unterlassen, Kritik an den Urteilen zu äußern, und sich der Autorität Freislers untergeordnet. Als »ein qualifizierter Volljurist, von dem man erwarten kann, daß er sich ein Gefühl für gerechtes Strafen bewahrt habe«, hätte Rehse – so die Kammer – »das Unrechtmäßige seines Tuns erkennen müssen«.

Nach dem Urteilsspruch legten sowohl die Staatsanwaltschaft als auch Rehse selbst Revision ein.

Am 30. April 1968 hob der 5. Strafsenat des Bundesgerichtshofes (BGH) in einer nur zweiseitig begründeten Entscheidung das Urteil auf und wies es zur neuerlichen Verhandlung an das Schwurgericht zurück. In der Begründung war es vor allem um die Frage gegangen, ob Rehse als Täter oder Gehilfe zu betrachten sei. Entgegen der geübten Praxis in anderen NS-Prozessen war diesmal nicht Beihilfe, sondern Mittäterschaft angenommen worden. Freilich, das bedeute – so die BGH-Richter –, daß »der Angeklagte nur noch bestraft werden kann, wenn er aus niedrigen Beweggründen für die Todesstrafe stimmte«. Und: Zu Unrecht habe die Berliner Kammer angenommen, es komme nur auf die Beweggründe Freislers an und darauf, ob Rehse sie kannte – und trotzdem nicht dagegen opponierte.

In dem Wiederaufnahmeverfahren vor einem anderen Berliner Schwurgericht unter Vorsitz des Kammergerichtsrats Oske wurde der frühere Todesrichter Rehse am 6. Dezember 1968 freigesprochen. Schlimmer noch als der Freispruch für die grauenerregende Karikatur eines Dieners der Gerechtigkeit war die mündliche Urteilsbegründung des jungen Kammergerichtsrats, der sich nicht etwa schamhaft bedauernd auf die einschlägige Rechtsprechung des Bundesgerichtshofs zurückzog, sondern selbstbewußt stramm von einem Musterprozeß sprach, in dem endlich einmal klargestellt werden müsse, wie korrekt doch alles in jenen Jahren der »außergewöhnlichen Lage« zugegangen sei. Originalton Oske: »In keinem Fall konnte festgestellt werden, daß von einem der sieben Richter des Volksgerichtshofs das Recht gebeugt wurde.« Einer der sieben war Freisler, sein Beisitzer Rehse.

In seiner mündlichen Begründung stellte Oske fest: »Jeder Staat, auch ein totalitärer, hat ein Recht auf Selbstbehauptung. Es kann ihm in Krisenzeiten kein Vorwurf daraus gemacht werden, wenn er zu außergewöhnlichen und abschreckenden Mitteln greift...«

Die Todesstrafen wegen eines Witzes oder einer leichtfertigen Äußerung, die barbarischen Urteile wegen eines Verstoßes gegen das »Blutrassegesetz« oder wegen einer barmherzigen Geste gegenüber einem erniedrigten polnischen »Fremdarbeiter« – alle diese gnadenlosen Urteile ein »Recht des Staates auf Selbstbehauptung«?

Es war ein Freispruch nicht allein für Rehse, sondern für den ganzen Volksgerichtshof, ja, die gesamte NS-Justiz. Mit dem Bewußtsein, er habe als NS-Jurist nichts Böses, sondern allenfalls seine Pflicht getan, ging Rehse nicht nur aus dem Gerichtssaal, sondern bald auch aus dem Leben. Noch während der Revision der Staatsanwaltschaft gegen den Freispruch verstarb der ehemalige Blutrichter, seine Urteile blieben ungesühnt.

Doch Robert M.W. Kempner mochte diese Form der Generalentschuldigung für den Volksgerichtshof nicht akzeptieren. Am 18. März 1979 stellte er bei der Generalstaatsanwaltschaft Berlin eine weitere Strafanzeige gegen »sämtliche Verdächtige, die an Verfahren des nazistischen Volksgerichtshofs nach dem 20. Juli 1944 ggf. schon vorher beteiligt waren«. Doch auch dieses Verfahren wurde mit dem Hinweis auf frühere Bescheide bald wieder eingestellt. Aber Kempner ließ nicht locker und fand in dem damaligen Berliner Justizsenator Gerhard Meyer einen Verbündeten. Im Oktober 1979 nahm die Staatsanwaltschaft beim Landgericht die Ermittlungen wieder auf: War es doch noch möglich, einige der 570 Mitglieder des Volksgerichtshofs, die noch lebenden 67 Richter und Staatsanwälte, vor Gericht zu bringen?

Meyer unterstützte Kempners Initiative, weil er der Überzeugung war, daß das Rehse-Urteil vom 30. April 1968, vor allem, was die Bewertung des Volksgerichtshofs als »ordentliches« Gericht betraf, nichts mit der historischen Wahrheit zu tun hatte.

So begann einmal mehr der exemplarische Streit der Nachkriegsjuristen: Nach einer Entscheidung des Bundesgerichtshofs sollte ein Richter wegen Mordes nur dann bestraft werden können, wenn ihm zugleich eine Rechtsbeugung nachgewiesen werden konnte.

Doch das war so gut wie unmöglich. Die einstigen braunen Juristen verwiesen darauf, nur gemäß den damals bestehenden Gesetzen gehandelt zu haben. Daß Gesetzgeber Verbrecher und Gesetze verbrecherisch sein können, wollten sie nicht akzeptieren. Sollte dies bedeuten, daß alle NS-Juristen nie für die Folgen ihres Handelns zur Verantwortung gezogen werden konnten, wenn sie nur glaubhaft versicherten, subjektiv von der gültigen Rechtsform überzeugt gewesen zu sein? Bedeutete dies, daß ein Nazi-Richter kein Unrecht getan haben konnte, solange er nur davon überzeugt gewesen war, allein den Willen des Staates als Gesetzgeber auszuführen? Entschuldigten diese rechtspositivistischen Formeln alle Perversionen der NS-Justiz? Konnten Richter, die wegen eines politischen Witzes Menschen an den Galgen gebracht hatten, tatsächlich straffrei bleiben?

Sie konnten es. Nach siebenjährigen Ermittlungen – nachdem beinahe die Hälfte der Beschuldigten aus Altersgründen verstorben war – stellten die Berliner Staatsanwälte am 26. Oktober 1986 die Ermittlungen ein.

Meyers Nachfolger, der Westberliner Justizsenator Rupert Scholz, teilte der Öffentlichkeit mit, daß es keine Verfahren mehr gegen Angehörige des Volksgerichtshofs geben würde. Persönlich hielt er das »für nicht befriedigend und sehr bedauerlich für jeden, der an Gerechtigkeit glaubt«. Schöne, ruhige Worte für etwas, »das eine Katastrophe und eine unvorstellbare Schändlichkeit ist«, wie der Publizist Walter Boehlich damals den Einstellungsbeschluß kommentierte.

Der Volksgerichtshof als herausragendes Symbol einer Unrechtsjustiz war – wieder einmal – nicht auf die Anklagebank gekommen. Dabei hatte die Berliner Staatsanwaltschaft fleißige Arbeit geleistet: 113 Aktenordner mit Urteilsunterlagen, 59 Ordner mit Personalakten, 85 Ordner Hintergrundmaterial und 150 Bände Ermittlungsakten waren zusammengetragen worden. Als die Berliner Staatsanwälte ihre Akten zuklappten – laut *Frankfurter Allgemeine Zeitung* »ein schmerzlicher, ein wohltuender Schlußstrich« –, traf sie keine Schuld. Die irreparablen Versäumnisse und Fehler hatte die Justiz in den Jahren zuvor begangen, als die deutschen Richter so sehr mit der Aburteilung von kleinen kommunistischen Parteimitgliedern beschäftigt waren, daß sie keine Zeit fanden, sich ihrer braunen Kollegen anzunehmen. Alles wäre anders gekommen, wenn sich schon damals ein Gericht zu der Erkenntnis durchgerungen hätte, für die auch der Bundestag lange gebraucht hatte:

Am 25. Januar 1985 stellte der Deutsche Bundestag in seltener Eintracht fest, »daß die als ›Volksgerichtshof‹ bezeichnete Institution kein Gericht im rechtsstaatlichen Sinne, sondern ein Terrorinstrument zur Durchsetzung der nationalsozialistischen Willkürherrschaft gewesen war«.

Der Anlaß für diese Entschließung lag bereits über zwei Jahre zurück. In einem Kinofilm mit dem Titel »Die Weiße Rose«, der den Widerstand der Münchener Studentengruppe schilderte, hatte es im Nachspann geheißen, die Urteile bestünden nach Ansicht des Bundesgerichtshofs »noch immer zu

Recht«. Dem hatte der damalige Präsident des Bundesgerichtshofs, Gerd Pfeiffer, heftig widersprochen und darauf verwiesen, daß die Urteile aufgehoben seien: teils durch Besatzungsrecht, teils durch deutsche Ländergesetzgebung, die schon 1949 zu Bundesrecht geworden sei, teils auch in Wiederaufnahmeverfahren in Einzelfällen. Der Nachspann des Films wurde danach geändert und ergänzt. Doch die Diskussion war damit keineswegs zu Ende.

Von der SPD-Fraktion ging die Initiative aus, der Bundesgesetzgeber möge die Urteile des Volksgerichtshofs aufheben. Dem wurde vom damaligen – sozialdemokratisch geführten – Bundesjustizministerium entgegengehalten, daß man nicht aufheben könne, was nicht mehr bestehe. Auch wurde von dort darauf hingewiesen, daß – wenigstens in den ersten VGH-Jahren – die Tätigkeit differenziert zu beurteilen sei. Man bezog sich auf unverdächtige Zeugen, die darauf verwiesen hatten, daß es einzelne Senate gab, die durchaus nach der Devise »im Zweifel für den Angeklagten« verfahren seien. Doch die SPD-Parlamentarier ließen nicht locker und forderten, wenigstens der Bundestag möge sich vom Volksgerichtshof distanzieren.

Nun, das gelang tatsächlich. Nach einer Vorlage des Rechtsausschusses einigten sich die Abgeordneten – von Christdemokraten bis zu den Grünen –, daß den Entscheidungen des Tribunals deshalb auch keine Rechtswirkung zukomme. Um das Wort »Rechtswirkung« war lange gestritten worden. Einmal, weil – so wurde im Rechtsausschuß argumentiert – es eine solche Rechtswirkung schon nicht mehr gäbe; zweitens, weil der Bundestag als Parlament solches gar nicht feststellen könne, und drittens, weil der Volksgerichtshof – wenn auch wenige – Freisprüche ausgesprochen habe, die dann ebenfalls als »rechtsunwirksam« einzustufen seien. Vor allem Justizminister Hans Engelhardt sprach sich aus diesen Gründen dagegen aus, Urteile des Volksgerichtshofs und der Sondergerichte aufzuheben. Ein grotesker Einwand, doch er überzeugte die Mitglieder des Rechtsausschusses. So verständigte man sich darauf, zwar keines der Urteile aufzuheben, sich aber dennoch von der Urteilspraxis zu distanzieren und ihnen eine »Rechtswirkung«

abzuerkennen. Symbolische Distanzierung ja, ein klärendes Gesetz – nein.

Die Alltagspraxis der Strafverfolgung – dies zeigte nicht allein der Rehse-Freispruch – berührte der Bundestagsbeschluß ohnehin nicht. Die Mühlen der Justiz mahlten noch langsamer als Gottes Mühlen, und NS-Juristen blieben nur selten darin hängen.

Rehse und andere Blutrichter, diese exemplarischen Mörder in Robe, hatte man nicht bestraft, um nicht in die Verlegenheit zu kommen, eine Vielzahl von Sonder- und Kriegsrichtern ebenfalls verurteilen zu müssen. Das hätte eine Lawine losgetreten. »Der Volksgerichtshofrichter Rehse konnte nicht gemordet haben«, schrieb der Rundfunkjournalist und Buchautor Jörg Friedrich, »sonst wäre die bundesdeutsche Justiz mit Hunderten von Mördern errichtet worden...« Das genau aber war die beschämende Wirklichkeit.

Man störte sich offenbar nicht daran, daß schwerbelastete ehemalige Volksgerichtshofrichter jetzt wieder Recht sprachen, häufig in herausragenden Positionen:

Beispielsweise Dr. Paul Reimers, Richter am Volksgerichtshof, Mitwirkung an 124 Todesurteilen, und Otto Rahmeyer, Ankläger am Volksgerichtshof, Mitwirkung an mindestens 78 Todesurteilen. Die beiden Hinrichter brachten es bis zum Landgerichtsrat in Ravensburg, wo sie sich bis 1963 erneut für die Rechtskultur verdient machen durften.

Beispielsweise NS-Juristen wie Dr. Gerhard Lehnhardt, Ankläger am Volksgerichtshof, Mitwirkung an mindestens 47 Todesurteilen, bis 1960 Oberlandesgerichtsrat in Neustadt an der Weinstraße; Dr. Helmut Jaeger, Erster Staatsanwalt beim Volksgerichtshof, Mitwirkung an mindestens 4 Todesurteilen, bis 1966 Oberlandesgerichtsrat beim Oberlandesgericht in München; ebenfalls Dr. Kurt Naucke, Erster Staatsanwalt beim Volksgerichtshof, Mitwirkung an mindestens 19 Todesurteilen, später Oberstaatsanwalt in Hannover. Ebenso Walter Roemer, Erster Staatsanwalt und Sachbearbeiter beim Volksgerichtshof, Mitwirkung an mindestens 25 Todesurteilen, darunter das gegen Alexander Schmorell und Prof. Kurt Huber von der Widerstandsgruppe »Weiße Rose«. Roemer war auch Vollstreckungsleiter bei Hinrichtungen in der Strafanstalt München-Stadelheim. Seine Vollzugsmeldung vom 11. August 1944: »Verurteilter Willibald Bradl – Der Hinrichtungsvorgang dauerte vom Verlassen der Zelle an gerechnet eine Minute und 13 Sekunden. I. A. gezeichnet Roemer, Erster Staatsanwalt.« Nach dem Krieg machte dieser Hinrichter mit Stoppuhr weiterhin Karriere: als Ministerialdirektor und Abteilungsleiter im Bundesjustizministerium.

Auch Johannes Lorenz – Landgerichtsdirektor beim Volksgerichtshof – Mitwirkung an mindestens 3 Todesurteilen – erlebte keinen Karriereknick und diente dem Rechtsstaat bis 1979 als Kammergerichtsrat in West-Berlin.

Edmund Stark, Ankläger beim Volksgerichtshof, Mitwirkung an mindestens 50 Todesurteilen, kam wie seine Kollegen Reimers und Rahmeyer im idyllischen Ravensburg unter und durfte bis 1968 als Landgerichtsdirektor wieder Recht sprechen. Dr. Paul Emmerich, Landgerichtsrat in Berlin und beim Oberreichsanwalt des Volksgerichtshofs, zudem Vollstreckungsleiter bei Hinrichtungen, avancierte bis zum Landgerichtsdirektor in Saarbrücken, ehe er gut versorgt in Pension ging. Keine Einzelfälle. Die Justiz im Dritten Reich blieb ein unerledigter Fall.

Freisprüche für die Nazi-Justiz waren nicht die Ausnahme, sondern die Regel. Die Bestätigung des Unrechts wurde zur Routine. Terrorurteile wurden als »rechtsstaatlich einwandfrei« erklärt oder erschienen als »gerade noch vertretbar«. Drei exemplarische Beispiele – von unzähligen:

In einem Prozeß gegen einen Kasseler Sonderrichter, der einen Mann wegen »Rassenschande« zum Tode verurteilt hatte, führte das Landgericht Kassel am 28. März 1952 an, daß »die damaligen Kriegsverhältnisse zu bedenken« seien, die »eine Atmosphäre der Empfindlichkeit gegenüber Rechtsbrechern aller Art« erzeugt hätten. Ein »Rechtsirrtum« habe damals nicht vorgelegen. Der Sondergerichtsvorsitzende verteidigte in seiner Vernehmung im Jahre 1950 sein Urteil noch einmal: »Ich halte das Urteil, das ich damals gefällt habe, auch heute noch aufrecht.« Das Gericht stimmte ihm zu und stellte in seiner Entscheidung klar: »Die Anwendung des Blutschutzgesetzes ist damals ohne Zweifel zu Recht erfolgt« und die Sonderrichter seien keineswegs »von der deutschen Tradition der Sauberkeit des Richterstandes abgewichen«. So viel Traditionstreue mußte belohnt werden. Das Urteil: Freispruch.

Vor dem Landgericht Ansbach wurden am 23. April 1960 noch einmal die Geschehnisse aufgerollt, die sich wenige Stunden vor dem damaligen Einmarsch der Amerikaner in der Nähe des fränkischen Dörfchens Brettheim zugetragen hatten. Damals weigerten sich der Bürgermeister und der NSDAP-Ortsgruppenleiter angesichts des unmittelbar bevorstehenden Zusammenbruchs, als Richter eines Standgerichts ein Todesurteil zu unterschreiben. Die Weigerung kostete ihnen das Leben, sie wurden ebenfalls unverzüglich exekutiert. Nach den Feststellungen des Ansbacher Landgerichts hatten die beiden »pflichtwidrig« gehandelt, denn – so der Originalton der Nachkriegsjuristen – mit dieser »Begünstigung der Vortäter hatten es die beiden unternommen, den Wehrwillen der Dorfbevölkerung und damit auch den Wehrwillen des deutschen Volkes zu lähmen und zu zersetzen«. Ergebnis: Die Exekution der beiden war – so die Nachkriegsjuristen – rechtmäßig nicht zu beanstanden.

Das Landgericht Berlin wiederum fand an dem Tribunal des Volksgerichtshofs gegen die Attentäter des 20. Juli 1944 kaum etwas auszusetzen. Obwohl bereits vor der Verhandlung die Todesurteile feststanden, hielten es die Berliner Richter im Jahre 1971 keineswegs für erwiesen, »daß die hingerichteten Widerstandskämpfer des 20. Juli unter Außerachtlassung der mindesten verfahrensrechtlichen Anforderungen, mithin auf Grund eines Scheinverfahrens zum Tode verurteilt, ermordet worden sind«. Drei Beispiele – von Tausenden.

Über 16 000 Todesurteile wurden von den zivilen Strafgerichten in den Jahren des nationalsozialistischen Deutschlands ausgesprochen, mehr als zwei Drittel vollstreckt. Die Militärjustiz fällte mehr als 30 000 Todesurteile. Die Bedeutung, die diesen Zahlen beizumessen ist, zeigt sich, wenn andere Perioden der deutschen Justizgeschichte zum Vergleich herangezogen werden: In der Zeit von 1907 bis 1932 waren in Deutschland insgesamt 1547 Angeklagte zum Tode verurteilt worden; in 377 Fällen kam es zur Vollstreckung.

Während vor 1933 nur bei drei Delikten die Todesstrafe vorgesehen war, konnte 1944 bei mehr als 40 Straftaten auf Todesstrafe erkannt werden. Und die fanatischen Richter schickten die Angeklagten skrupellos in den Tod: Allein zwischen 1941 und 1945 fällten die deutschen Strafgerichte etwa 15 000 Todesurteile, die zumeist vor den Sondergerichten und dem Volksgerichtshof verhandelt wurden.

Doch nach dem Krieg mußten die Todesrichter nichts befürchten. Im Gegenteil: Beinahe in allen Verfahren gegen die Nazi-Justiz durften die Angeklagten mit besonderem Feingefühl und Verständnis ihrer Zunftkollegen rechnen. Kaum ein Urteil war der Nachkriegsjustiz oberflächlich und barbarisch genug, als daß es nicht doch Gründe dafür gab, das »damals anzuwendende Recht« zu legitimieren.

Die verhinderten Ermittlungen, das großzügige Verständnis, die laxen Urteile, die zahllosen Freisprüche – das alles war charakteristisch für die Nachkriegsjustiz, wenn es um die Tätigkeit der Juristen im Dritten Reich ging. Die Formel des »mangelnden Unrechtsbewußtseins« wurde für die ehemaligen nationalsozialistischen »Rechtswahrer« zum Blankoschein. Auf die Solidarität ihrer Richterkollegen konnten sie ohnehin zählen: Ein ausgeprägter Korpsgeist garantierte dafür. Und deren Friedfertigkeit fand durchaus die Zustimmung der meisten Deutschen. Die Justiz gab sich insofern durchaus volksnah. Das Ausbleiben der strafrechtlichen Sühne für richterliche Verbrechen war nur Teil des großen kollektiven Verdrängungsvorgangs.

Und heute – 50 Jahre nach dem Ende des NS-Regimes?

Noch immer neigen Dabeigewesene, Mittäter und Mitläufer zu Beschönigungen, Verfälschungen und Relativierungen, wenn es um die Rolle der Justiz im Dritten Reich geht. Noch immer bemühen sie sich um eine Unterscheidung zwischen den redlichen konservativen Juristen (die doch nur ihre Pflicht getan und häufig noch größeres Unheil abgewendet hätten) und jenen Nazis in Roben (die allein für die verbrecherische Seite der Justiz in der NS-Zeit verantwortlich seien). Diese törichte Abgrenzung, die seit der »Stunde Null« als Rechtfertigung für die schwer erträgliche Tatsache herhalten muß, daß es mehrheitlich gerade die konservativen Juristen waren, die in ihrer »positivistischen Verblendung« erst die Voraussetzungen dafür schafften, daß jegliche Rechtskultur verschwand und von den Nazis pervertiert werden konnte.

Tatsache bleibt: Unter den Tausenden von Juristen, die während des Dritten Reiches in der Justiz tätig waren, stellten eingeschworene Nationalsozialisten eine Minderheit dar. Die große Mehrheit aber sicherte und garantierte die Macht der Hitler-Diktatur. Trotz der Anpassungen der Juristen an die Forderungen des NS-Staates war Hitler mit der Arbeit der Justiz keineswegs zufrieden.

Seine Einstellung zu Recht und Justiz war stets von einer starken Abneigung geprägt, die aus der Befürchtung resultierte, Gesetze und Gerichte könnten seinen Handlungsspielraum begrenzen. Doch die Juristen zeigten sich nicht als Gegner, sondern als Komplizen des Hitler-Regimes. Gesetze und Verordnungen wurden von den Nazis nach Belieben abgeschafft oder in Kraft gesetzt, doch so gravierend Entmündigung und Demütigung auch sein mochten, mehrheitlich folgten die Juristen Führer und Partei – bis zum katastrophalen Ende.

Nach dem Krieg wollte niemand die Erblast des Unrechts tragen – und kaum einer mußte sie tragen. Die juristische Komplizenschaft mit den Nazis »schrumpfte zum Kavaliersdelikt, wenn ihr nicht nationalsozialistische Gesinnung, sondern die deutschnationale Überzeugung zugrunde lag«, wie der Bremer Jurist Ingo Müller treffend feststellte. So konnten Legenden geboren, »halbe« Widerstandskämpfer propagiert und eine belastete Justiz freigesprochen werden. Die historische Gedächtnislosigkeit wurde zum Erkennungsmerkmal eines ganzen Berufsstandes.

Sicherlich: In den zurückliegenden Jahren erschienen zahlreiche erhellende Bücher und Forschungsarbeiten, die sich mit der zweifelhaften Rolle der Justiz im Dritten Reich kenntnisreich und kritisch auseinandersetzen, auch entwickelte sich eine Vielzahl von Ansätzen für eine neue demokratische Rechtskultur vor allem in den siebziger Jahren, die an die verschütteten Rechtstraditionen Deutschlands anknüpften. Die Richtergeneration von heute ist rechtsstaatlich gefestigt, durchaus kritisch gegenüber der Staatsautorität.

Die Zeit für strafrechtliche Sühne der Belasteten ist verstrichen. Die meisten der braunen Täter in Robe leben nicht mehr, und die letzten überlebenden Greise vor Gericht zu stellen, könnte die Versäumnisse und das Versagen der Nachkriegsjustiz nicht ausgleichen.

So bleibt allein die Verpflichtung, an die NS-Unrechtsjustiz - an Namen wie Gürtner, Thierack, Frank, Rothenberger, Freisler und andere - zu erinnern und daran, wodurch sie möglich wurde und wohin sie führte. Gerade jetzt, da angesichts der Diskussion um die »zweite deutsche Diktatur«, das ehemalige DDR-Regime, die Gefahr besteht, daß die dann dazu benutzt wird, über die »erste deutsche Diktatur« endgültig den Mantel des Vergessens zu legen.

Epilog
Die zweite Last mit der Vergangenheit

Herbst 1989: Die Mauer fällt, die Wiedervereinigung bricht über die Deutschen herein. Auch über die Justiz. »Noch einmal taucht aus dem Abgrund auf, was man versäumte, was man zu überwachsen haben meinte... ein Rechtssystem, in dessen Wurzeln unsägliche Versäumnisse schwären, hat sich mit einem Rechtssystem zu vereinigen, das in voller Fahrt war in seinem Unterworfensein oder seiner Unterwerfung, als es anhalten mußte...«, schrieb Gerhard Mauz und nannte den Zusammenbruch Ostdeutschlands eine »Geisterstunde« für die westdeutsche Justiz.

Es muß nicht gleich Freislers Schatten oder der seines Beisitzers Rehse sein, der auf die Justiz, die 40 Jahre lang ihre braune Vergangenheit verdrängte und verleugnete, noch einmal unverhofft zurückfällt. Es können auch vertraute Entschuldigungsformeln sein, Erklärungen und Verteidigungen, »die sie schon einmal gehört hat – die sie hinnahm, die sie gelten ließ«, so Mauz.

Damals ehemalige NS-Richter, heute ehemalige SED-Richter. Zwei Welten, eine Rechtfertigung: Man habe nur seine Pflicht getan, sich an die geltenden Gesetze gehalten und diese angewandt. Jetzt, da alles ein Ende hat und überall ein Neubeginn ist, da es um alles oder nichts, um Anstellung auf Lebenszeit oder Entlassung geht, beeilen sich die ostdeutschen Richter, ihre DDR-Karrieren zu säubern, zu schönen, zu verdrängen. Bekannte Entlastungsversuche...

Die Fehler der Vergangenheit dürften nicht noch einmal wiederholt werden, mahnte 1991 der damalige Justizminister Klaus Kinkel anläßlich einer Ausstellungseröffnung zum Thema »Justiz und Nationalsozialismus« und meinte damit die

Hinterlassenschaft des SED-Regimes, denn die aktuelle Vergangenheit sei – so Kinkel – »im Ausmaß noch größer als die Aufarbeitung der NS-Justiz«.

NS-Vergangenheit und DDR-Vergangenheit – wird da nicht Ungleiches gleichgesetzt? Nazi-Führung und SED-Politbüro, Gestapo und Stasi, NS-Tribunale und DDR-Justiz? Eine deutsche Kontinuität? Findet – wie schon einmal – erneut das große »Wiedereingliederungswerk« der Täter statt? Ist die jüngere bundesdeutsche Richtergeneration imstande, kollektives und individuelles Handeln in einer Diktatur nicht zu verdrängen, sondern aufzuarbeiten, wenn geboten, auch zu ahnden? Selbst wenn es sich hierbei um Täter des eigenen Berufsstandes handelt? Oder geht die Justiz wie nach 1945 auch diesmal zur Tagesordnung über?

Sicher, die historische Ausgangsposition ist nicht zu vergleichen. Der Untergang des SED-Regimes vollzog sich unter gänzlich anderen Bedingungen als das Ende des Dritten Reichs. 1945 ist nicht 1989. Faschismus und Kommunismus, Hitler-Deutschland und SED-Staat, NS-Justiz und DDR-Justiz können trotz verwandter totalitärer Systeme nicht über einen Leisten geschlagen werden. Führte 1945 »eine Stichflamme zur Explosion, so wurde die veraltete Wunderlampe des Sozialismus immer schwächer und verschwand mit der Implosion von 1989/90«, wie es die beiden Zeitgeschichtler Klaus-Dietmar Henke und Hans Woller in der *Süddeutschen Zeitung* formulierten. Das Ende beider Diktaturen hätte tatsächlich verschiedener nicht sein können. Aber gibt es nicht historische Parallelen bei der »Entsorgung der Vergangenheit«? Vergleiche und Gleichsetzung sind nicht dasselbe, und wer beide deutsche Diktaturen vergleicht, muß vor allem eines: differenzieren. Denn bei allen auffallenden Parallelen, die zwischen Nationalsozialismus und Kommunismus bestanden – etwa das besessene Festhalten an Feindbildern, das rigorose Vorgehen gegen jede Form von Opposition, dazu der extreme Realitätsverlust der Machthaber –, die historischen Unterschiede zwischen Hitler-Deutschland und SED-Herrschaft, der Situation nach 1945 und der nach 1989 sind tief.

Als das »Tausendjährige Reich« in Schutt und Asche lag, aus dem nationalen Freudentaumel längst ein grausamer Totentanz geworden war, ging ein Regime unter, dessen Wesensmerkmal der von der NS-Führung verordnete Massenmord war. Das läßt sich von der stalinistischen DDR nicht sagen. Zwar wurden allein bis 1968 in der DDR 194 Exekutionen vollstreckt und bis zum Fall der Mauer über 200 Menschen bei versuchter »Republikflucht« getötet. Doch das Ausmaß der Verbrechen war in der DDR bei weitem nicht so groß wie im Dritten Reich. Kein Eroberungskrieg wurde geführt, wenngleich sich der SED-Staat »brüderlich« an der blutigen Niederschlagung des Prager Frühlings beteiligte.

Die Mehrheit der Deutschen hat das Hitler-Deutschland verteidigt, dem Führer begeistert zugejubelt. »Hitler brauchte keine Mauer«, erinnert der Historiker Eberhard Jäckel, »das Volk folgte ihm, wie er befahl.«

Die Ostdeutschen dagegen waren schon 1953 für eine »Wende« auf die Straße gegangen und hatten für eine Selbstbefreiung gekämpft. Sicher: Der SED-Staat hat seine Bürger dreimal so lange wie der Nazi-Staat diszipliniert und gequält. Mit Spähern und Spitzeln überzog die SED ihr Volk wie mit einem Netz. Allein fast 100 000 hauptberufliche und Hunderttausende nebenberufliche Stasi-Mitarbeiter, die laut ihrem Chef Erich Mielke als »Hauptwaffe im Kampf gegen den Feind« eingesetzt wurden, waren rund um die Uhr mit der Bespitzelung der Volksgenossen im Einsatz. Das garantierte die nahezu totale Überwachung der Gesellschaft. Beinahe eine Million Minen, 60 000 Selbstschußanlagen und 1100 Hunde an der Grenze zur Bundesrepublik – als antifaschistischer Schutzwall propagandistisch vernebelt – schotteten das Land nach außen ab. Ein totalitäres Regime, dessen Führer dem Volk mißtrauten. Ein brutaler Staat, der vor keiner Schandtat zurückschreckte. Aber eine Gleichsetzung mit dem Nazi-Regime? »Verglichen mit dem todessüchtigen Hitler«, schrieb der *Spiegel,* »war Erich Honecker eher der kleinbürgerliche Adept einer Weltbeglückungsutopie, deren ursprünglicher Größe er – im Guten wie im Bösen – dank seiner Bürokratenmentalität nicht gerecht werden konnte.« Nein, die Stasi-Verbrecher in der Normannenstraße sind nicht in einem Zuge gleichzusetzen mit den Nazi-Schergen in der Prinz-Albrecht-Straße. Die Gleichsetzung von NS-Regime und DDR-Diktatur ist unangebracht und falsch. Was bleibt, sind zwei belastende Vergangenheiten.

Mit dem Zusammenbruch des SED-Regimes brach ja nicht nur eine vierzigjährige Diktatur zusammen, sondern die Deutschen wurden – diesmal gesamtdeutsch – wieder mit ihrer Vergangenheit konfrontiert. Gerade für viele Ostdeutsche eine schmerzliche Erfahrung, deren Geschichtsbild eines staatlich verordneten Antifaschismus nach dem Motto »bei uns gibt es keine Nazis«, nach dem Zusammenbruch der DDR Risse bekam. Seit der »Wende« drängt nicht nur die aktuelle SED-Vergangenheit nach Bewältigung, hinzu kommt nun auch der ständige Verweis auf die längst als erledigt geglaubte NS-Vergangenheit. Ob Ost, ob West – die Deutschen sind nun mit der Last einer »doppelten Vergangenheit« behaftet, wie Eberhard Jäckel es formulierte.

Wie schon einmal greift man auf ein bewährtes Rezept zurück: den Blick nach vorn. Vergangenheit will man diesmal rechtsstaatlich pragmatisch erledigen, »Normalität herbeizwingen«, wie der *Spiegel* schrieb. Aber: Reicht unser rechtsstaatliches Instrumentarium überhaupt aus, um den SED-Unrechtsstaat aufzuarbeiten, taugen unsere Gesetze dazu, geschehenes Unrecht zu sühnen? Ist dazu überhaupt der politische Wille vorhanden? Oder wiederholt sich einmal mehr der »große Frieden mit den Tätern«, wie Ralph Giordano die kollektive Verdrängungsleistung der Nachkriegsdeutschen angesichts ihrer NS-Vergangenheit charakterisiert hat? Überfällt die Deutschen wieder einmal so etwas wie historische Gedächtnislosigkeit?

Wie schon das Adenauersche Wiederaufbau-Unternehmen nach 1945 wird auch jetzt mit Politik-Slogans wie »Aufschwung Ost« (CDU) und »Deutschland 2000« (SPD) nicht der Blick zurück, sondern nach vorn propagiert. Mit Erfolg. Beim historischen Lastenausgleich ist sich die Mehrzahl der Deutschen einig: Die beste Vergangenheitsbewältigung ist der wirtschaftliche Aufstieg. Das macht satt und läßt viele vergessen.

Und was ist mit den Tätern? Auch mit den SED- und Stasi-Tätern in Robe? Gnadenlose ehemalige Richter und Staatsanwälte haben die Seite gewechselt und sich »über Nacht« als Rechtsanwälte niedergelassen. Beispiel: Im Juni 1989 wurden in Ostberlin ganze 60 Anwälte gezählt, nach der Wende waren es plötzlich 795 Rechtsvertreter. Buchstäblich in letzter Minute, unmittelbar vor der Vereinigung am 2. Oktober 1990, hatten sich viele belastete Strafrichter und Staatsanwälte mit Blick auf Artikel 19 des Vereinigungsvertrags noch rasch als Anwälte registrieren lassen. Jene Klausel schrieb die Wirksamkeit aller DDR-Verwaltungsakte und damit die Anerkennung der zugelassenen Advokaten fest. In fraglicher Nacht wurde also nicht nur mit Sekt und Böllern gefeiert – bis Mitternacht, als die Teilung formal ein Ende fand, ratterten die Urkundenmaschinen in der Ostberliner Registrierstelle zum Zwecke der Weißwaschung von Justiztätern. Viele, die in der DDR einst den Ton angaben, sind so ungeschoren davongekommen, und sie werden es bleiben. Sie vermarkten ihre vermurksten Karrieren oder »sitzen, ungerührt von ihrem kompletten Glaubwürdigkeitsverlust, noch immer da, wo sie schon aus Selbstachtung längst gegangen sein sollten«, wie die *Süddeutsche Zeitung* konstatierte.

Nichts Neues: Daß belastete Richter als Rechtsanwälte ihre Justizkarrieren problemlos fortsetzten, demonstrierten deutsche Juristen schon einmal. So geriet beispielsweise der in Frankfurt am Main zugelassene Rechtsanwalt und Auschwitz-Verteidiger Hermann Stolting II wegen seiner NS-Vergangenheit beruflich keineswegs in Bedrängnis. Ohne Verlust seiner Anwaltslizenz überstand er 1964 die Äußerung: »Das Todesurteil, das ich gegen einen Polen wegen bewaffneten Landfriedensbruchs und Plünderung beantragte, würde ich heute wieder beantragen.« Und auch eine fünfmonatige Straflagerhaft, die Stolting II als NS-Ankläger für eine Haustochter gefordert hatte, weil sie mit dem Verschenken von Bonbons an einen englischen Kriegsgefangenen »das deutsche Volksempfinden gröblich verletzte«, brachte ihm später keinerlei Nachteile. NS-Juristen wurde der Zugang zum Anwaltsberuf nicht versagt, für viele war es die rettende Insel – auch für viele VGH-Juristen, wie die Auflistung ihrer Nachkriegskarrieren im Anhang dieses Buches zeigt.

Damals wie heute: Keiner will mehr Täter gewesen sein, allenfalls unschuldig »Betrogener«. Der manische Waschzwang der belasteten ostdeutschen Juristen ist der westdeutschen

Justiz nicht fremd, vor allem den Älteren der Zunft. »Wir waren sauber, wir sind sauber, wir werden sauber sein«, lautet heute das Motto der ehemaligen DDR-Juristen, und die Last aller Vorwürfe versuchen sie auf den wenigen abzuladen, die politische Strafsachen verhandelt haben. Schuldbewußtsein wandelt sich so rasch zu Selbstbewußtsein. Die Kostgänger der Tyrannei steigen wieder aus der Asche ihrer Opfer auf und entdecken begeistert, daß man nun, im Schutze der bürgerlichen Freiheit, neuerlich Karriere machen kann. Alles wie gehabt?

Es fehlt auch diesmal nicht an Verlautbarungen, Bekundungen und Absichtserklärungen von Politikern und Parteien. Doch darauf allein sollten wir uns nicht verlassen. Die Bewältigung der Gegenwart und die Gewinnung der Zukunft gelingt nur, wenn sich der einzelne »seiner« Vergangenheit stellt und Konsequenzen aus seiner individuellen Mitschuld zieht. Sicher: Es soll öffentlich nachgefragt und nachgefaßt werden: »Wie hat es so kommen können, daß Menschen, die einen mehr, die anderen weniger, manche glücklicherweise gar nicht, mitgemacht, sich eingepaßt haben oder einpassen haben lassen?«

Und: Was wird aus den Menschenschindern und Schreibtischtätern, den Spitzeln und Berufslügnern?

Deutschland – einig Vaterland? Es fragen nicht mehr viele Ostdeutsche, nach dem Motto: »Es ist auch ein Teil unserer Vergangenheit, und dafür lassen wir uns nicht schuldig sprechen.« Die Täter von einst sind den Menschen von heute näher als jene, die sich dem SED-Regime konsequent verweigerten. Der Oppositionelle löst Schuldgefühle aus, weil er in seiner Person deutlich macht, daß man auch in diesem System anders leben konnte.

Wenn der brandenburgische Ministerpräsident, Manfred Stolpe, jahrelang als »IM Sekretär« Stasi-Zuträger, immer wieder betont, er sei kein Held gewesen, habe aber wie alle anderen DDR-Bürger versucht, anständig zu überleben, dann trifft er damit die Seele der Ostdeutschen. Deshalb halten sie an ihm fest, deshalb ist er populär. Stolpe hat einen hohen Symbolwert für die Menschen. So ist es möglich, daß neue Symbole die alte Tyrannei vergessen machen. Kaum einer erinnert sich mehr gern. Kein Blick zurück.

Statt dessen entsteht vor allem in den fünf neuen Bundesländern ein Vakuum, eine Melange aus Wut und Haß auf alles, was als die Ursachen »des großen Betrugs« ausgemacht wird: 40 Jahre DDR-Diktatur und die Folgen der verunglückten Vereinigungspolitik. Da bleibt vielen scheinbar nur der schnelle Trost unter dem Dach von Rechtsradikalen. Sie bieten mit dem Slogan »Ich bin stolz, ein Deutscher zu sein« Genugtuung und Kompensation. Das bloße Deutschsein wird zum letzten verbindenden Element, die Abgrenzung zu allem Fremden das letzte gemeinsame Ziel. Da wächst die Sehnsucht nach einem, der Orientierung schafft. Nach einem starken Mann! Freilich, nicht allein im Osten.

Bei einer Umfrage, die der *Spiegel* im Januar 1992 durchführte, waren immerhin 42 Prozent der Deutschen der Ansicht, das NS-Regime habe »gute und schlechte Seiten« gehabt. Weitere 2 Prozent – immerhin 1,2 Millionen Deutsche – blicken sogar auf »mehr gute Seiten« zurück. Diese Einschätzung ist generationsübergreifend: 58 Prozent der ältesten und 34 Prozent der jüngsten Befragten konnten dem Nazi-Regime »mehr gute Seiten« abgewinnen.

»Unter denen, die einen Schlußstrich unter die Vergangenheit verlangen, ist der Anteil der Hitler-Halbzeit-Verehrer und der Teil-Bewunderer des NS-Regimes deutlich größer als unter den Gegnern eines Schweigens über Deutschlands dunkelste Zeit. Da wird mehr verdrängt als bewältigt«, resümierte der *Spiegel.* Vermischen sich nun die »ewig Gestrigen« mit den »dauerhaft Morgigen«? Deutschland, einig Naziland?

Die Demokratie ist wieder einmal in Gefahr. Die Signale sind unübersehbar. Intoleranz, Fremdenhaß und Gewalt, Brandanschläge auf Asylantenheime, Hetzparolen wie »Ausländer raus!« – der »häßliche Deutsche« zeigt sich wieder der Welt.

Die Demokratie wird durch pubertierende Brandstifter und applaudierende Biedermänner herausgefordert, aber Schaden nimmt sie vor allem durch Rechtfertigungen, Relativierungen und Verharmlosungen von Politikern und Parteien. Das schafft ein bedenkliches Vakuum – den Nährboden für rechte Populisten. Rechte Wahlparteien wie die »Republikaner« oder die

»Deutsche Volksunion« propagieren eine »bürgernahe Politik« und greifen die Konfliktthemen lautstark auf: Ob Einwanderer, Wohnungsnot, Arbeitsplätze oder Kriminalität, überall dort, wo die etablierten Parteien drastisch an Glaubwürdigkeit verloren haben, weil sie mehr an Machterhalt als an gesellschaftlichen Konfliktlösungen interessiert sind, artikulieren die Rechtsextremisten Volkes Stimme – und werden gewählt. Darauf verstanden sich schon die Nationalsozialisten. Auch sie beuteten Defizite der Politik und der Weimarer Republik aus und dienten sich mit populistischen Forderungen im pseudodemokratischen Gewand dem Wahlvolk an. Zwei Jahre nach der Wiedervereinigung paßt das neue Deutschland wieder in das alte Klischee: großmächtig und großmäulig.

Wiederholt sich deutsche Geschichte? Allein im Jahr 1992 registrierte die Polizei mehr als 2000 Gewalttaten gegen Ausländer, davon 500 Brand- und Sprengstoffanschläge. Die erschütternde Bilanz: 18 Tote, mehr als 800 Verletzte. Und die beinahe schon alltägliche Gewalt gegen alles was fremd ist, hält an. Diese mörderischen Brandanschläge zerreißen endgültig den Nebel aus Beschwichtigungen und Verharmlosung, hinter dem Justizverantwortliche, Polizeisprecher und Politiker selbst nach den Exzessen von Hoyerswerda, Rostock oder Mölln die Bedrohung von rechts zu verharmlosen suchten. Als fromme Lüge erweist sich die ständige Beteuerung der Politiker, die überwiegende Mehrheit der Deutschen sei fremdenfreundlich. Tatsache ist: Rund ein Viertel aller Bundesbürger – in Ost und West – stehen nach einer Meinungsumfrage hinter der Parole »Ausländer raus!« 37 Prozent sind der Meinung, es sei »so weit gekommen, daß sich die Deutschen im eigenen Land gegen die Ausländer wehren müßten«. Was ist los mit den Deutschen? Warum denken sie so, warum zieht sich eine Spur mörderischer Gewalt durch das Land? Warum müssen schon wieder Menschen in diesem Staat um ihr Leben fürchten?

Die Pogrome gegen Ausländer sind nicht die Reichskristallnacht, pubertierende Rechtsradikale nicht der Stoßtrupp einer neuen SA. Und das Gerede vom Faschismus verkleinert eher die Gefahr. Aber wir leben in gefährlichen Zeiten. Deutschland ist von einem Virus befallen und der Rechtsstaat enormen Belastungen ausgesetzt.

Verharmlosungen und Beschwichtigungen sind nicht mehr angebracht, dazu ist die Infektion zu weit fortgeschritten. Wenn sich bei der Umfrage einer Boulevardzeitung 39 Prozent der Leser für den ehemaligen SS-Mann Schönhuber als Bundeskanzler entscheiden, dann ist dies ein deutliches Zeichen dafür, daß das Immunsystem versagt hat.

Haben die Deutschen nichts gelernt seit damals?

Unsere Vergangenheit ist eine Risikolast für die Gegenwart. Immer noch – und mehr denn je.

Lebenslauf Roland Freisler

30. Dezember 1893	geboren in Celle
1903	Gymnasium Aachen
1908	Gymnasium Kassel Studium der Rechte in Jena
4. August 1914	Kriegsfreiwilliger
18. Oktober 1914	Er gerät in russische Kriegsgefangenschaft
1917	Ernennung zu einem der Lagerkommissare
23. Juli 1920	Rückkehr nach Kassel
1921	Abschluß des Jurastudiums Dr. jur. mit »summa cum laude«
2. Oktober 1923	Großes jur. Staatsexamen in Berlin
13. Februar 1924	Niederlassung als Rechtsanwalt in Kassel
1924	Zulassung als Anwalt im Reichsgericht Stadtverordneter in Kassel für den völkisch-sozialen Block Mitglied des Preußischen Landtags

1925	Eintritt in die NSDAP im Februar 1925 unter der Mitgliedsnummer 9679 Zahlreiche Strafprozesse als Verteidiger für Parteigenossen
23. März 1928	Heirat mit Marion Russegger
1932	Mitglied des Reichstags
Februar 1933	Ministerialdirektor im Preußischen Justizministerium
1. Juni 1933	Staatssekretär im Preußischen Justizministerium
1. April 1934	Staatssekretär im Reichsjustizministerium
1. November 1937	Geburt des Sohnes Harald
12. Oktober 1939	Geburt des Sohnes Roland
20. Januar 1942	Teilnehmer der »Wannsee-Konferenz«, wo die »Endlösung der Judenfrage« beschlossen wird
20. August 1942	Präsident des Volksgerichtshofs Vorsitzender Richter des Ersten Senats
3. Februar 1945	Tod bei einem Bombenangriff in Berlin

Anhang

Quellenverzeichnis und Anmerkungen

Bei meiner Arbeit habe ich eine Vielzahl von Archivmaterial, Aufsätzen und Büchern benutzt. Auf Fußnoten und Anmerkungen im Text wurde verzichtet. Die Quellen – jeweils geordnet nach den einzelnen Kapiteln – werden im folgenden genannt. Das mag keine wissenschaftliche Vorgehensweise sein, aber zugunsten der Lesbarkeit und der Lesefreundlichkeit nehme ich solcherlei Vorwürfe gern in Kauf. Ein Verzeichnis der benutzten und zitierten Literatur findet sich im Anhang.

Auf zwei herausragende Arbeiten möchte ich vorab besonders hinweisen:

Das umfangreiche Werk von Walter Wagner, *Der Volksgerichtshof im nationalsozialistischen Staat,* zwei Bände, Deutsche Verlagsanstalt, Stuttgart 1974, sowie die detailreiche Darstellung von Hansjoachim W. Koch, *Volksgerichtshof – Politische Justiz im 3. Reich,* Universitas Verlag, München 1988. Wer sich noch eingehender über Entstehung, Struktur und Rechtsprechung des Volksgerichtshofs sowie dessen politische und historische Hintergründe interessiert, dem seien diese beiden Arbeiten ausdrücklich empfohlen.

Prolog:
Ein Todesurteil – oder:
Die zweite Karriere des Roland Freisler

Das Gespräch mit Frau Margot Diestel fand am 23. Februar 1991 in ihrem Haus in Steinhorst statt. Das zitierte Buch, *Gerettetes Leben – Erinnerung an eine Jugend in Deutschland,* erschien 1988 unter ihrem Mädchennamen Margot von Schade. Das Urteil des Volksgerichtshofs gegen Margot von Schade ist in diesem Buch auf den Seiten 15 ff. ausführlich dokumentiert.

Einen Bericht zum Sühneverfahren Freislers veröffentlichte die *Süddeutsche Zeitung* vom 30. Januar 1958. Dem Autor liegt eine Kopie des Urteils vom 29. Januar 1958 der Spruchkammer Berlin mit dem Aktenzeichen Sprkn 7/56 vor.

Presseberichte zum Rentenfall der Witwe Freislers erschienen u. a. in: *Süddeutsche Zeitung* vom 13. Februar bis 19. Februar 1985; *Der Spiegel* vom 18. Februar 1985 sowie in der *Frankfurter Rundschau* vom 13. und 18. Februar 1985.

1. Kapitel
Der Festakt

Die Rede von Justizminister Gürtner sowie der Kommentar von Freiherr du Prel, veröffentlicht im NS-Organ *Völkischer Beobachter* vom 15./16. Juli 1934, sind dokumentiert in Jahntz/Kähne, 1986, S. 49.

Die *Deutsche Allgemeine Zeitung* vom 13. Juli 1934 ist zitiert in Jahntz/Kähne, a.a.O., S. 5.

Das Zitat von Reichsjustizminister Gürtner über die Reaktionen in der ausländischen Presse vgl. Wieland, 1989, S. 14.

Zu Hitlers Reaktion auf das Urteil gegen die Reichstagsbrandstifter vor dem Reichsgericht siehe Picker, 1951, S. 241, zitiert nach Wagner, 1974, S.17.

Der Kommentar des Hauptschriftführers Wilhelm Weiß aus *Völkischer Beobachter* vom 19.11.1935 ist zitiert nach Koch, 1988, S. 87.

Die Schilderung zu Hitlers 45. Geburtstag aus *Düsseldorfer Nachrichten* vom 20. April 1934 vgl. Pollmann, 1991, S.79.

2. Kapitel
Der Rechtsanwalt aus Kassel

Die Vorfälle um die Theateraufführung in Kassel sind nachzulesen in: Tucholsky, 1989, Bd. 4, S. 540. Ebenfalls Koch, a.a.O., S. 62-65.

Freislers Charakterisierung als Staatssekretär basiert auf den Ausführungen von Buschheit, 1968, S. 25.

Das Zitat zum Niedergang der Weimarer Republik vgl. Koch, a.a.O., S.72.

Die Auszüge von Hitlers Rede am 14. Dezember 1930 in München sind zitiert nach Hofer, 1957, S. 28.

Das Schreiben des preußischen Justizministers Kerrl an Freisler vom 31. Mai 1933 und Freislers Brief an den Landgerichtspräsidenten von Kassel vom 19. Juni 1933 sind nach Freislers Personalakte zitiert, die unter der Bestandssignatur R 22 im Bundesarchiv Koblenz lagert. Sie liegt in Kopie dem Autor vor.

Der telefonische Dialog zwischen Freisler und Dr. Kirschstein sowie die Begegnung Freislers mit Dr. Anz nach den Vorfällen in Kassel basieren auf den Ausführungen von Buschheit, a.a.O., S. 24.

Der Bericht von Karl Linz über seine Rede am 7. April 1933 ist auszugsweise zitiert nach Senfft, 1988, S. 158.

3. Kapitel
Ein Volk, ein Reich, ein Führer – und eine Justiz

Der Richterbund-Vorsitzende Karl Linz ist auszugsweise zitiert nach Müller, a.a.O., S. 44.

Die Erklärung des Deutschen Richterbundes vom 19. März 1933 erschien in *Deutsche Richterzeitung*, 1933, S. 122 f. Auszugsweise zitiert nach dem Ausstellungskatalog *Im Namen des Volkes*, hrsg. von Bundesminister der Justiz, 1989, S. 90.

Daraus ebenfalls zitiert: die Erklärung des Preußischen Richtervereins vom 20. März 1933, die Entschließung der Mitglieder des Reichsgerichts vom 23. März 1933 sowie Auszüge aus Hitlers Regierungserklärung vom 23. März 1933.

Zur Richterschaft in der Weimarer Republik vgl. vor allem Heinrich Hannover/Elisabeth Hannover-Drück, *Politische Justiz von 1918 bis 1933*, 1966.

Ebenfalls die Ausführungen bei Angermund, *Deutsche Richterschaft*, 1990, S. 19 ff. sowie bei Heinrich Senfft, *Richter und andere Bürger*, 1988, S. 121 ff.

Die Ergebenheitsworte des Richterbund-Vorsitzenden Linz sind ausführlich nachzulesen in *Deutsche Richterzeitung*, 1933, S. 155 f. Hier auszugsweise zitiert nach Müller, a.a.O. S. 45.

Der Bericht über Linz' Audienz bei Hitler vgl. *Deutsche Richterzeitung*, 1933, S. 155 f.

Franks Schwurformel am Ende seiner Rede in Leipzig ist zitiert nach: Hans Wrobel, *Der Deutsche Richterbund im Jahre 1933*, in: Redaktion Kritische Justiz (Hrsg.), Der Unrechts-Staat II, 1984, S. 93.

Die Zahlen über die BNSDJ-Mitgliedschaft sind zitiert nach Angermund, a.a.O., S. 57.

Die Rede Hermann Görings ist auszugsweise dokumentiert in *Im Namen des Volkes*, a.a.O., S. 110.

Die Zitate von Carl Schmitt sind auszugsweise übernommen aus Müller, a.a.O., S. 20. Die längere Passage ist zitiert nach Walther Hofer, 1965, S. 102 und S. 105.

Die Ausführungen von Otto Koellreutter sowie der Text des Breslauer Fakultätsassistenten sind auszugsweise zitiert nach Hillermeier, a.a.O., S. 26–28 sowie S. 110.

Zur Rechtsstaat-Diskussion sowie der Rolle der Rechtswissenschaft vgl. die Ausführungen in Müller, a.a.O., S. 79 f. Zu den Säuberungen der Anwaltschaft ebenda S. 67.

4. Kapitel
Der Staatssekretär und Publizist

Die Denkschrift des Preußischen Justizministeriums erschien 1933 in Berlin unter dem Titel *Nationalsozialistisches Strafrecht*.

Das Zitat des Hamburger Oberlandesgerichtspräsidenten Rothenberger findet sich bei Buschheit, a.a.O., S. 99.

Freislers Aufsatz zum Thema *Nationalsozialismus und aufbauende Kritik* erschien in der Zeitschrift *Deutsche Justiz*, Februar 1934, S. 223 ff.

Gaulands Kritik ist auszugsweise zitiert nach Buschheit, a.a.O., S. 81 f.

Freislers Entgegnung erschien im April-Heft 1934 der Zeitschrift *Deutsche Justiz*, S. 471 ff.

Freislers Beitrag zum Volksgerichtshof erschien in der Zeitschrift der *Akademie für Deutsches Recht*, März 1935, S. 90, zitiert nach Buschheit, a.a.O., S. 33.

Freislers Ausführungen zum Röhm-Putsch erschienen im Juli-Heft der Zeitschrift *Deutsche Justiz* unter dem Titel *Des Führers Tat und unsere Pflicht*, Ausgabe B, Nr. 27, S. 850.

Zu den Vorgängen der gerichtlichen Auseinandersetzungen um die sog. Röhmschrift in Kassel vgl. die Schilderungen bei Buschheit, a.a.O., S. 44 f.

Ein umfangreiches Verzeichnis der Veröffentlichungen Freislers findet sich im Anhang bei Buschheit, a.a.O., S. 286 ff.

Freislers Ausführungen über *Die Aufgaben der Reichsjustiz, entwickelt aus der biologischen Rechtsauffassung* erschienen in der Zeitschrift *Deutsche Justiz*, 1935, S. 468 ff.

Seine Ausführungen zur Rassenhygiene u. a. in seinen Aufsätzen *Schutz von Rasse und Erbgut im werdenden deutschen Strafrecht* in der Zeitschrift der *Akademie des Deutschen Rechts*, 1936, S. 142 ff. sowie in *Zur Reichstagung der deutschen Ärzte des öffentlichen Gesundheitsdienstes* in der Zeitschrift *Deutsche Justiz*, 1939, S. 946 ff.

Freislers Rechtsstaat-Definition vgl. seinen Aufsatz *Der Rechtsstaat* in: *Deutsche Justiz*, 1937, S. 151 ff.

Seine Ausführungen zur Einheit von Führer und Gefolgschaft sind nachzulesen in der *Deutschen Juristenzeitung*, 1934, S. 167 ff. unter dem Titel *Rechtspflege und Verwaltung, Justizverwaltung und Richtertum*.

Die *Deutschen Verwaltungsblätter* von 1937 sind zitiert nach der Ausstellungsdokumentation *Im Namen des Volkes*, a.a.O., S. 108. Freislers Visionen über ein »germanisches Gerichtsverfahren« sind nachzulesen in seinem Aufsatz *Einiges vom werdenden deutschen Blutbanngericht* in *Deutsche Juristenzeitung*, 1935, S. 585 ff. Sein Aufsatz *Aktive Rechtspflege!* erschien in *Deutsche Justiz*, 1934, S. 625 ff. Freislers Ausführungen zur Juristenausbildung finden sich in dem Aufsatz *Deutsche Rechtswahrerausbildung*, in *Deutsche Justiz*, 1941, S. 833 ff. sowie unter dem Titel *Eignung zum Beruf des deutschen Rechtswahrers*, in *Deutsche*

Justiz, 1941, S. 645 ff. Der Beitrag *Deutscher Osten* erschien in *Deutsche Justiz*, 1941, S. 737. Seine Ausführungen über die neuen Rundfunkmaßnahmen sind nachzulesen in *Zur Verordnung über außerordentliche Rundfunkmaßnahmen*, ebenfalls erschienen in *Deutsche Justiz*, 1940, S. 105 ff.

Freislers Zitat zur Einheit von Partei und Staat in der Personalpolitik der Justiz vgl. Buschheit, a.a.O., S. 75. Die Leitgedanken Freislers finden sich in seinem Aufsatz *Richter, Recht und Gesetz*, in *Deutsche Justiz*, 1934, S. 134 f.

5. Kapitel
Gegen Verräter und Volksschädlinge

Thieracks Brief an Freisler vom 9. September 1942 ist auszugsweise zitiert nach Dokumenten des Bundesarchivs in Koblenz, Archiv-Nr. E 43 II/1518.

Thieracks Richterbeurteilung findet sich bei Hillermeier, a.a.O., S. 34.

Zur rechtlichen, räumlichen und personellen Entwicklung vgl. Wagner, a.a.O., S. 59 ff. Die Ausführungen basieren auf den bei Wagner detailliert nachzulesenden Fakten.

Die Auflistung der Gesetze, Vergehen und Bestrafungen basiert auf Koch, a.a.O., S. 219 ff. Ebenfalls Franks Äußerungen, die auszugsweise zitiert wurden. Ebenda, S. 198 ff.

Die Tagebucheintragungen von Frank sind entnommen aus: W. Präg/W. Jacobmeyer, *Das Diensttagebuch des deutschen Generalgouverneurs in Polen 1939-1945*, 1975, S. 446 ff.

Der Vortrag des SS-Gruppenführers Ohlendorf ist auszugsweise zitiert nach Koch, a.a.O., S. 206, ebenfalls Hitlers Äußerungen, ebenda, S. 188.

Die Reichstagsrede Hitlers vom 26. April 1942 ist passagenweise abgedruckt in der Dokumentation von Ilse Staff, *Justiz im Dritten Reich*, 1978, S. 95 ff. Ebenfalls der zitierte Richterbrief Nr. 1, S. 67.

Goebbels' Rede vor dem Volksgerichtshof ist wiedergegeben nach dem Dokument NG-417 des Archivs für Zeitgeschichte, München.

Hitlers Erlaß für besondere Vollmachten des Reichsministers der Justiz ist zitiert nach Koch, a.a.O., S. 196.

6. Kapitel
Der politische Soldat

Freislers Brief an Hitler vom 15. Oktober 1942 ist archiviert unter NG-176 im Archiv für Zeitgeschichte in München.

Thieracks Brief ist auszugsweise zitiert nach Koch, a.a.O., S. 215, ebenfalls Freislers Brief an Thierack vom 9. September 1942, ebenda, S. 217 (§ 5 KSSVO), vgl. Jahntz/Kähne, a.a.O., S. 119 ff.

Die Geschichte der studentischen Widerstandsgruppe »Weiße Rose« sowie die Verhaftung von Hans und Sophie Scholl ist ausführlich nachzulesen in: Ger van Roon, *Widerstand im Dritten Reich*, 1987, S. 47 ff.

Mehr zum Prozeß gegen den Münchener Professor Huber u. a. findet sich in Buschheit, a.a.O., S. 117.

Zum Todesurteil von Elfriede Schultz, der Schwester von Erich Maria Remarque, wegen Wehrkraftzersetzung, vgl. die ausführliche Dokumentation *Mitteilungen der Erich-Maria-Remarque-Gesellschaft*, Heft 4, Osnabrück 1988.

Das Urteil gegen Fritz Gröbe sowie die Briefe von Thierack und Freisler sind auszugsweise zitiert nach Jahntz/Kähne, a.a.O., S. 121 ff.

Freislers Briefe vom 2. Oktober 1943 und 4. Februar 1944 sind auszugsweise zitiert nach Koch, a.a.O., S. 296 ff.

Freislers Ausführungen über die Funktion des Volksgerichtshofes vom 1. Dezember 1944 erschienen in dessen Veröffentlichung *Der deutsche Volksgerichtshof* in *Rednerdienst der Reichsgemeinschaft Partei- und Wehrmachtschulung*, Nr. 24/25, hier zitiert nach Hillermeier, a.a.O., S. 37 ff.

Das sogenannte Mordregister des Bundesarchivs in Koblenz ist das Register (Anklageschriften und Urteile) aller in den NS-Gefängnissen vollzogenen Todesurteile, auch des Volksgerichtshofs. Den Kern des Bestandes bilden die Akten aus dem Document Center Berlin, dort verblieben weitere Akten aus rund 15 000 Verfahren und 2000 Urteilen. Weitere Aktenbände fanden sich in den Unterlagen aus dem sogenannten Juristenprozeß vor dem amerikanischen Militärgerichtshof in Nürnberg. Dem Bestand zugewiesen wurden auch Urteile und Anklageschriften, die im Zusammenhang mit Vorwürfen gegen noch amtierende Richter von der ehemaligen DDR dem Bundesjustizministerium zugewiesen wurden und sich im ehemaligen Zentralen Staatsarchiv Potsdam befinden.

Außerdem umfaßt das Mordregister des Bundesarchivs Kopien aus dem Institut für Zeitgeschichte in München, der Wiener Library in London, dem Dokumentationsarchiv des österreichischen Widerstandes in Wien, Akten der Staatspolizeileitstelle Düsseldorf im Hauptstaatsarchiv Düsseldorf. Geplant ist, alle Bundesarchiv-Bestände der Reichsakten zukünftig in Potsdam zu archivieren.

7. Kapitel
Im Namen des Volkes

Die zitierten und dokumentierten Todesurteile des Volksgerichtshofs sind folgenden Quellen/Archiven entnommen:

Urteil Emma Höltershoff – Archiv des Studienkreises zur Erforschung und Vermittlung des deutschen Widerstandes von 1933-1945 e.V., Frankfurt am Main, (AdS), AN/3426

Urteil Johanna Schmidt – ebenda, AN/971
Urteil Dietrich Tembergen – Bundesarchiv Koblenz, R 60 II/69
Urteil Bernhard Firsching – Bundesarchiv Koblenz, R 60 II/77-1
Urteil Ehrengard Frank-Schultz, Bundesarchiv Koblenz, R 60 II/74
Urteil Wilhelm Alich – Jahntz/Kähne, a.a.O., S. 56
Urteil Georg Jurkowski – ebenda, S. 77
Urteil Max Josef Weber – ebenda, S. 60
Freislers Äußerungen im Prozeß gegen Metzger sind zitiert nach Hillermeier, a.a.O., S. 66.
Die Kostenrechnung in der Strafsache Max Josef Metzger findet sich im AdS, AN/351.
Zur Verurteilung von Fritz Bahner vgl. Jahntz/Kähne, a.a.O., S. 70.
Urteil Walter Arndt – ebenda, S. 83
Urteil Josef Müller – ebenda, S. 87

8. Kapitel
Der 20. Juli

Zum Widerstand des 20. Juli 1944 – über Umfang, Organisation, Entwicklung, Motive sowie das Attentat und die folgenden Volksgerichtshofprozesse – ist mittlerweile eine Vielzahl von Veröffentlichungen erschienen. Vgl. hierzu das Literaturverzeichnis im Anhang.

Die Schilderung des Bombenanschlags in der »Wolfsschanze« basiert auf den Erinnerungen von Otto John, *Falsch und zu spät – Der 20. Juli 1944*, 1984, S. 11 ff.

Die Chronik des 20. Juli 1944 ist zitiert nach dem Dokumentationsband *Chronik 1944*, 1988, S. 116 f.

Hitlers Rundfunkrede vom 21. Juli 1944 ist zitiert nach Hillermeier, a.a.O., S. 95.

Die SD-Berichte über »stimmungsmäßige Auswirkungen des Anschlags auf den Führer« finden sich in der zweibändigen Dokumentation *Opposition gegen Hitler und der Staatsstreich vom 20. Juli 1944*, Band 1, herausgegeben von Hans-Adolf Jacobsen, 1989. Beide Bände, eingeleitet vom Herausgeber, dokumentieren die geheimen Berichte des ehemaligen Reichssicherheitshauptamtes. Die nach dessen Chef genannten »Kaltenbrunner-Berichte« gingen als »Geheime Reichssache« an Hitler und Bormann und berichteten umfassend über das Attentat vom 20. Juli. Hitler, der noch immer annahm, daß hinter dem Attentat nur eine kleine verräterische Clique stand, wurde von seinem Geheimdienstchef auf der Grundlage der Verhöre der Gestapo auf diese Weise ein umfassendes Bild der deutschen Opposition, ihrer Motive sowie der Stimmungslage im deutschen Volk vermittelt. Die Berichte geben einen Einblick in die Denkstrukturen der NS-Führung und dokumentieren gleichermaßen das umfassende Überwachungs- und Spitzelsystem des NS-Staates.

Hitlers Ankündigung, die 20.-Juli-Verschwörer »ohne jedes Erbarmen« zu liquidieren, ist zitiert nach Hillermeier, a.a.O., S. 96.

Hitlers Vergleich Freislers mit Stalins Generalstaatsanwalt und Hauptankläger der Moskauer Schauprozesse, A. J. Wyschinski, ist zitiert nach Scheid, W., Gespräche mit Hitler in *Echo der Woche* vom 9. September 1949, hier auszugsweise zitiert nach Buschheit, a.a.O., S. 127.

Eine bemerkenswerte Arbeit zu Andrei J. Wyschinskis Leben und Wirken – er löste 1949 Molotow als Außenminister ab und starb 1954 an einem für die Stalin-Ära ungewöhnlichen Tod – einem natürlichen – liegt in deutscher Übersetzung von Arkadi Waksberg vor: *Gnadenlos – Andrei Wyschinski – Der Handlanger Stalins,* 1991.

Die Anklage von Oberreichsanwalt Lautz im ersten 20.-Juli-Prozeß sowie die Äußerungen von Freisler sind zitiert nach Buschheit, a.a.O., S. 141.

Freislers Reaktion auf Witzlebens »Deutschen Gruß« ist zitiert nach Koch, a.a.O., S. 336.

Das umfangreiche Stenogramm über die Verhandlungen vom 7. und 8. August 1944 vor dem Volksgerichtshof wurde im Auftrag des Volksgerichtshofs von Reichstagsstenographen erstellt. Erstmals wurde es nach dem Krieg in dem Buch *Der 20. Juli* von Eugen Badde und Peter Lützsches 1951 veröffentlicht.

Zum Filmmaterial über den 20.-Juli-Prozeß vgl. *Hamburger Abendblatt* vom 20. Juli 1978, *Die Zeit* vom 21. Juli 1978 sowie *Süddeutsche Zeitung* vom 21. Juli 1979. Ein Dokumentarfilm mit dem Titel *Geheime Reichssache* wurde erstmals im Februar 1979 am Rande der 29. Internationalen Berliner Filmfestspiele gezeigt und vom ZDF am 20. Juli desselben Jahres ausgestrahlt. Filmmaterial über die 20.-Juli-Prozesse befindet sich auch im Bundesarchiv Koblenz.

Das Zitat des Kameramannes Erich Stoll vgl. Buschheit, a.a.O., S. 270.

Kaltenbrunner ist auszugsweise zitiert nach SD-Berichten zu 20.-Juli-Prozessen Nr. 57536/44. Vgl. die SD-Berichte, Jacobsen, 1989, a.a.O., Band 1 und Band 2.

In Freislers Urteil gegen Carl Goerdeler, Wilhelm Leuschner, Josef Wirmer, Ulrich von Hassell und Paul Lejeune-Jung heißt es u. a.: »So haben also alle fünf wie die schon gerichteten Verräter der Offiziersverschwörung so wie niemand je in unserer Geschichte das Opfer unserer gefallenen Krieger, Volk, Führer und Reich verraten... Dieser vollendete Verrat macht sie zu Aussätzigen unseres Volkes... Auf diesen Verrat kann es nur die Todesstrafe geben...«, vgl. Archiv des Studienkreises zur Erforschung und Vermittlung der Geschichte des deutschen Widerstands 1933–1945 e.V., Frankfurt a.M. AN 306.

Die Erlebnisse der Zuhörerin beziehen sich auf die Verhandlung gegen Elisabeth von Thadden und andere am 1. Juli 1944. Erschienen in Irmgard von der Lühe, *Elisabeth von Thadden – Ein Schicksal unserer Zeit,* 1966, hier zitiert nach Wagner, a.a.O., S. 837.

Der Dialog zwischen dem zum Tode verurteilten Josef Wirmer und Freisler im Prozeß am 8. September 1944 ist auf Film festgehalten. Das Filmmaterial befindet sich im Bundesarchiv Koblenz. Hier zitiert nach einem Filmbericht im *Hamburger Abendblatt* vom 20. Juli 1978.

9. Kapitel
Das Ende

Goebbels' Leitartikel in der Wochenzeitung *Das Reich* vom 10. Dezember 1944 ist zitiert nach Hans-Jürgen Eitners hervorragender Arbeit *Hitlers Deutsche,* 1991, S. 498 f., ebenfalls die Ausführungen Reinekkers, ebenda, S. 498.

Thieracks Brief an Freisler vom 18. Oktober 1944 vgl. Wagner, a.a.O., S. 885 f.

Freislers Ausführungen in einem Brief vom 26. Oktober 1944 sind zitiert nach Koch, a.a.O., S. 500 ff.

Das Clausewitz-Bekenntnis des Schauspielers George zum Jahreswechsel am 31. Dezember 1944 ist zitiert nach Eitner, a.a.O., S. 501, ebenfalls Hitlers Neujahrsansprache und Himmlers Aufruf.

Über die verschiedenen Versionen zu Freislers Tod vgl. Buschheit, a.a.O., S. 274 f. sowie *Der Spiegel,* Nr. 39 vom 23. 9. 1968, S. 52.

Thieracks Beileidsbrief an Freislers Witwe vom 5. Februar 1945 sowie die Pressenotiz des Reichsjustizministeriums zum Tode Freislers sind archiviert im Bundesarchiv Koblenz, Bestandsnummer R 22. Dem Autor liegen die Kopien vor.

Goebbels' Tagebucheintragung vgl. seine *Tagebücher 1945, Die letzten Eintragungen,* Hamburg 1977, S. 115.

Goebbels' Rundfunkrede zu Hitlers 56. Geburtstag am 20. April 1945 ist zitiert nach *Der Spiegel,* Nr. 29 vom 13. Juli 1992, S. 109.

Das Urteil des Nürnberger Militärgerichtshofs über Freisler ist zitiert nach Wagner, a.a.O., S. 843.

10. Kapitel
Keine Stunde Null

Zur Entnazifizierung vgl. Wolfgang Benz, *Zwischen Hitler und Adenauer,* Frankfurt am Main 1991, S. 109 ff. Ebenfalls die kenntnisreiche Arbeit von Jörg Friedrich, *Die kalte Amnestie,* Frankfurt am Main 1988, insbesondere S. 132 f. sowie S. 357 f.

Die Ausführungen über den Nürnberger Juristenprozeß basieren auf Müller, a.a.O., S. 270 ff. sowie Diestelkamp, a.a.O., S. 131 ff. Die Zitate der Anklagevertreter vgl. Müller, S. 272 und 273.

Zu den sogenannten Waldheim-Prozessen vgl. den Aufsatz von Falco Werketin, *Scheinjustiz in der DDR – Aus den Regieheften der »Waldheimer Prozesse«,* in: *Kritische Justiz,* Heft 3, 1991, S. 330 ff. sowie *Der Spiegel,* Heft 37, 1992, S. 93 ff.

Die Einflußnahme der DDR-Justiz durch Partei und Staatssicherheit rekonstruiert der Journalist Günther Klein in seiner Filmdokumentation *Der, wer kämpft für das Recht, der hat immer recht.* Erstsendung im ZDF am 25. November 1992.

Eberhard Schmidts Rede auf dem Juristentag 1947 ist zitiert nach Senfft, a.a.O., S. 172. Die Äußerungen von Dehler und Petersen zur Einweihung des Bundesgerichtshofs, ebenda, S. 173, ebenfalls Adenauers Zitat, ebenda, S. 174.

Die exemplarischen Karrieren von Vialon, Baldus, Schafheutle, Kanter u. a. beschreibt beispielsweise Bernt Engelmann in seinem *Deutschland-Report*, Göttingen 1991. Die Kontinuität deutscher Täterkarrieren steht auch im Mittelpunkt meines Buches *Gnadenlos deutsch*, Göttingen, 1992.

Die Zahlen und Zitate im Zusammenhang mit den Ermittlungen gegen den früheren VGH-Beisitzer Hans-Joachim Rehse basieren auf Müller, a.a.O., S. 281 ff. sowie den Ausführungen von Gerhard Meyer, *Für immer ehrlos*, in Hillermeier, a.a.O., S. 115 f. Eine detaillierte Dokumentation über die Ermittlungen gegen die VGH-Juristen findet sich bei Jahntz/Kähne, a.a.O. sowie den Aufsätzen von Gerd Denzel, Die Ermittlungsverfahren gegen Richter und Staatsanwälte am Volksgerichtshof seit 1979, in *Kritische Justiz*, Heft 1/1991, S. 31 ff. und – insbesondere, was die Rolle des Bundesgerichtshofs betrifft – Günther Frankenberg/Franz J. Müller, *Juristische Vergangenheitsbewältigung – Der Volksgerichtshof vorm BGH*, in Redaktion Kritische Justiz (Hrsg.), *Der Unrechts-Staat II*, a.a.O., S. 225 ff.

Zur Straffreiheit der VGH-Juristen vgl. auch Walter Boehlich, *Ein Ende ohne Schrecken*, in *Konkret*, Heft 12/1968, dem auch das Zitat von Justizsenator Rupert Scholz entnommen ist, sowie *Frankfurter Allgemeine Zeitung* vom 23. Oktober 1985 und *Der Spiegel* vom 27. Oktober 1986, in dem sich auch das Zitat von Rolf Lamprecht findet.

Die Beschlußempfehlung des Rechtsausschusses des Deutschen Bundestags zum Thema Nichtigkeit der Entscheidungen der als »Volksgerichtshof« und »Sondergerichte« bezeichneten Werkzeuge des nationalsozialistischen Unrechtsregimes ist in der Drucksache 10/2368 des Deutschen Bundestags, 10. Wahlperiode, veröffentlicht.

Vgl. dazu auch die Große Anfrage des Bundestagsabgeordneten Hans-Christian Ströbele von der Fraktion Die Grünen, die unter dem Titel *Nicht einmal die Zahl der gefällten Todesurteile ist bekannt* am 3. und 4. April in der *Frankfurter Rundschau* dokumentiert wurde.

Die Zahlen der Todesurteile der Zivilgerichtsbarkeit und der Militärgerichte finden sich bei Gerhard Fieberg, *Justiz im nationalsozialistischen Deutschland*, Köln 1984, S. 54. Der Privatforscher Fritz Wüllner hat in einer faktenreichen Untersuchung die manipulierten Zahlen und geschichtsklitternden Argumente der NS-Militärhistorie eindrucksvoll widerlegt.

In seiner Arbeit *Die NS-Militärjustiz und das Elend der Geschichts-*

schreibung, Baden-Baden 1991, korrigiert Wüllner auch die Zahl der Todesurteile (mehr als 30 000 statt »der magischen Zahl« 10 000) anhand zahlreicher Dokumente.
Das Zitat von Ingo Müller vgl. a.a.O., S. 295 f.

Epilog
Die zweite Last mit der Vergangenheit

Gerhard Mauz ist zitiert nach seinem lesenswerten Buch *Die Justiz vor Gericht - Macht und Ohnmacht der Richter,* München 1990, S. 19.
Das Zitat von Klaus Kinkel vgl. *Frankfurter Rundschau* vom 15. April 1991.
Zu Klaus Dietmar Henke und Hans Woller vgl. *Schaben an einem Gebirge der Schuld,* in *Süddeutsche Zeitung* vom 7./8. Dezember 1991.
Eberhard Jäckels lesenswerter Essay *Die doppelte Vergangenheit* erschien in *Der Spiegel,* Heft 52, 1991.
Zur Vergangenheitsbewältigung, fragwürdigen Vergleichen und notwendigen Differenzierungen vgl. die Beiträge: Karl-Heinz Janßen, *Von deutscher Schuld,* in *Die Zeit* vom 16. November 1990; Jürgen Habermas, *Bemerkungen zu einer verworrenen Diskussion, Die Zeit* vom 3. April 1992, Herbert Obenaus, *Stasi kommt - Nazi geht?, Die Zeit* vom 31. Juli 1992 sowie den Aufsatz von Ingo Müller, *Die DDR - ein »Unrechtsstaat»?, Neue Justiz,* 7/1992, S. 281 ff.
Zur plötzlichen Zunahme der Anwaltschaft durch ehemalige DDR-Richter vgl. den Beitrag von Inge Günther, *Die erstaunliche Vermehrung der freien Rechtspflege,* in *Frankfurter Rundschau* vom 11. August 1992. Die Zitate von Rechtsanwalt Stolting sind daraus entnommen. Zur »Aufarbeitung der Vergangenheit« vgl. auch die Ausführungen von Stephan Flade und Wolf-Dieter Narr in ihrer Broschüre *Die deutschen Vergangenheiten und wir,* Sensbachtal 1992.
Zur Psychologie, Opposition und Staatssicherheit in der DDR vgl. u. a. Jürgen Fuchs, ... *und wann kommt der Hammer?,* Berlin 1990; die Dokumentensammlung von Armin Mitter und Stefan Wolle, *Ich liebe euch doch alle... - Befehle und Lageberichte des MfS,* Berlin 1990 sowie exemplarisch der Report von Ralf Georg Reuth, *IM Sekretär - Die Gauck-Recherche und die Dokumente zum Fall Stolpe,* Frankfurt am Main und Berlin 1992.
Die zitierte *Spiegel*-Umfrage erschien unter dem Titel *Mehr verdrängt als bewältigt,* in *Der Spiegel,* Heft 3 und Heft 4, 1992.
Zu Fremdenhaß und Gewalt gegen Ausländer als Folge jahrelanger Verharmlosung und Verdrängung des Rechtsextremismus vgl. auch *Der Spiegel,* Heft 49 und 50, 1992. Zur Bedrohung der Demokratie und des Rechtsstaats vgl. den von Wilhelm von Sternburg herausgegebenen Sammelband *Für eine zivile Republik,* Frankfurt am Main 1992.

Dokumente

Dokument 1: Auszüge Personalakten Roland Freisler. Beide Dokumente sind im Bundesarchiv Koblenz unter der Bestandsnummer R/22 archiviert.
Dokument 2: Titelblatt *Deutsche Richterzeitung*, Heft 10, vom 25. Oktober 1933
Dokument 3: *Deutsche Justiz* vom 8. September 1939
Dokument 4: Antrittserlaß von Reichsjustizminister Thierack vom 24. August 1942
Dokument 5: Abschrift Ernennungsurkunde Freisler zum VGH-Präsidenten
Dokument 6: Antrittsschreiben Freislers an Hitler. Aus: Jahntz/Kähne, a.a.O., S. 53, 54
Dokument 7: Urteil gegen Dietrich Tembergen, entnommen dem Bundesarchiv Koblenz R 60 II/69
Dokument 8: Todesurteil gegen Max Josef Metzger, entnommen dem AdS, AN/351
Dokument 9: Vollstreckungsmeldung Todesurteil Johanna Schmidt, entnommen dem AdS, AN/971
Dokument 10: Kostenrechnung Todesurteil Gustav Neubauer, ebenfalls AdS, AN/867
Dokument 11: Kostenrechnung Todesurteil Elfriede Scholz, entnommen den Mitteilungen der Erich-Maria-Remarque-Gesellschaft, Osnabrück e.V., Heft 4, 1988, Seite 14
Dokument 12: *Deutsche Justiz* vom 10. Januar 1944
Dokument 13: Todesanzeige Freisler in *Deutsche Justiz* vom 16. Februar 1945, entnommen Hillermeier, a.a.O. (Anhang)
Dokument 14: Dank der Witwe Freisler, Bundesarchiv Koblenz, R/22

Die Dokumente 2 bis 4 sind entnommen: Hillermeier, a.a.O. (Anhang).

Anhang

Die Statistik der Urteile des Volksgerichtshofs im Anhang ist entnommen aus: Jahntz/Kähne, a.a.O., S. 214. Die Zahlen entstammen folgenden Quellen: den Generalakten (1) des Reichsjustizministeriums (2), des Bundesarchivs (3) und eigenen Erhebungen von Jahntz/Kähne. Die Gesamtzahlen ergeben sich aus den Quellen (1) und (2). Wegen des geringen Urteilsbestandes in der Quelle (3) konnte nur ein Teil der Gesamtzahlen aufgeschlüsselt werden. Die Summen der Einzelzahlen entsprechen daher nur teilweise den Gesamtzahlen. Vgl. Jahntz/Kähne, a.a.O., S. 214.

Das Gesetz zur Änderung von Vorschriften des Strafrechts und des Strafverfahrens vom 24. April 1934 ist zitiert nach Reichsgesetzblatt, 1934, S. 341 f.

Das Merkblatt I für Verteidiger, die vor dem Volksgerichtshof in Sachen auftreten, die vertraulich zu behandeln sind, ist zitiert nach Bundesminister der Justiz (Hrsg.), Im Namen des Volkes, a.a.O., S. 156.

Die Auflistung der hauptamtlichen VGH-Richter, der Staatsanwälte sowie der ehrenamtlichen VGH-Richter (Stand 1.8.1944) basiert auf den Angaben von Wiegand, a.a.O., S. 157 ff. sowie Koch, a.a.O. S. 523 ff. Ihre Angaben beziehen sich auf Unterlagen des Document Centers in Berlin. Wo möglich, wird auf die Funktion und Tätigkeit nach 1945 hingewiesen.

Zeitungen und Zeitschriften

Folgende Zeitungen und Zeitschriften wurden zitiert und benutzt:

Das Reich
Der Spiegel
Deutsche Allgemeine Zeitung
Deutsche Juristenzeitung
Deutsche Justiz
Deutsche Richterzeitung
Deutsche Verwaltungsblätter
Die Tageszeitung
Die Zeit
Düsseldorfer Nachrichten
Echo der Woche
Frankfurter Allgemeine Zeitung
Frankfurter Rundschau
Hamburger Abendblatt
Kasseler Post
Kritische Justiz
Schlesische Tagespost
Süddeutsche Zeitung
Völkischer Beobachter
Zeitschrift der Akademie für Deutsches Recht

Abkürzungen

AdS	Archiv des Studienkreises zur Erforschung und Vermittlung des deutschen Widerstandes von 1933–1945 e.V.
BGH	Bundesgerichtshof
BNSDJ	Bund Nationalsozialistischer Deutscher Juristen
BaKo	Bundesarchiv Koblenz
DJ	Deutsche Justiz
DJZ	Deutsche Juristenzeitung
DNVP	Deutschnationale Volkspartei
Gestapo	Geheime Staatspolizei
HJ	Hitlerjugend
KPD	Kommunistische Partei Deutschlands
KSSVO	Kriegssonderstrafrechtsverordnung
KStVO	Kriegsstrafverfahrensordnung
KZ	Konzentrationslager
NSDAP	Nationalsozialistische Deutsche Arbeiterpartei
NSRB	Nationalsozialistischer Rechtswahrerbund
OKH	Oberkommando des Heeres
OKW	Oberkommando der Wehrmacht
RSHA	Reichssicherheitshauptamt
SA	Sturmabteilung der NSDAP
SD	Sicherheitsdienst des Reichsführers-SS
SS	Schutzstaffel der NSDAP
VGH	Volksgerichtshof

Literatur

Angermund, Ralph: *Deutsche Richterschaft 1919-1945*, Frankfurt am Main 1990

Badde, Eugen/Lützsches, Peter: *Der 20. Juli*, Düsseldorf 1951

Benz, Wolfgang: *Zwischen Hitler und Adenauer, Studien zur deutschen Nachkriegsgesellschaft*, Frankfurt am Main 1991

Boberach, Heinz (Hrsg.): *Richterbriefe – Dokumente zur Beeinflussung der deutschen Rechtsprechung 1942-1944*, Boppard a. Rhein 1975

Broszat, Martin/Möller, Horst: *Das Dritte Reich – Herrschaftsstruktur und Geschichte*, München 1983

Bundesminister der Justiz (Hrsg.): *Im Namen des Deutschen Volkes*, Köln 1989

Buschheit, Gert: *Richter in roter Robe*, München 1968

Diestelkamp, Bernhard/Stolleis, Michael: *Justizalltag im Dritten Reich*, Frankfurt am Main 1988

Eitner, Hans-Jürgen: *Hitlers Deutsche – Das Ende eines Tabus*, Gernsbach 1991

Engelmann, Bernt: *Deutschland-Report*, Göttingen 1991

Fieberg, Gerhard: *Justiz im nationalsozialistischen Deutschland*, Köln 1984

Fischer, Fritz: *Hitler war kein Betriebsunfall*, München 1992

Flade, Stephan/Narr, Wolf-Dieter: *Die deutschen Vergangenheiten und wir*, Sensbachtal 1992

Friedrich, Jörg: *Freispruch für die Nazi-Justiz*, Hamburg 1983

Friedrich, Jörg: *Die kalte Amnestie – NS-Täter in der Bundesrepublik*, Frankfurt am Main 1984

Fuchs, Jürgen: *... und wann kommt der Hammer?*, Berlin 1990

Giordano, Ralph: *Die zweite Schuld oder Von der Last ein Deutscher zu sein*, Hamburg 1987

Graml, Hermann (Hrsg.): *Widerstand im Dritten Reich – Probleme, Ereignisse, Gestalten*, Frankfurt am Main 1984

Goebbels, Joseph: *Tagebücher 1945. Die letzten Aufzeichnungen*, Hamburg 1977

Güstrow, Dietrich: *Tödlicher Alltag – Strafverteidiger im Dritten Reich*, Berlin 1981

Habermas, Jürgen: *Vergangenheit als Zukunft*, Zürich 1990

Hannover, Heinrich/Hannover-Drück, Elisabeth: *Politische Justiz 1918-1933*, Hamburg 1977

Harenberg, Bodo (Hrsg.): *Chronik, Tag für Tag in Wort und Bild, 1939 bis 1945*, Dortmund 1988

Hillermeier, Heinz (Hrsg.): *Im Namen des Deutschen Volkes – Todesurteile des Volksgerichtshofs*, Darmstadt und Neuwied 1980

Hofer, Walther: *Der Nationalsozialismus, Dokumente 1933–1945*, Frankfurt am Main 1957

Hoffmann, Peter: *Claus Schenk Graf von Stauffenberg und seine Brüder*, Stuttgart 1992

Jacobsen, Hans-Adolf: *Opposition gegen Hitler und der Staatsstreich vom 20. Juli 1944*, 2 Bde., Stuttgart 1989

Jahntz, Bernd/Kähne, Volker: *Der Volksgerichtshof – Darstellung der Ermittlungen der Staatsanwaltschaft beim Landgericht Berlin gegen ehemalige Richter und Staatsanwälte am Volksgerichtshof*, Berlin 1986

John, Otto: *»Falsch und zu spät« – Der 20. Juli 1944*, München, Berlin 1984

Klönne, Arno: *Rechts-Nachfolge, Risiken des deutschen Wesens nach 1945*, Köln 1990

Koch, Hansjoachim W.: *Volksgerichtshof – Politische Justiz im Dritten Reich*, München 1988

Mauz, Gerhard: *Die Justiz vor Gericht*, München 1990

Mitter, Armin/Wolle, Stefan: *Ich liebe euch doch alle...*, Berlin 1990

Müller, Ingo: *Furchtbare Juristen*, München 1987

Müller, Klaus-Jürgen (Hrsg.): *Der deutsche Widerstand 1933–1945*, Paderborn 1986

Niedhart, Gottfried/Riesenberger, Dieter (Hrsg.): *Deutsche Nachkriegszeiten 1918–1945*, München 1992

Ortner, Helmut: *Der einsame Attentäter – Georg Elser, der Mann der Hitler töten wollte*, Göttingen 1993

Ortner, Helmut: *Gnadenlos deutsch – Aktuelle Reportagen aus dem Dritten Reich*, Göttingen 1994

Pirker, H.: *Hitlers Tischgespräche im Führerhauptquartier 1941–1942*, Bonn 1981

Präg, W./Jacobsen, W.: *Das Diensttagebuch des deutschen Generalgouverneurs in Polen 1939–1945*, Stuttgart 1975

Rätsch, Birgit: *Hinter Gittern, Schriftsteller und Journalisten vor dem Volksgerichtshof 1934–1945*, Bonn und Berlin 1992

Redaktion Kritische Justiz (Hrsg.): *Der Unrechts-Staat – Recht und Justiz im Nationalsozialismus*, 2 Bde., Baden-Baden 1983 und 1984

Reuth, Ralf Georg: *IM Sekretär – Die »Gauck-Recherche« und die Dokumente zum »Fall Stolpe«*, Frankfurt am Main und Berlin 1992

Roon, Gerd van: *Widerstand im Dritten Reich*, München 1987

Rüthers, Bernd: *Entartetes Recht*, München 1988

Saña, Heleno: *Die verklemmte Nation, Zur Seelenlage der Deutschen*, München 1992

Senfft, Heinrich: *Richter und andere Bürger*, Nördlingen 1988

Staff, Ilse (Hrsg.): *Justiz im Dritten Reich*, Frankfurt am Main 1978

Steffahn, Harald: *Die weiße Rose*, Reinbek, 1992

Tucholsky, Kurt: *Gesammelte Werke, Bd. 4, 1925–1926*, Reinbek 1989

Ule, Carl Hermann: *Beiträge zur Rechtswirklichkeit im Dritten Reich*, Berlin 1987
von dem Knesebeck, Rosemarie: *In Sachen Filbinger gegen Hochhuth*, Reinbek 1980
von der Lühe, Irmgard: *Elisabeth von Thadden – Ein Schicksal unserer Zeit*, Düsseldorf-Köln 1966
von Meding, Dorothee: *Mit dem Mut des Herzens – Die Frauen des 20. Juli*, Berlin 1991
von Moltke, Freya: *Die Kreisauerin*, Göttingen 1992
von Schade, Margot: *Gerettetes Leben – Erinnerung an eine Jugend in Deutschland*, München 1988
von Sternburg, Wilhelm (Hrsg.): *Für eine zivilisierte Republik*, Frankfurt am Main 1992
Wagner, Walter: *Die deutsche Justiz und der Nationalsozialismus, Bd. III, Der Volksgerichtshof im nationalsozialistischen Staat*, Stuttgart 1974
Waksberg, Arkadi: *Gnadenlos, Andrei Wyschinski – der Handlanger Stalins*, Bergisch Gladbach 1990
Wassermann, Rudolf: *Auch die Justiz kann aus der Geschichte nicht aussteigen*, Baden-Baden 1990
Wieland, Günther: *Das war der Volksgerichtshof*, Pfaffenweiler 1989
Wüllenweber, Hans: *Sondergerichte im Dritten Reich – Vergessene Verbrechen der Justiz*, Frankfurt am Main 1990
Wüllner, Fritz: *Die NS-Militärjustiz und das Elend der Geschichtsschreibung. Ein grundlegender Forschungsbericht*, Baden-Baden 1991

Urteile des Volksgerichtshofs

Jahr	Ange-klagte	Todes-strafen	Frei-heits-strafen	Frei-sprü-che	Ur-teile	Senate					
						1.	2.	3.	4.	5.	6.
1934	480			19	7	4	8				
1935	632				206	10	7	12	4		
1936	708				285	13	6	10	11		
1937	618	32	422	52	264	52	66	82	64		
1938	614	17	302	54	269	64	82	58	65		
1939	477	36	390	40	291	84	61	83	63		
1940	1094	53	956	80	556	242	106	107	97		
1941	1237	102	1058	70	535	185	148	92	100	10	
1942	2573	1192	1266	107	1033	368	246	126	137	148	8
1943	3355	1662	1477	181	1326	505	177	114	186	140	190
1944	4428	2097	1842	489	2171	744	198	403	291	118	249
1945	126	52	55	16	55	37	6	2	3	2	2
	16342	5243	7768	1089	7010						

Gesetz zur Änderung von Vorschriften des Strafrechts und des Strafverfahrens
Vom 24. April 1934

Artikel III
Volksgerichtshof

§ 1
(1) Zur Aburteilung von Hochverrats- und Landesverratssachen wird der Volksgerichtshof gebildet.
(2) Der Volksgerichtshof entscheidet in der Hauptverhandlung in der Besetzung von fünf Mitgliedern, außerhalb der Hauptverhandlung in der Besetzung von drei Mitgliedern, einschließlich des Vorsitzenden. Der Vorsitzende und ein weiteres Mitglied müssen die Befähigung zum Richteramt haben. Es können mehrere Senate gebildet werden.
(3) Anklagebehörde ist der Oberreichsanwalt.

§ 2
Die Mitglieder des Volksgerichtshofs und ihre Stellvertreter ernennt der Reichskanzler auf Vorschlag des Reichsministers der Justiz für die Dauer von fünf Jahren.

§ 3
(1) Der Volksgerichtshof ist zuständig für die Untersuchung und Entscheidung in erster und letzter Instanz in den Fällen des Hochverrats nach §§ 80 bis 84, des Landesverrats nach §§ 89 bis 92, den Angriffs gegen den Reichspräsidenten nach § 94 Abs. 1 des Strafgesetzbuchs und der Verbrechen nach § 5 Abs. 2 Nr. 1 der Verordnung des Reichspräsidenten zum Schutze von Volk und Staat vom 28. Februar 1933 (Reichsgesetzbl. I S. 83). In diesen Sachen trifft der Volksgerichtshof auch die im § 73 Abs. 1 des Gerichtsverfassungsgesetzes bezeichneten Entscheidungen.
(2) Der Volksgerichtshof ist auch dann zuständig, wenn ein zu seiner Zuständigkeit gehörendes Verbrechen oder Vergehen zugleich den Tatbestand einer anderen strafbaren Handlung erfüllt.
(3) Steht mit einem Verbrechen oder Vergehen, das zur Zuständigkeit des Volksgerichtshofs gehört, eine andere strafbare Handlung in tatsächlichem Zusammenhang, so kann das Verfahren wegen der anderen strafbaren Handlung gegen Täter und Teilnehmer im Wege der Verbindung bei dem Volksgerichtshof anhängig gemacht werden.

§ 4
(1) Der Oberreichsanwalt kann in Strafsachen wegen der in den §§ 82 und 83 des Strafgesetzbuchs bezeichneten Verbrechen der Vorbereitung zum Hochverrat und wegen der in den §§ 90 b bis 90 e des Strafgesetzbuchs bezeichneten landesverräterischen Vergehen die Strafverfolgung an die Staatsanwaltschaft bei dem Oberlandesgericht abgeben. Der Oberreichsanwalt kann die Abgabe bis zur Eröffnung der Untersuchung zurücknehmen.
(2) Der Volksgerichtshof kann in den im Abs. 1 bezeichneten Sachen die Verhandlung und Entscheidung dem Oberlandesgericht überweisen, wenn der Oberreichsanwalt es bei der Einreichung der Anklageschrift beantragt.
(3) § 120 des Gerichtsverfassungsgesetzes findet entsprechende Anwendung.

§ 5
(1) Auf das Verfahren finden, soweit nicht etwas anderes bestimmt ist, die Vorschriften des Gerichtsverfassungsgesetzes und der Strafprozeßordnung über das Verfahren vor dem Reichsgericht in erster Instanz Anwendung.
(2) Gegen die Entscheidungen des Volksgerichtshofes ist kein Rechtsmittel zulässig...

(Auszug)

Merkblatt 1

Für Verteidiger, die vor dem Volksgerichtshof in Sachen auftreten, die vertraulich zu behandeln sind.

1.) Die Tatsachen, die dem Verteidiger bei seiner Tätigkeit in Hochverratssachen bekannt werden, sind vertraulich zu behandeln. Das Bekanntwerden selbst solcher Tatsachen, die dem Nichtfachmann bedeutungslos erscheinen, kann wichtige öffentliche Interessen gefährden.

2.) Die Genehmigung der Wahl eines Verteidigers sowie die Bestellung eines Pflichtverteidigers bezieht sich nur auf die Person des in der Genehmigungs- bzw. Bestellungsverfügung genannten Rechtsanwalts. Dieser hat sämtliche Anwaltsgeschäfte, die durch die Verteidigung notwendig werden, selbst vorzunehmen. Er darf weder einen mit ihm in einem Sozietätsverhältnis stehenden Rechtsanwalt noch einen anderen Mitarbeiter damit beauftragen. Auch der amtlich bestellte Vertreter des zugelassenen Verteidigers darf nicht ohne besondere Genehmigung des Vorsitzenden des Gerichts tätig werden. Die erforderlichen Schreibarbeiten dürfen nur den als zuverlässig erprobten Angestellten übertragen werden. Diese sind jeweils besonders auf die vertrauliche Behandlung der Sachen hinzuweisen und über den § 353 c StGB zu belehren.

3.) Der Verteidiger hat die ihm in einer Hochverratssache zugehenden Schriftstücke unter Verschluß aufzubewahren. Die Fertigung von Abschriften der Anklageschrift ist unzulässig; diese ist nach Schluß der Hauptverhandlung unaufgefordert zurückzugeben.

4.) Falls der Verteidiger es ausnahmsweise für notwendig erachtet, im Interesse der Sache mit anderen Personen als den von ihm verteidigten Angeklagten mündlich oder schriftlich in Verbindung zu treten, darf er Mitteilungen über den Sachverhalt nur im Einverständnis mit dem Vorsitzenden des Gerichts oder (vor Einreichung der Anklageschrift) mit dem Sachbearbeiter der Reichsanwaltschaft beim Volksgerichtshof machen. Ein Schriftwechsel oder eine mündliche Besprechung mit Ausländern oder mit Personen, die im Auslande wohnen, ist ebenfalls nur mit diesem Einverständnis statthaft.

5.) Eine Verletzung der vorstehenden Anordnungen kann unter Umständen ein Strafverfahren, insbesondere wegen Vergehens gegen § 353 c StGB nach sich ziehen.

6.) Soweit Verfahren als »geheim« bezeichnet werden, gelten besondere Richtlinien. Berlin, den 24. Mai 1938.
Der Präsident des Volksgerichtshofs.
gez. Unterschrift

Die VGH-Juristen

Für die Opfer der gnadenlosen Volksgerichtshof-Juristen gibt es hierzulande keinen Gedenktag, keine Erinnerungsstätten. Sie sind ein zweites Mal Opfer geworden – Opfer des kollektiven Vergessens.

Die VGH-Juristen dagegen waren die Profiteure des »großen Friedens mit den Tätern« (Giordano). Keiner von ihnen ist je rechtskräftig verurteilt worden, viele kehrten nach dem Krieg wieder auf ihre Richtersessel zurück, heute noch beziehen die Überlebenden hohe Pensionen. Ihre Bluturteile haben ihnen nicht geschadet – viele der Täter von gestern haben auch nach 1945 Karriere gemacht.

Wer kennt die Namen der VGH-Richter und Staatsanwälte? Die folgende Auflistung nennt ihre VGH-Funktion und – wo möglich – ihre Nachkriegskarrieren. VGH-Juristen, die sowohl Richter als auch Staatsanwälte waren, werden auf der Liste der Richter genannt. In bislang veröffentlichten Namenslisten gibt es Abweichungen bei Namen und Dienstbezeichnungen. Auch die hier gedruckte Namensliste ist aufgrund der unvollständigen Akten-Archivierung nicht lückenlos. Die Schwere der Schuld der Genannten ist unterschiedlich. Alle jedoch waren Vollstrecker und Gehilfen einer menschenverachtenden, fanatischen Justiz. Die Veröffentlichung ihrer Namen geschieht in Erinnerung an ihre Opfer und als Mahnung gegen das Verdrängen und das Vergessen.

Die Berufsrichter am Volksgerichtshof

Name	Funktion	Nach 1945
Albrecht, Dr. Kurt	Senatspräsident	
Arndt, Hans-Dietrich	Ermittlungsrichter	Senatspräsident OLG Koblenz
Bach, Dr. Bernhard	Landgerichtsrat	
Brem, Walter	Ermittlungsrichter	Landgerichtsdirektor in Nürnberg-Fürth
Bruner, Wilhelm	Senatspräsident	

Name	Funktion	Nach 1945
Carmine, Dr. Erich	Ermittlungsrichter	Amtsgerichtsrat in Nürnberg
Cecka, Herbert		
Crohne, Dr. Wilhelm	Vizepräsident	
Dahl, Dr. Otto		
Dengler, Dr. Heinrich Anton	Landgerichtsrat	
Diescher, Georg Ernst	Volksgerichtsrat	
Diester, Dr. Hans		
Duve, Hans	Volksgerichtsrat	
Engert, Dr. Karl	Vizepräsident	
Falckenberg, Dr. Robert	Landgerichtsdirektor	
Fikeis, Dr. Franz	Oberlandesgerichtsrat	
Freisler, Dr. Roland	Präsident	
Fricke, Dr. Andreas	Ermittlungsrichter	Landgerichtsrat in Braunschweig
Granzow, Hermann	Volksgerichtsrat	
Greulich, Dr. Hermann	Volksgerichtsrat	
Großpietsch, Dr. Max	Oberlandesgerichtsrat	
Haffner, Dr. Harry	Präsident (1945)	
Hammel, Erich		Landgerichtsdirektor in Duisburg
Hartmann, Walter	Senatspräsident	
Haumann, Paul	Oberlandesgerichtsrat	Rechtsanwalt in Hamm
Heider, Hermann	Landgerichtsdirektor	Rechtsanwalt in Hamburg
Hellrung, Paul	Ermittlungsrichter	Landgerichtsrat in Konstanz
Hörner,	Volksgerichtsrat	
Illner, Dr. Josef	Volksgerichtsrat	
Indra, Dr. Rudolf	Ermittlungsrichter	Landgerichtsdirektor in Gießen
Jank, Dr. Richard Ludwig		
Jasching, Bruno		
Jenne, Ernst	Volksgerichtsrat	
Jezek, Dr.	Amtsgerichtsrat	
Klein, Dr. Peter	Landgerichtsdirektor	
Köhler, Dr. Alfred	Senatspräsident	
Köhler, Dr. Emil	Kammergerichtsrat	
Köhler, Dr. Johannes	Volksgerichtsrat	
Ladewig, Dr. Karl	Landgerichtsrat	
Lämmle, Paul	Volksgerichtsrat	
Leberl, Dr. Alfred	Ermittlungsrichter	Landgerichtsrat in Heilbronn

Name	Funktion	Nach 1945
Lob, Dr.	Landgerichtsrat	
Lochmann, Dr.	Landgerichtsdirektor	
Löhmann, Dr. Günther	Volksgerichtsrat	
Lorenz, Dr. Adam	Landgerichtsdirektor	Amtsgerichtsrat in Düsseldorf
Lorenz, Dr. Johannes	Landgerichtsdirektor	Kammergerichtsrat in Westberlin
Luger, Ludwig	Landgerichtsrat	Landgerichtsrat in Mannheim
Makart, Dr. Bruno O. Paul	Kammergerichtsrat	Verwaltungsgerichtsdirektor in Köln
Merten, Dr. Johannes	Volksgerichtsrat	
Merten, Dr. Kurt	Volksgerichtsrat	
Mittendorf, Gerhard	Landgerichtsdirektor	
Mörner, Johannes	Volksgerichtsrat	
Müller, Hans		
Müller, Karl	Volksgerichtsrat	Amtsgerichtsrat in Bad Kreuznach
Münstermann, Dr. Wolfgang	Landgerichtsdirektor	Rechtsanwalt in Celle
Nebelung, Günther	Senatspräsident	Rechtsanwalt in Seesen/Harz
Nötzold, Herbert	Landgerichtsrat	
Ochs, Dr. Albrecht	Ermittlungsrichter	
Pfeifer, Dr. Waldemar		
Preußner, Heinrich	Landgerichtsdirektor	
Raszat, Dr. Wilhelm	Landgerichtsdirektor	
Rehn, Dr. Fritz	vorl. Präsident	
Rehse, Hans-Joachim	Kammergerichtsrat	Hilfsrichter in Schleswig
Reimers, Dr. Paul	Kammergerichtsrat	Landgerichtsrat in Ravensburg
Rinke,	Landgerichtsrat	
Ruepprecht, Hans Ulrich	Ermittlungsrichter	Oberlandesgerichtsrat in Stuttgart
Schaad, Dr. Friedrich		
Schauwecker, Erich	Senatsvorsitzender	
Schenck zu Schweinsberg		
Schiller, Dr. Franz	Amtsgerichtsrat	
Schlemann, Dr. Erich	Landgerichtsdirektor	
Schlüter, Dr. Hans	Amtsgerichtsrat	
Schneidenbach, Dr. Hans	Landgerichtsdirektor	
Schreitmüller, Dr. Adolf	Landgerichtsrat	Landgerichtsdirektor in Stuttgart

Name	Funktion	Nach 1945
Schulze-Weckert, Dr. Gerhard	Landgerichtsdirektor	
Schwingenschlögl, Michael		Landgerichtsrat in Kempten
Springmann, Dr. Eduard	Senatspräsident	
Stäckel, Dr. Arthur	Kammergerichtsrat	
Stier, Martin	Landgerichtsdirektor	
Storbeck, Dr. August	Landgerichtsdirektor	
Strödter, Gustav	Ermittlungsrichter	Amtsgerichtsdirektor in Wetzlar
Taeniges, Dr. Reinhard	Volksgerichtsrat	
Thierack, Dr. Georg	VHG-Präsident 1936–1942	
Waller, Marno		Rechtsanwalt in Hamburg
Weber, Dr. Kurt	Ermittlungsrichter	
Weber, Otto	Ermittlungsrichter	Amtsgerichtsrat in Ahrensburg
Wettengel, Dr. Alfred	Ermittlungsrichter	Amtsgerichtsrat in Heilbronn
Wilbert, Dr. Paul	Landgerichtsrat	
Wildberger, Dr. Ernst	Volksgerichtsrat	Rechtsanwalt in Fulda
Wolff, Friedrich		
Zieger, Dr. Albrecht	Volksgerichtsrat	Rechtsanwalt in Hamburg
Zippel, Dr. Georg	Volksgerichtsrat	Rechtsanwalt in Bonn
Zmeck, Dr. Alfred	Landgerichtsrat	

Staatsanwälte am Volksgerichtshof

Name	Funktion	Nach 1945
Adam, Otto	Staatsanwalt	Arbeitsgerichtsrat in Bonn
Alter, Dr. Bruno	Staatsanwalt	
Bach, Dr. Gerhard	Staatsanwalt	Amtsgerichtsrat in Wuppertal
Bandel, Dr. Robert	Staatsanwalt	
Barnickel, Dr. Paul	Reichsanwalt	Rechtsanwalt in München
Baxmann, Dr. Karl	Staatsanwalt	
Becker, Herbert		

Name	Funktion	Nach 1945
Bellwinkel, Karl-Hermann	Staatsanwalt	Erster Staatsanwalt in Bielefeld
Benz, Dr. Ottomar	Landgerichtsdirektor	
Beselin, Dr. Werner	Amtsgerichtsrat	Rechtsanwalt in Hamburg
Bischoff, Adolf	1. Staatsanwalt	
Bogenrieder, Dr. Alfons	Staatsanwalt	Ministerialrat im Justizministerium von Baden-Württemberg
Bose, Bernhard	Staatsanwalt	Amtsgerichtsrat in Recklinghausen
Brenner, Dr. Peter	Landgerichtsdirektor	Landgerichtsrat in Hagen
Bringmann, Walter		Erster Staatsanwalt in Kiel
Bruchhaus, Dr. Karl	Staatsanwalt	Staatsanwalt in Wuppertal
Brunner, Dr. Arthur		
Busch, Dr. Werner	Staatsanwalt	
Busch, Dr. Wolfgang	1. Staatsanwalt	
Christian, Ernst-Georg	Staatsanwalt	
Dede, Christian	Staatsanwalt	Landgerichtsdirektor in Hannover
Dettmann, Dr. Gustav		
Dölz, Bruno	Amtsgerichtsrat	
Dörner, Karl Emil		Amtsgerichtsrat in Ravensburg
Domann, Karl-Heinz	1. Staatsanwalt	Staatsanwalt in Westberlin
Dose, Dr. Hans Rudolf		
Drullmann, Dr. Ernst	1. Staatsanwalt	
Eichler, Hermann	Oberstaatsanwalt	
Eisert, Dr. Georg	Oberstaatsanwalt	Landgerichtsdirektor in Würzburg
Emmerich, Dr. Paul	Landgerichtsrat	Landgerichtsdirektor in Saarbrücken
Figge, Karl	1. Staatsanwalt	
Folger, Wolfgang	Reichsanwalt	
Folwill, Josef		
Franzki, Dr. Paul	Reichsanwalt	
Friedrich, Ernst	1. Staatsanwalt	
Frischbier, Dr. Eduard	Staatsanwalt	Erster Staatsanwalt in Heilbronn
Gauster, Dr.		

Name	Funktion	Nach 1945
Geipel, Dr. Siegfried		
Geißler, Erich	Landgerichtsrat	
Görisch, Dr. Gerhard	1. Staatsanwalt	
Götzmann, Karl		
Grendel, Wilhelm		Oberlandesgerichtsrat in Celle
Guntz, Dr. Eduard		Oberlandesgerichtsrat in München
Gustorf, Dr. Wilhelm		Landgerichtsdirektor in Wuppertal
Hager, Dr. Willmar	Landgerichtsrat	Rechtsanwalt in Usingen/Taunus
Harzmann, Willy	1. Staatsanwalt	
Hegner, Wilhelm		Amtsgerichtsrat in Salzkotten
Heintel, Karl		
Hellmann, Dr. Walter	Staatsanwalt	
Hennig, Herbert	1. Staatsanwalt	
Herrnreiter, Dr. Ferdinand		Landgerichtsdirektor in Augsburg
Heugel, Dr. Heinz	1. Staatsanwalt	
Höbel	1. Staatsanwalt	
Hoffmann, Bernhard	Staatsanwalt	
Hoffmann, Engelbert		Erster Staatsanwalt in Münster/Westfalen
Hoffmeister, Willi		
Hoffschulte, Paul		
Höher, Dr. Konrad		Staatsanwalt in Köln
Huhnstock, Wilhelm	Oberstaatsanwalt	
Jaager, Kurt		Staatsanwalt in Flensburg
Jacobi-Wermke, Dr. Rudolf		
Jaeger, Dr. Helmut	1. Staatsanwalt	Oberlandesgerichtsrat in München
Janssen, Dr. Gerhard	Landgerichtsrat	
Joetze, Hans Werner		Landgerichtsrat in Amberg
Jorns, Paul	Oberreichsanwalt	
Kaven, Dr. Kurt		
Klitzke, Wilhelm	Staatsanwalt	
Kluger, Dr. Carl Josef		Amtsgerichtsrat in Westberlin
Klüver, Dr. Heinrich	Landgerichtsrat	

Name	Funktion	Nach 1945
Koalick, Erich		Rechtsanwalt in Hamburg
Köhler, Karl-Heinz	Staatsanwalt	
Kömhoff, Dr. Franz		Oberstaatsanwalt in Hagen
Koeppen, Einhart		
Kraemer, Dr. Leo		Erster Staatsanwalt in Köln
Kranast, Helmuth		
Krebs, Adolf	Amtsgerichtsrat	
Krefft, Hans Georg		
Krumbholtz, Gustav A.	Oberstaatsanwalt	
Kühne, Dr. Hans		
Kurth, Hans Heinrich		
Ladewig, Dr. Erich	Landgerichtsrat	
Lautz, Ernst	Oberreichsanwalt	
Lay, Hans-Werner		Oberlandesgerichtsrat in Karlsruhe
Lell, Heinz-Günther		Oberstaatsanwalt in Westberlin
Lenhardt, Gerhard		Oberlandesgerichtsrat in Neustadt/Weinstraße
Liebau, Dr. Johannes		Oberamtsrichter in Seesen/Harz
Lincke, Dr. Hans		
Maaß, Dr. Gustav	1. Staatsanwalt	
Maaß, Dr. Walter	1. Staatsanwalt	
Meenen, Günther van		Landgerichtsdirektor in Duisburg
Mier, Dr. Bodo		Rechtsanwalt in Bremen
Menzel, Dr. Hans-Heinrich		Landgerichtsdirektor in Marburg/Lahn
Metten, Dr. Alfred		Oberstaatsanwalt in Essen
Möller, Dr. Herbert		
Münich, Dr. Alfred		Senatspräsident am Oberlandesgericht München
Naucke, Dr. Kurt		Staatsanwalt in Hannover
Nellessen, Dr. Wilhelm		Oberstaatsanwalt in Aachen

Name	Funktion	Nach 1945
Neuber, Dr. Kurt		Oberstaatsanwalt in Osnabrück
Nöbel, Rudolf	1. Staatsanwalt	
Obermayer, Dr. Werner		Rechtsanwalt in Mosbach
Oehmke, Dr. Fritz		
Oeing, Josef		Amtsgerichtsrat in Gelsenkirchen
Oelze, Heinz	1. Staatsanwalt	
Öhlckers, Dr. Sophus		
Opalka, Franz		
Orzechowski, Dr. Wolfgang		Oberstaatsanwalt in Köln
Ostertag, Ernst		
Pamp, Dr. Alfred		Oberstaatsanwalt in Hagen
Parey, Friedrich	Oberreichsanwalt	
Parrisius, Felix	Reichsanwalt	
Peich, Arthur	Oberstaatsanwalt	
Picke, Paul		Senatspräsident am Oberlandesgericht Saarbrücken
Pilz, Dr. Bruno	Amtsgerichtsrat	
Prietzschk, Hans Robert	Kammergerichtsrat	
Ranke, Werner	1. Staatsanwalt	
Rathmeyer, Otto	Amtsgerichtsrat	Landgerichtsrat in Landshut
Reichelt, Dr. Erich		Erster Staatsanwalt in Koblenz
Renz, Dr. Leopold	Landgerichtsdirektor	
Ricken, Dr. Hans		Amtsgerichtsrat in Nürnberg
Rommel, Paul	Landgerichtsrat	
Rothaug, Dr. Oswald	Reichsanwalt	
Sauermann, Dr. Karl		Oberlandesgerichtsrat in München
Schaub, Richard		
Scherf, Hellmuth	Staatsanwalt	Staatsanwalt in Düsseldorf
Schlüter, Dr. Franz		Senatspräsident am Bundespatentamt München
Schmidt, Dr. Friedrich		Amtsgerichtsrat in Hannover

Name	Funktion	Nach 1945
Schoch, Dr. Hermann		
Scholz, Dr. Helmut		
Scholz, Dr. Robert	Landgerichtsrat	
Schreiber, Karl		
Schürmann, Siegbert		
Schwabe, Dr. Walter		
Seib, Dr. Walter		Rechtsanwalt in Viernheim
Seidler, Dr. Oskar		
Shok, Dr. Herbert		Oberstaatsanwalt in Hamburg
Simander, Dr. Walter		
Sommer, Dr. Karl		
Spahr, Karl	Oberstaatsanwalt	Landgerichtsrat in Stuttgart
Spelthahn, Kurt		
Stark, Edmund	Amtsgerichtsrat	Landgerichtsdirektor in Ravensburg und Vorsitzender des Prüfungsausschusses für Kriegsdienstverweigerer
Steinke, Max	Staatsanwalt	Oberamtsrichter in Singen
Stettner, Dr. Emil		
Stier, Martin	Staatsanwalt	
Suhr, Edmund		Oberstaatsanwalt in Hamburg
Teicher, Hans		Landgerichtsrat in Landshut
Thomsen, Willy		
Treppens, Herbert	Amtsgerichtsrat	Landessozialgerichtsrat in Celle
Volk, Hans	1. Staatsanwalt	
Vollmar, Franz	Staatsanwalt	
Voß, Dr. Adolf	1. Staatsanwalt	
Wagner, Harald von	Staatsanwalt	Staatsanwalt in Lüneburg
Wagner, Dr. Richard		
Wedel, Wolfgang		
Wegener, Heinrich	Amtsgerichtsrat	
Wegner, Friedrich	Amtsgerichtsrat	
Weisbrod, Dr. Rudolf	Oberstaatsanwalt	
Welp, Karl	Landgerichtsrat	

Name	Funktion	Nach 1945
Welz, Dr. Arthur		
Weyersberg, Albert	Reichsanwalt	
Wilhelm, Hermann Georg	Oberstaatsanwalt	
Wilherling, Dr. Joachim	Oberlandesgerichtsrat	
Wilkenhöner, Johannes		Amtsgerichtsdirektor in Minden
Winkels, Fritz		
Wittmann, Heinz	1. Staatsanwalt	
Wrede, Dr. Christian	1. Staatsanwalt	
Zeschau, Gustav von		Landgerichtsrat in Ulm

Weitere Ermittlungsrichter beim Volksgerichtshof gab es im Geschäftsbereich des Reichsjustizministeriums, Abteilung Österreich.

In den »Oberlandesgerichtssprengeln« Wien, Graz und Innsbruck verrichteten etwa 30 Richter (in der Regel Oberlandes- und Landgerichtsräte) ihre NS-Richtertätigkeit.

Hinzu kamen über 150 ehrenamtliche VGH-Richter (Brigade- und Gruppenführer aus SA und SS, NSKK-Obergruppenführer, Generalmajore der Polizei, Generalarbeitsführer, Generalmajore aus der Wehrmacht, Kreisleiter, Oberbereichsleiter, HJ-Obergebietsführer u. a.).

Namenregister

Adenauer, Konrad 263 f., 266, 268 f., 286
Ahmels, Bürgermeister 164, 168, 189
Alich, Wilhelm 157–160
Anz, Oberlandesgerichtspräsident 56
Arndt, Walter 184–188
Aumüller, Gruppenführer 195

Baldus, Heinz-Paul 264
Barnickel, Paul 260
Bartens, Abschnittsleiter 189
Beck, Ludwig 210
Benjamin, Hilde 266
Bernardis, Robert 217, 219 f.
Boehlich, Walter 274
Bolek, SS-Brigadeführer 152
Bonhoeffer, Dietrich 244
Bonhoeffer, Klaus 244 f.
Bormann, Martin 119, 212, 225 f., 249
Bradl, Willibald 277
Braun, Eva 249
Braun, Matz 178 f.
Bruchhaus, Dr. Karl 161
Bruner, Wilhelm 33
Bucharin, Nikolai 215
Bumke, Erwin 29, 260

Churchill, Winston 163
Clausewitz, Carl von 240
Crohne, Wilhelm 248

Dahrendorf, Gustav 227
Dehler, Thomas 263
Delp, Alfred 241 f.
Diestel, Arnold 20
Diestel, Margot, geb. von Schade 19 f., 22, 27 f.
Dimitroff, Georgi 36 f.

Domann, Karl-Heinz 164
Drullmann, Ernst 155 f., 168

Eichler, Wilhelm 33
Elser, Georg 228
Emmerich, Paul 277
Engelhardt, Hans 275
Erzberger, Matthias 169

Fellgiebel, Erich 209
Filbinger, Hans Karl 14, 262
Firsching, Bernhard 160–163
Frank, Hans 29, 50, 66 f., 77, 111–114, 121, 281
Frank-Schultz, Ehrengard, geb. Besser 199–204
Fränkel, Wolfgang 265
Franzke, Paul 178
Freisler, Charlotte, geb. Schwerdtfeger 43
Freisler, Harald 23, 146, 240
Freisler, Julius 43
Freisler, Marion, geb. Russegger 23–26, 28, 46, 146, 240, 245, 247 f.
Freisler, Oswald 43, 45 f.
Freisler, Roland 23, 146, 240
Freyend, Ernst John von 209
Frick, Wilhelm 36
Friedrich, Ortsgruppenleiter 157
Friedrich, Jörg 269, 276
Fromm, Friedrich 210

George, Heinrich 240
Gerland, Professor 80 f.
Gerstenmaier, Eugen 210, 241 f.
Giese, Reichshauptamtsleiter 195
Giordano, Ralph 268 f., 286
Glaeser, Ernst 47 f.

Globke, Hans 264
Glött, Fürst Fugger von 241 f.
Goebbels, Joseph 51, 108, 117–119, 130, 133, 135, 137, 163, 215, 221, 233, 237, 248f.
Goebbels, Magda 249
Goerdeler, Carl 225–227, 229, 238, 241–243
Göring, Hermann 26, 36, 38, 51, 69, 71, 130, 165 f., 189, 191
Graf, Willi 133, 136
Greulich, Hermann 195, 198
Gröbe, Fritz 130 f.
Gross, Nikolaus 241 f.
Gürtner, Franz 29–32, 38, 72, 76 f., 83, 86, 96, 260, 281

Haeften, Werner von 209–211
Haffner, Harry 248
Hagen, Albrecht von 217, 220
Hase, Paul von 208, 216f., 220
Hassell, Ulrich von 226
Haubach, Theodor 241 f.
Hauer, SA-Brigadeführer 21, 157, 161, 199
Heider, Brigadeführer 161
Hell, SS-Oberführer 161, 184
Henke, Klaus-Dietmar 284
Herzlieb, Ministerialrat 157
Heß, Rudolf 47, 51
Heugel, Heinz 157
Heydrich, Lina 26
Heydrich, Reinhard 26, 110, 253
Himmler, Heinrich 26, 29, 91, 110, 203, 214, 240, 242, 253
Hindenburg, Paul von 51
Hinkel, Hans 223
Hoepner, Erich 208, 216 f., 220, 224
Höfer, Werner 137
Hohenstein, Rechtsanwalt 49
Hölterhoff, Emma, geb. Maass 195–199
Huber, Kurt 133, 135 f., 276
Hugenberg, Alfred 36

Jaager, Kurt 200, 204
Jäckel, Eberhard 285 f.
Jaeger, Helmut 276
Jodl, Alfred 19
Joël, Günther 260
John, Hans 244 f.
Jorns, Paul 33
Jurkowski, Georg 164–167

Kaiser, Stadtrat 152, 189, 199, 216
Kaltenbrunner, Ernst 212 f., 224 f.
Kamenew, Leo 215
Kanter, Ernst 264
Keitel, Wilhelm 139, 207, 209 f.
Kelch, Ortsgruppenleiter 164, 168, 184
Kempner, Robert M. W. 25, 271, 273
Kerrl, Hans 54, 77, 83
Kinkel, Klaus 283 f.
Kirchner, Karl 176
Kirschmann, Emil 178–182
Kirschstein, Landgerichtspräsident 56 f.
Klausing, Friedrich Karl 217, 219 f.
Klein, Peter 151
Kleist-Schmenzin, Ewald von 243, 248
Klemm, Ernst 260 f.
Koch, Hansjoachim 53, 251
Koellreuther, Otto 71
Krebs, Amtsgerichtsrat 189
Kreiten, Karlrobert 136 f.
Kunz, Helmut 249
Kurth, Hans-Heinrich 185

Lamprecht, Rolf 268
Lautz, Ernst 26, 142, 216–219, 244, 260
Leber, Julius 227
Lehnhardt, Gerhard 276
Lejeune-Jung, Paul 226
Lenin, Wladimir Iljitsch 215
Leuschner, Wilhelm 225 f.

Liebknecht, Karl 33
Linz, Karl 58 f., 63-65, 67
Lorenz, Johannes 277
Lubbe, Marinus van der 35-38, 98
Luxemburg, Rosa 33

Maass, Hermann 227
Mauz, Gerhard 283
Meißner, Generalmajor 195
Melzheimer, Ernst 266
Metzger, Max Josef 167-176
Meyer, Gerhard 273 f.
Mielke, Erich 285
Moltke, Helmuth James Graf von 241 f.
Müller, Generalarbeitsführer 151
Müller, Franz-Josef 24
Müller, Ingo 280
Müller, Josef 189-194
Mussolini, Benito 157 f., 164 f., 187 f., 207, 211, 213

Naucke, Kurt 276
Nebe, Arthur 228
Nebelung, Günther 216, 260
Neubauer, Franz 25
Noske, Gustav 124

Offermann, NSKK-Obergruppenführer 21
Ohlendorf, Otto 114 f.
Olbricht, Friedrich 210 f.
Oske, Kammergerichtsrat 272

Parrisius, Heinrich 33, 156
Peltz, Justizobersekretär 152
Perels, Friedrich 244 f.
Petersen, Georg 263
Pfeiffer, Gerd 275
Popeff, Blagoi 37
Probst, Christoph 133 f.

Quirnheim, Albrecht Mertz von 210 f.

Rahmeyer, Otto 276 f.
Rehn, Fritz 32 f.
Rehse, Hans-Joachim 157, 160, 163 f., 167 f., 176, 184, 188 f., 194, 270- 273, 276, 283
Reichwein, Adolf 227
Reimers, Paul 276 f.
Reinecke, Kreisleiter 164, 168, 216
Reinecker, Herbert 233
Reisert, Franz 241 f.
Remarque, Erich Maria 137
Roder, Justizrat 135
Roemer, Walter 276 f.
Röhm, Ernst 29 f., 38, 51, 84
Rothenberger, Oberlandesgerichtspräsident 78
Rothenberger, Curt 26, 121, 260, 281
Röttger, Scharfrichter 198 f.
Rühmann, Heinz 135
Russegger, Marion 23-25, 46

Sack, Alfons 37
Saña, Heleno 269
Schade, Margot von 15-22, 198
Schade, Gisela von 18
Schafheutle, Josef 264
Schlabrendorff, Fabian von 243 f.
Schlegelberger, Franz 82, 96, 115, 121, 260 f.
Schleicher, Kurt von 30
Schleicher, Rolf 244
Schleicher, Rüdiger 244 f.
Schlemann, Erich 21 f.
Schmelzeisen-Servaes, Ilse 198
Schmidt, Reg.-Med.-Rat 198
Schmidt, Eberhard 262
Schmidt, Johanna, gesch. Kirchner, geb. Stunz 176-184
Schmitt, Carl 69-72, 76, 78
Schmorell, Alexander 133, 136, 276
Scholl, Hans und Sophie 133 f.
Scholz, Elfriede 137

Scholz, Rupert 274
Schönhuber, Franz 291
Schultz, Gauleiter 47
Schulz, Polizeileutnant 49
Sensfuß, Barbara 15, 17–19, 21
Simon, Stellvertr. Gauleiter 21
Sinowjew, Grigorij Iewsejewitsch 215
Sperr, Franz 241 f.
Springmann, Eduard 33
Stalin, Joseph 162, 214 f.
Stark, Edmund 277
Stauffenberg, Berthold Graf von 208–210
Stauffenberg, Claus Graf von 17, 201, 207–211, 241, 243
Steltzer, Theodor 241 f.
Stieff, Hellmuth 216–220
Stier, Martin 199, 203
Stoll, Erich 223
Stolpe, Manfred 288
Stolting II, Hermann 287
Strasser, Gregor 30
Strauß, Franz-Josef 266
Streicher, Julius 26

Taneff, Wassilij 37
Tembergen, Dietrich 150–156
Thierack, Georg 96, 99, 108–111, 113 f., 118 f., 121, 124, 128 f., 131, 138 f., 141, 155 f., 198, 226, 233 f., 236 f., 244 f., 247 f., 252 f., 260, 281

Törber, Käthe 15, 17–19, 21
Torgler, Ernst 36 f.
Tscharmann, SS-Brigadeführer 199
Tucholsky, Kurt 48

Ulrich, Oberregierungsrat 155

Vialon, Friedrich Karl 264

Wagner, Gauleiter 135
Wartenburg, Peter Graf Yorck von 210, 217, 219 f.

Weisbrod, Rudolf 195
Weiß, Wilhelm 38 f.
Wels, Otto 52 f.
Werner, Karl 29, 33, 37
Wirmer, Josef 226, 229
Wirth, Günther 24
Wittmer, SS-Obersturmbannführer 184
Witzleben, Erwin von 208, 216 f., 219 f.
Woller, Hans 284
Wyschinski, Andrei 214, 225

Zeschau, Gustav von 21, 152

Dank

Dieses Buch wäre ohne die Mithilfe vieler Personen und Institutionen nicht möglich gewesen. Mein besonderer Dank gilt den Mitarbeiterinnen und Mitarbeitern des Bundesarchivs in Koblenz, des Instituts für Zeitgeschichte in München, der Deutschen Bibliothek in Frankfurt am Main, der Landeshochschulbibliothek in Darmstadt, der Informations- und Beratungsstelle für NS-Verfolgte in Köln sowie dem Studienkreis zur Erforschung und Vermittlung der Geschichte des deutschen Widerstands 1933-1945 e.V. in Frankfurt am Main.

Bedanken möchte ich mich bei folgenden Personen: Gerhard Mauz, Günther Schwarberg, Margot und Arnold Diestel, Kai Bormann, B. J. Wegmann, Charles J. Nyheus, Dr. Jonathan F. Smith, Dr. Helga Svenson sowie zahlreichen weiteren Ratgebern, Gesprächspartnern und Helfern, die ungenannt bleiben möchten. Ihre großzügige und fachkundige Unterstützung hat mir sehr geholfen.

Nicht zuletzt gilt mein Dank Frau Heide Krieger für die Texterfassung, ebenso Frau Monika Doser für ihre sorgfältige Manuskriptbearbeitung.